원 One Point 포인트로
설교하라

원 One Point 포인트로 설교하라

1판 1쇄 발행 2018년 6월 20일
1판 5쇄 발행 2025년 3월 10일

저　　자	박영재
발 행 인	김용성
기획·편집	박찬익
제　　작	정준용
보　　급	이대성

펴 낸 곳	요단출판사
등　　록	1973. 8. 23. 제13-10호
주　　소	07238 서울특별시 영등포구 국회대로 76길 10
기　　획	(02)2643-9155
구　　입	(02)2643-7290　Fax (02)2643-1877

ⓒ 2018. 박영재 all right reserved.

값 15,000원
ISBN 978-89-350-1713-3 03230

신 저작권법에 의하여 한국 내에서 보호 받는 저작물이므로
무단 전재와 무단 복제를 금합니다.

원 One Point 포인트로 설교하라

박영재 지음

추천사

김운용 교수(장로회신학대학교 예배·설교학)

비록 그것이 자꾸 하찮아 보여도 작은 불꽃은 어둠을 거뜬히 몰아냅니다. 하나님의 말씀의 선포인 설교도 지금까지 그런 역할을 해 왔습니다. 때로는 거대한 권력 앞에서, 때로는 박해 앞에서 교회의 생명은 끝나는 것처럼 보였지만 그 말씀이 들어가는 곳이 어디든 그곳은 살아났습니다. 설교는 오늘도 어두운 세상을 하나님의 말씀으로 밝히는 그런 불꽃과 같습니다. 그래서 1970년대 이후 현대 설교학에서는 어떻게 그 하나님의 말씀을 이 세상 속에 온전히 펼칠 수 있을지, 그리고 효과적으로 현대인들에게 그것을 어떻게 효과적으로 들려줄 수 있을지를 고민해 왔습니다.

본서는 설교학을 전공하고 현장에서 사역하는 저자가 현대 설교학의 이론을 바탕으로 현대인들에게 효과적으로 하나님의 말씀을 들려줄 수 있을지를 고민하며 내놓은 작품입니다. 설교자들에게 어두워져 가는 시대 속에 하나님의 복음의 말씀을 더 효과적으로 전달하는 데 큰 도움을 줄 것입니다. 일독을 권합니다.

정인교 교수(서울신학대학교 설교학)

설교는 회중이라는 대상이 있는 연설입니다. 회중은 시대의 변화를 만들고 동시에 시대는 회중을 변화시킵니다. 오늘날은 영상 시대이고 영상의 기본 원리는 귀납(inductive)입니다. 귀납적 설교의 등장은 설교가 유행을 타는 장르임을 말해줍니다. 하지만 인간은 불변의 요소를 지닌 존재입니다. 새벽에 바이오리듬이 저점을 보이는 것이나 장례식장에서 죽음과 인생에 대해 숙연해지는 것은 시대와 상관없는 인간의 특징입니다. 이런 경우에는 종교적 권위를 드러내는 연역적 설교가 효력을 발휘할 수 있습니다. 이런 점에서 설교는 유행을 넘어섭니다. 따라서 설교는 연역과 귀납 모두를 필요로 합니다. 하지만 중요한 것은 설교의 가장 기본적인 공리를 충족시키는 것입니다.

설교는 기본적으로 하나의 주제(one theme)를 다룹니다. 이것은 성경 본문의 길이를 결정하는 것은 기준이 '의미의 단일성'이기 때문입니다. 즉 성경 본문이 '하나의 의미'를 이야기하기에 설교는 하나의 주제를 다루는 것이 당연합니다. 더욱이 자율성이 강하며 영상에 익숙해져 있는 현대인들에게 지시적이고 조각 교훈의 조합인 연역적 대지설교는 통상의 설교로서는 적합하지 않습니다.

이런 점에서 박영재 박사의 신간 『원 포인트로 설교하라』는 설교의 공리를 가장 잘 반영하면서 시대의 흐름에 적합한 설교방식이라 할 수 있습니다. 더욱이 전개 과정의 다양한 논리구조는 매주 새로운 설교 형식을 접하게 하는 신선함을 회중에게 제공할 것입니다. 가장 짧은 시간에 설교의 변화를 보이는 것 중의 하나가 설교의 형식을 바꾸는 것입니다. 박영재 박사의 원 포인트 설교법은 당신의 강단에 새로운 활력을 불어넣을 것입니다.

임도균 교수(한국침례신학대학교 신학대학원 설교학)

야구 경기에서 좋은 투수는 여러 타자를 오랫동안 상대하여야만 합니다. 이러한 환경에서 투수는 다양하면서도 위력적인 공을 던지고 싶은 소망을 가지게 됩니다. 팀을 승리로 이끌기 위해서입니다. 한 교회에서 오랫동안 설교하는 목회자에게는 신선하면서도 권능 있게 하나님의 말씀을 설교하고자 하는 소망이 있습니다.

박영재 박사님께서는 설교 전달에 관하여 연구하시는 통찰력 있는 설교학자입니다. 또한 현장의 필요를 아는 설교자입니다. 박사님께서는 매주 설교하는 설교자의 이러한 고민에 대한 하나의 해결점으로 '원 포인트 설교'(One-point Sermon)를 제시합니다. 이미 미주에서 젊은 세대들과 잘 소통하는 설교자들이 자주 사용하는 설교유형(Sermon Pattern)입니다. 쉽고 신선하고 신령한 설교를 꿈꾸시는 분들에게 본 도서를 적극 추천합니다.

김형윤 목사(해외선교회 순회선교사)

네덜란드의 저명한 설교학자인 반 델 베흐토(Van der Vegt)는 "설교 없이는 구원도 없다."라고 했는데 설교의 중요성을 잘 드러낸 말입니다. 종교개혁가들이 이구동성으로 "오직 성경"(Sola Scriptura)을 외친 것은 "하나님의 말씀으로 돌아갈 것과 생명의 말씀을 바로 전하라."고 촉구한 것입니다. 박영재 목사님은 오늘날 한국교회를 대표하는 설교학자 가운데 한 분인데『원 포인트로 설교하라』는 책은 진정한 설교를 갈구하는 수많은 설교자들에게 꼭 필요한 책이라고 확신합니다.

시대적 요구에 부합할 뿐만 아니라 오늘날 한국교회에 요긴한 책이라고 여겨져 시의적절한 때에 출간이 된 것을 매우 기쁘게 생각합니다. 현대인의 삶이 다양화되고 복잡하기 이를 데 없어지면서 오히려 단순한 삶의 방식을 역설적으로 그리워하는 시대가 되었습니다. 신앙에도 심플 라이프의 바람이 불면서 당연하게 주제가 선명하면서도 깊이를 더하는 방식의 설교가 자연스럽게 요구되고 있습니다. 이때 절묘하게 타이밍이 맞아떨어지는『원 포인트로 설교하라』가 출간된 것은 결코 우연이 아니라 한국교회를 향한 기막힌 섭리이며 절호의 기회라고 생각합니다. 모두가 인정하는 설교학자인 박영재 목사님의『원 포인트로 설교하라』는 여러 가지로 혼선을 빚으며 표류하고 있는 한국교회의 강단을 살려주는 메마른 대지 위에 내리는 단비 같은 것이라고 봅니다.

교회를 건강하게 하는 것이 하나님의 말씀이라고 볼 때 그 말씀을 효과적으로 바르게 전하는 이정표 역할을 본서는 톡톡히 할 것이라고 믿어서 주저 없이 일독을 권합니다. 그리하여 흔들리고 있는 한국교회를 살리는데 귀하게 쓰임 받을 것을 믿어 의심치 않습니다. 본서가 홍해를 가른 모세의 지팡이같이 산적한 난제에 부딪혀 표류하고 있는 한국교회와 강단에 새로운 길을 여는 길잡이가 될 것을 확신하며 기쁘게 추천합니다.

최병락 목사(강남중앙침례교회)

요단출판사에서 박영재 박사님의『원 포인트로 설교하라』라는 반가운 책을 출판함에 대해 감사를 표합니다. 설교 방법론에 의존하지 않아도 자연스럽게 탁월한 설교를 하는 분들도 있지만, 대부분의 설교자는 배움에 의존하고 있기에, 이 책이 많은 설교자들에게 희소식이 될 것으로 봅니다.

 북미 설교학회에서는 최근 '본문중심의 설교-Text-driven Preaching'이 많은 주목을 받고 있습니다. 본문이 기록된 방식으로 설교를 하라는 것입니다. 그런 차원에서 본다면, 대부분의 성경이 대지 구분을 나누기 힘든 하나의 이야기들로 구성된 것을 발견하게 됩니다. 북미주의 대부분의 설교는 교단에 상관없이 삼대지 설교가 가장 인기 있는 설교 구성 방식이며, 그 영향을 한국이 가장 많이 받았다 하여도 과언이 아닐 것입니다.

 추천자는 천편일률에 가까운 그런 삼대지 설교를 들을 때마다, "과

연 성경 저자가 저렇게 삼대지를 염두에 두고 기록하였을까?"를 수없이 물어보곤 했습니다. 어쩌면 원 포인트 설교는 성경의 본문을 가장 충실하게 따르는 설교 구성이 아닐까 생각합니다. 저자도 본서에서 주지하였듯이, 원 포인트 설교는 탁월한 구술적 은사가 있는 사람만 할 수 있는 설교라는 잘못된 생각을 가진 설교자들이 많습니다. 하지만, 원 포인트 설교는 이야기식 설교를 말하는 것이 아니라, 하나의 주제를 다양한 각도에서 살피면서 점진성을 가지고 전개하는 논리적인 설교 방식입니다. 따라서, 탁월한 언변력을 갖추지 못해도 얼마든지 가능한 설교 방식입니다. 무엇보다, 본문이 한 주제를 중심으로 전개되고 있을 때 본문을 충실히 전달해야하는 설교자는 그 본문에 순종하고 그 방식을 성실하게 따라야 할 것입니다.

이 책은, 원 포인트 설교가 중요하다는 원론적 필요성에 집중하기보다, 한걸음 더 나아가 실제로 설교에 적용할 수 있는 다양한 기술들과 탁월한 실례들을 풍성하게 제공하고 있습니다. 모든 본문을 천편일률적인 프레임으로 재단하지 않고, 기록된 대로 그 본문에 천착하며 성실하게 본문의 흐름을 연구하고, 그것을 구성하여 알아듣기 쉽게 청중들에게 전달하는 이 원 포인트 설교는 한국의 획일화된 설교 문화에 새로운 도전과 대안을 제시하기에 충분하다고 생각합니다.

이미 다양한 설교에 관한 책으로 설교학에 큰 이바지를 하신 박영재 박사님께서 모두가 필요로 하지만 대안을 주지 못했던 이 갈증을 해갈할 또 하나의 명저를 저술하신 것에 큰 감사를 드립니다. 부디 이 책이 많은 설교자의 손에 들려져, 하나님의 불변하는 말씀이 강단에서 가감 없이 선포되기를 바랍니다.

김진홍 목사(청주금천교회)

저의 목회에서 전환점이 생긴 때는 박영재 박사를 만나고 나서입니다. 목회를 좀 더 잘해보려는 열망은 있는데 방법을 알 수 없었습니다. 그 중에 하나가 설교입니다. 정말 설교에 대하여 목말라할 때 박영재 박사를 만나서 설교를 알게 되었습니다. 아마 오늘 저의 목회가 이 정도라도 할 수 있는 근간은 박영재 박사를 만나 설교를 배우고 나서부터라고 해도 과언이 아닙니다. 박영재 박사는 한국에 숨어 있는 설교학의 보배입니다. 이분은 설교학을 전공한 여타 다른 학자들과 확연히 구분되는 것이 있습니다. 그것은 설교를 만드는 다양한 방법론을 논리적으로 알기 쉽게 가르쳐 준다는 점입니다.

저는 이분의 설교 구성 방법을 정말 많이 애쓰고 노력하여 습득했습니다. 그 결과 지금은 어느 본문이라도 주저없이 설교할 수 있는 자신감을 갖고 있습니다. 이번에 출간된 『원 포인트로 설교하라』는 목회자들과 신학생들에게 정말 좋은 교재라고 할 수 있습니다. 설교에는 설득적 설교와 참여적 설교가 있습니다. 원 포인트 설교는 이 두 요소를 모두 충족시키는 매우 영성 깊은 설교입니다.

모든 목사님들이 원 포인트 설교 작성법을 익혀 하나님 말씀을 자유롭게 선포할 때 한국 강단은 영성으로 충만해질 것입니다. 정말 한국 강단이 목말라하는 이때에 하늘에서 내린 생수와 같은 책이 출간이 된 것을 기뻐하며 적극적으로 추천합니다.

목차

004　**추천사**

014　**프롤로그**

제1부
원 포인트 설교 이론

022　**1장**　왜 지금 원 포인트 설교인가?

036　**2장**　원 포인트 설교는
　　　　　　삼대지 설교와 어떻게 다른가?

제 2 부
원 포인트 설교 실제

046	**1장**	원 포인트 설교를 만드는 기본 순서
054	**2장**	원 포인트 설교 구성 방법들
054		1. PRS 스타일
		명제와 반전, 반전 이유(해결책)를 밝혀라
082		2. NPS 스타일
		부정과 긍정을 비교하며 해결책을 찾으라
108		3. PNS 스타일
		긍정과 부정을 비교하며 해결책을 찾으라
134		4. Step by Step 스타일
		절정을 향하라
159		5. 체인 스타일
		긍정결과를 밝히고 이유를 찾고 해결책을 찾으라
232		6. 내러티브 스타일
304		에필로그

프롤로그

설교학(Homiletics)은 하나님에 대한 학문인 신학(Theology)과 설득적 연설에 관한 학문인 수사학(Rhetoric)을 종합한 학문입니다. 즉 하나님 말씀을 의사소통 이론인 커뮤니케이션(Communication) 이론에 실어 하나님과 인간은 누구이며 하나님이 인간에게 무엇을 말씀하시는지를 청중이 효과적으로 받아들이도록 만드는 학문입니다. 그러나 거의 2000여 년 동안 설교학은 설교자가 성경으로부터 무엇(What)을 설교할 것인가, 즉 본문내용 설명에 대한 관심이 대부분이었고 어떻게 효과적으로 전달할 것이냐에 대해서는 사실상 무관심했습니다. 물론 수사학을 활용한 분들이 전혀 없었다는 뜻은 아닙니다. 초대교부 시대나 중세에도 수사학은 설교자들에게 관심거리였습니다. 하지만 설교 전달방식에 있어서는 수사학이 큰 공헌을 하지 못했습니다. 다만 한 본문에서 중요 대지 여러 개를 뽑아 전달하는 형태였습니다. 즉 본문에서 서너 개의 대지를 뽑아서 전달하는 설교가 거의 전부였던 것입니다.

4세기 '황금의 입'으로 알려진 요한 크리소스톰(John Chrysostom)이 남긴 방대한 설교집을 보면, 수사학을 활용한 흔적들이 보이지만 대부분 설교 형태는 여러 대지를 만들어 전달하는 것이었습니다. 이 대지설교 방식은 불신자를 가르치는 데에 매우 유용하여 지금까지도 적극적으로 활용되고 있습니다.

그러던 중에 개신교 내에서 수사학을 설교에 적극적으로 활용하려는 인물이 있었습니다. 150여 년 전, 필자가 공부한 남침례신학대학원(The Southern Baptist Theological Seminary)의 옛 교수였던 존 브라더스(John A. Broadus)였습니다. 그는 그의 저서 『설교 준비와 전달』(On Preparation and Delivery of Sermons, 1870)에서 '무엇을 설교할 것인가' 외에 '어떻게 하나님 말씀을 효과적으로 전할 것인가'에 대한 관심을 드러냈습니다. 이 책에서 그는 고대 수사학(Ancient Rhetoric)의 가르침을 설교에 접목하여 '설교를 효과적으로 전하는 방법'을 세상에 소개하였습니다. 고대 수사학은 아리스토텔레스의 말처럼 '청중을 어떻게 설득하는가?'에 대한 학문입니다. 놀라운 사실은 고대 수사학의 가르침을 활용한 브라더스의 책이 큰 반향을 불러일으키며 지금까지 출간되고 있습니다. 이것은 고대 수사학 이론이 하나님 말씀을 전달하는 데에 신선하고 효과적인 수단이었음을 방증하는 것입니다.

그런데 이 고대 수사학과 설교와의 접목은 화자(speaker)의 역할에 대한 이론이었습니다. 즉 '설교자가 청중에게 어떻게 하면 효과적으로 말씀을 잘 전할 것인가?'에 대한 관심이었습니다. 특히 아리스토텔레스의 수사학이 그러하였습니다. 하지만 50여 년 전부터 크래독(Fred Craddock)이나 버트릭(David Buttrick) 등에 의하여 화자 중심의 설교 이론이 아닌 청자(Listener) 중심의 설교 이론으로 바뀌게 되었습니다. 즉 어떻게 해야 청중의 입장과 관점에서 설교가 잘 들리는지를 설명하려 하였습니다. 크래독은 그의 저서 『권위 없는 자처럼』(As One Without Authority)에서 청중은 연역적 설교보다 귀납적 설교를 더 잘 이해한다고 강조했습니다. 버트릭은 『설교학』(Homiletic)에서 "중간에 끊기는 여러 개의 대지 전달 설교보다 하나의 주제를 발전시키되 연속성(Sequence)과 역동성(Movement)을 활용하여 절정(Climax)에 이르게 하는 설교가 청중에게 호소력이 있다."고 강조했습니다. 버트릭의 또 다른 저서 『A Captive Voice』(시대를 앞서가는 설교로 번역)에서 "삼대지 설교와 같이 중간에 끊기는 설교는 이제 현 시대와 미래 시대에는 설득적이지 못하다."고 단정하였습니다.

라스칼조(Craig Loscalzo)는 『복음적인 설교』(Evangelistic Preaching That Connects)에서 모든 설교는 화자보다 청중의 입장에서 이해될 수 있는 설교여야 함을 또한 강조했습니다. 즉 "설교는 청중이 음식을 잘 먹을 수 있도록 준비된 것이어야 한다."는 강조였습니다. 이것은 크래독이나 버트릭의 이론인 청중의 입장에서 쉽게 이해하도록 설교해야한다는 가르침과 일치합니다.

이제 필자는 이보다 한발 더 나아가 버트릭이 말한 연속성과 역동성이 있는 설교인 '원 포인트 설교'(One-Point Preaching)를 소개하고 합니다. 그리고 독자가 원 포인트 설교를 강단에서 직접 활용할 수 있도록 원 포인트 설교의 여러 스타일을 소개하려 합니다. 사실 소개하려는 원 포인트 설교는 필자가 이미 오래전부터 사용하던 방식이었습니다. 하지만 한국 교회는 아직도 원 포인트 설교 사용에 익숙하지 않습니다.

물론 원 포인트 설교 중 하나인 스토리 설교(Story Telling)나 이야기 설교(Narrative Preaching) 등에 관한 이론은 북미에서 이미 체계화되어 사용되고 있으나 한국에서는 사용이 활발하지 않습니다. 물론 로우리(Eugene Lowry)의 저서 『설교구성』(Homiletical Plot)은 원 포인트 설교를 위한 구성 방법으로서 한국에 구체적으로 소개되기도 하였습니다. 하지만 강해설교, 본문설교, 주제설교, 제목설교를 포함한 모든 종류의 설교를 원 포인트 설교로 만드는 설교 담론은 아직 전무한 편입니다.

특히 원 포인트 설교에 대해 관심이 높아지는 한국 교회 강단에서 원 포인트 설교에 대한 종합적인 이론체계는 더욱 절실합니다. 그래서 이 책이 태동하게 되었습니다.

현재 지성인들이 살고 있는 미국 북동부는 일반적으로 원 포인트 설교가 자리를 잡았는데 그 이유는 북동부에 위치한 신학대학원들에서 원 포인트 설교 작성법을 가르치기 때문입니다. 하지만 보수신앙이 강한 중부와 남부는 여전히 삼대지 설교를 선호합니다. 왜냐면 중남부에 위치한 신학대학원들에서 삼대지 설교를 주로 가르치기 때문입니다.

삼대지 구성에 익숙한 우리 한국의 설교자들은 이제 원 포인트 설교를 배울 때가 왔습니다. 왜냐면 드라마나 영화가 재미를 주며 관중들을 끌어 모으는 것은 원 포인트 설교와 같은 스타일, 즉 하나의 주제로 절정을 향해 점점 흥미롭게 다루기 때문입니다. 청중은 이미 원 포인트 이야기 전개에 익숙합니다. 따라서 설교도 그러하다면 재미와 유익을 주며 쉽게 전달될 것이라 확신합니다. 이제 성경의 진리를 전하되 그동안 무관심했던 원 포인트 설교방식으로 새롭게 무장하여 영원한 진리인 하나님 말씀이 올곧게 선포되는 시대가 오길 소망합니다.

관악산 기슭에서
박영재

제 1 부

원 포인트 설교 이론

1장
왜 지금 원 포인트 설교인가?

무엇이 원 포인트 설교인가?

원 포인트 설교는 본문에서 하나의 주제를 끄집어내어 주제에 일치하는 목적을 세우고 그 목적을 성취하기 위하여 연속성과 역동성으로 절정을 향해 나가는 설교이다. 이것을 위해 원 포인트 설교는 일관된 논리를 사용한다. 여기서 '일관된 논리'란 단순히 하나의 개념만을 설명하는 것이 아니라 하나의 개념을 깊이 있게 발전시켜 나가는 것을 말한다. 즉 발전적 논리 전개를 통해 하나의 주제 혹은 대지의 절정을 향해 나가는 것이다. 이를 위해 반드시 필요한 것은 구성(Plot)이다. 다음 그림을 보라.

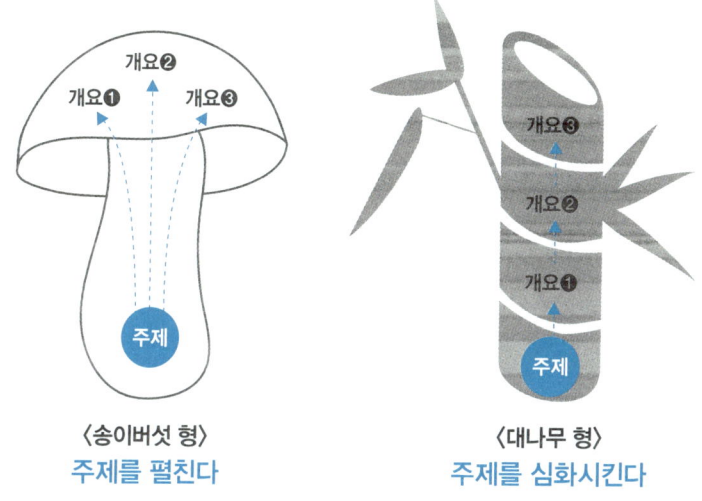

〈송이버섯 형〉
주제를 펼친다

〈대나무 형〉
주제를 심화시킨다

위 그림에서 보듯이 송이버섯 형은 삼대지 설교 형태이다. 그러나 대나무 마디 형은 원 포인트 설교 형태이다. 대나무 마디 형의 원 포인트 설교는 그림에서 보듯이 세 개(두 개 혹은 네 개의 마디도 가능)의 마디를 가지고 있다. 이것은 원 포인트 설교가 일 단계, 이 단계, 삼 단계의 논리적 전개가 이뤄진다는 것을 의미한다. 가령, 맨 밑 첫 번째 마디 부분은 설교의 서론 혹은 설교 주제를 설명하는 부분이다. 이 주제를 설명하는 것이 첫 번째 마디 혹은 첫 번째 개요이다. 이 첫 번째 개요를 근거로 논리를 발전시켜 두 번째 개요(두 번째 마디)에 이른다. 그다음 두 번째 개요의 내용을 근거로 논리를 발전시켜 설교의 정점인 목적을 성취하는 세 번째 개요에 이른다. 즉 한 아이디어를 점점 깊은 방향으로 발전시켜 설교의 절정(Climax)인 마지막 세 번째 단계에 이르도록 설교 주제를 발전시키는 것이 원 포인트 설교 전개방식이다. 중요한 것은 원 포인트 설교는 하나의 주제만을 다룬다는 사실과 역동적인 전개과정이 있다는 사실이다. 이 역동적인 전개과정을 위하여 구성(Plot)이 사용된다. 이 구성은 설교형식에 따라서 그 형식도 달라진다. 원 포인트 설교의 다양한 구성은 뒤에서 차근차근 다루기로 하자. 모든 종류의 구성들을 담은 원 포인트 설교의 전체 윤곽을 그림으로 살펴보자.

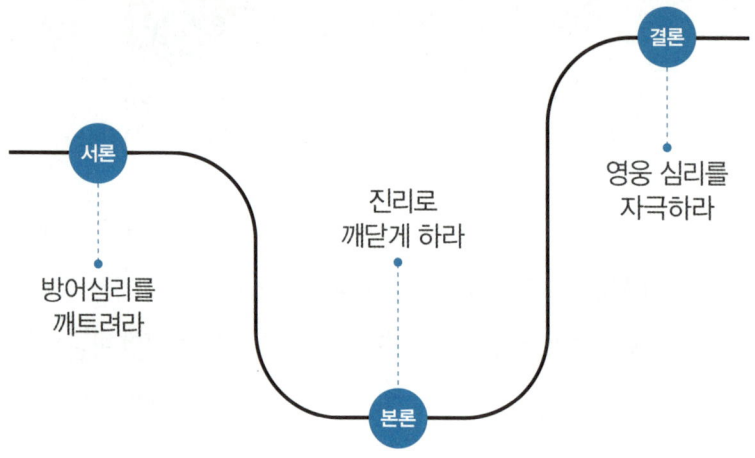

왜 지금 원 포인트 설교가 필요한가?

원 포인트 설교는 말 그대로 하나의 요점, 혹은 하나의 개념, 혹은 하나의 사상, 혹은 하나의 주제 혹은 하나의 목적만을 전하는 설교이기 때문에 복잡한 현대 사회에서 바쁘게 살아가는 그리스도인들에게 여러 가지 면에서 장점이 있다. 그 장점을 11개로 제시하면 다음과 같다.

1 쉽고 간결한 메시지를 원하는 현대인의 요구에 부응한다

현대인은 복잡하고 어려운 메시지를 싫어한다. 단순한 것을 좋아한다. 요즘 책들을 보면 글씨가 크고 주제도 간략하다. 드라마도 줄거리가 단순한 것이 대세이다. 그만큼 현대인은 복잡하고 어려운 내용보다 단순하고 쉬운 메시지를 선호한다. 원 포인트 설교는 말 그대로 하나의 목적만을 만들어 전한다. 따라서 설교가 어렵거나 복잡하지 않다. 전개가 단순하여 청중이 이해하기 쉽다. 청중은 단순화된 설교를 접할 때 쉽게 잘 받아들인다. 여기에 원 포인트 설교의 장점이 있다.

삼대지 설교는 3개의 개요를 모두 전달하려는 과정에서 설교가 복잡해진다. 복잡하면 설교가 어렵다. 설교개요가 많으면 청중은 설교를 이해하기 어려워한다. 무엇보다 3개의 포인트를 다 기억하지 못한다. 원 포인트 설교는 이런 복잡하고 어려운 삼대지 설교가 아닌 오직 하나의 대지만을 전하기 때문에 어린아이나 교육경험이 적은 청중부터 지성인까지 쉽게 이해할 수 있다.

2 선명한 메시지(clear message)를 원하는 현대인의 요구에 부응한다

우리가 살고 있는 포스트모더니즘 시대는 '이것'도 '저것'도 가능한 애매모호한 혼돈의 시대이다. 그러나 현대인들은 포스트모더니즘의 이런 불확실성에서 점차 선명한 답을 찾기 시작했다. 특히 설교에 있어서는 더욱 그러하다. 따라서 설교의 목적이나 설교의 메시지가 분명하지 않으면 현대인들의 관심을 끌지 못한다. 설교에서 선명한 답을 주기 위해 동기부여를 분명히 해야 한다. 가령 청중들, 특히 감성이 예민한 초·중·고 청년들은 동기부여가 분명할 때 반응한다.

원 포인트 설교는 메시지를 선명하게 전달하는데 효과적이다. 하나의 설교 목적을 내세우고 하나의 주제만을 다루기 때문에 동기부여 또한 자연스럽다. 결국, 간단하고 자연스러우면서도 목적이 뚜렷하게 드러나는 설교는 원 포인트 설교이다.

3 단순하지만 깊은 터치를 원하는 현대인의 요구에 부응한다

현대는 정보화 시대다. 핸드폰만 있으면 수많은 정보를 쉽게 접할 수 있다. 현대인은 그 어느 때보다 지식의 폭이 넓고 깊다. 이런 시대에 우리의 설교가 복잡하고 내용마저 얄팍하면 그것은 최악의 설교가 된다. 현대인은 이미 익히 알고 있는 내용에는 별 반응을 보이지 않는다. 기대감을 갖지 못하는 설교에서 은혜라는 것은 기대할 수 없다. 가령 청중이 한 설교자에게 수십 년 동안 설교를 들어왔다면 같은 설교를 여러 번 들을 확률이 높다. 이런 때에 설교가 단순하기만 하고 깊이가 없다면, 청중은 이미 알고 있는 내용을 식상하게 받아들인다. 설교가 단순하지만 내용이 깊지 못하면 '단순한 설교'라는 장점은 있지만 '싱거운 설교'가 된다. 여러 주제를 전할 때 이런 일이 자주 발생한다. 가령 삼대지 설교는 3개의 대지를 전달하기 때문에 한 주제를 다루는 시간 할애가 원 포인트 설교의 삼분지 일에 불과하다. 따라서 삼대지 설교는 원 포인트 설교만큼의 깊이 있는 전개가 어렵다. 결국 삼대지 설교 내용은 얄팍해질 수밖에 없다. 그러나 원 포인트 설교는 하나의 주제를 오랫동안(삼대지 설교의 3배) 다루기 때문에 설교 내용이 깊어질 확률이 높다. 물론 모든 원 포인트 설교가 항상 깊다고 말할 수는 없다. 하지만 구조적으로 볼 때 원 포인트 설교는 내용이 깊을 가능성이 크다. 설교 내용이 깊으면 은혜 또한 깊을 수밖에 없다.

4 주제가 좁고 심화된 메시지를 원하는 현대인의 기대에 부응한다

대부분의 설교는 하나의 주제를 좁고 협소하게 만들어 여러 개의 주제를 부채처럼 펼치려고 한다. 따라서 설교 주제를 심화시키기가 어렵다. 하지만 원 포인트 설교는 여러 주제를 펼치지 아니하고 하나의 주제만을 다루기에 심화될 수밖에 없다. 따라서 원 포인트 설교는 주제를 선명하게 다루면서 설교를 깊게 다루게 된다.

좀 더 자세히 살펴보자. 가령 삼대지 설교는 주제를 펼치는 형태인 반면 원 포인트 설교는 하나의 주제만을 깊이 파고 들어가 주제와 관련없는 곁가지는 일절 삼간다. 나무 가지치기를 하면 줄기만 남듯이 원 포인트 설교는 설교할 본문에서 오직 설교 주제 하나만을 뚜렷하게 부각시키며 심화시킬 뿐 제 2의 주제, 제 3의 주제는 다루지 않는다. 이렇게 설교 주제를 좁고 깊게 하고 심화시키는 원 포인트 설교는 청중의 깊은 속마음까지 파고 들어가 그들의 마음을 흡족시킨다.

5 감동(Deep Touch)을 요구하는 현대인에게 부응한다

현대인은 감동에 메말라 있다. 그래서인지 감동 없는 설교에 현대 청중은 좀처럼 반응하지 않는다. 하지만 원 포인트 설교는 청중에게 감동을 줄 수 있는 충분한 여지를 만든다. 원 포인트 설교는 한 주제를 깊이 다루기 때문에 설교에 감성을 입히려는 충분한 시간을 갖는다. 삼대지 설교는 시간에 쫓겨 딱딱한 논리 전개에 급급한 경우가 많다. 하지만 원 포인트 설교는 하나의 주제만 다루기에 딱딱한 설교 논리 구조를 초월하여 부드러운 감성 표현, 즉 수사 표현이나 신선한 예화 등을 사용할 시간적 공간적 여유를 갖는다. 따라서 원 포인트 설교는 삼대지 설교보다 청중에게 부드럽고 감성적인 내용으로 다가갈 수 있어 결국 청중이 감동받을 여지가 많다.

6 재미(Interest)를 요구하는 현대인의 욕구에 부응한다

재미없는 설교는 청중의 시선을 끌지 못한다. 딱딱하거나 교훈적이거나 일방적으로 선포되는 설교 또한 청중의 시선을 끌지 못한다. 사람들이 설교보다는 텔레비전 드라마나 영화에 매력을 느끼는 이유가 무엇인가? 설교와는 달리 그것들은 재미가 있기 때문이다. 재미가 있기 때문에 채널을 바꾸면 아이들은 신경질을 낸다. 계속 듣길 원하거나 보고 싶은 것이다.

설교에서 '재미'는 이 시대에 가장 필요한 요소 중 하나이다. 이 '재미'를 간과하면 의사소통의 질이 떨어진다. 진리가 '재미'를 통해서 전달될 수 있다면 청중은 설교를 계속해서 듣는다. 물론 재미만을 위한 설교는 안 된다. 다만 목적에서 벗어나지 않으면서 설교를 재미있게 전개할 필요가 있다. 청중이 설교를 듣지 않으면 진리를 깨달을 수 없고 깨닫지 못하면 그 설교는 무의미하다. 이런 관점에서 원 포인트 설교는 현대인에게 듣게 만드는 재미있는 설교다. 왜냐면 하나의 주제를 흥미 있게 끌고 가는 설교이기 때문이다. 청중은 절정에 이를 때까지 어떤 결론에 이를 지 알 수 없어 설교자의 말과 몸짓을 놓치지 않게 된다.

7 흐름이 자연스러워 청중에게 거부감을 주지 않는다

드라마나 영화의 특징은 자연스러운 전개에 있다. 그런데 간혹 구성이 억지스럽게 전개되면 싸구려라는 느낌을 받는다. 소위 막장 드라마가 되는 셈이다. 그러나 치밀한 구성을 통하여 이야기 흐름이 자연스럽게 흘러가면 좋은 드라마 혹은 좋은 영화라는 대접을 받는다. 시청률도 자연스럽게 높아진다. 원 포인트 설교는 흐름이 끊기는 일이 없이 절정을 향해 자연스럽게 전개된다. 따라서 자연스러운 흐름의 설교인 원 포인트 설교는 청중에게 거부감을 주지 않는다.

삼대지 설교는 본문을 소위 '쪼개는 일' 즉 현미경적 관찰을 한다. 따라서 본문에서 세 가지 혹은 그 이상의 개요를 끄집어낸다. 그런데 본문에서 세 가지 개요가 아닌 한 가지 혹은 두 가지 개요만 발견하는 경우가 있다. 이럴 때 설교자는 때론 세 가지 개요를 억지로 만들어 내 설교를 부자연스럽게 만든다. 하지만 원 포인트 설교는 개요를 여러 개 찾으려고 무리하지 않는다. 대표적인 한 가지 개요만으로도 충분하기에 그 한 가지 개요를 발전시킨다. 이 한 가지 개요를 발전시키는 것이 무리한 세 가지 개요 전개보다 더 자연스럽다. 또 삼대지 설교는 3개의 개요를 전하려 하다 보니 설교가 끊기는 느낌을 준다. 이런 삼대지 스타일 설교는 가르치려는 목적에서 효과가 있지만 감동을 불러일으키고 결단하게 만드는 데에는 '끊기는 단점'이 있다. 그러나 원 포인트 설교는 자연스러운 흐름을 원하는 청중의 심리에 잘 부합하여 자연스러운 결단을 이끌어 낼 수 있다. 자연스러운 흐름의 예를 보자.

가령 세월호가 침몰했다는 사건을 접했을 때 사람들이 가장 먼저 알고 싶어 하는 것은 첫째 '몇 명이 죽고 다쳤느냐?' 즉 '현재의 침몰 상황은 어느 정도냐?'이다. 이것은 세월호 침몰 사건의 결과에 해당된다. 그 다음 청중이 알고 싶어 하는 내용은 '왜 침몰하였느냐?'에 대한 원인분석이다. 세 번째로는 '세월호 침몰 사건을 앞으로 어떻게 수습할 것이며 유가족들을 향한 보상이 어떻게 될 것이냐?'에 대한 대책 내용이다. 이런 논리로 세월호 침몰 사건을 다룰 때 사건 내용은 심층적으로 다루게 되는 것이다. 또한, 흐름도 자연스럽다. 왜 자연스럽게 느끼느냐 설교 흐름이 청중의 알고 싶은 욕구 순서를 따르기 때문이다. 놀랍게도 원 포인트 설교는 청중의 욕구 순서를 따른다. 따라서 설교 흐름이 청중에게 자연스럽게 여겨지는 것은 당연하다.

8 연속성(sequence)과 역동성(dynamics)에 가장 잘 어울린다

모든 원 포인트 설교에는 버트릭(David Buttrick)이 강조한 연속성(sequence)과 역동성(dynamics)이 있다. 즉 원 포인트 설교는 절정을 향해 나아간다. 설교의 결론에 이를 때까지 연속성과 역동성이 지속된다. 이 연속성과 역동성은 오직 하나의 주제만을 다루며 절정을 향한다. 이 연속성과 역동적 움직임을 위하여 본문설명, 유머, 예화, 적용, 문제 제기 등 다양한 재료들은 설교주제와 보조를 맞추어 통일성을 유지한다.

삼대지 설교는 중간 중간에 끊기는 경향이 있다고 했다. 왜냐면 전달하려는 여러 주제가 연속성과 역동성을 떨어뜨리기 때문이다. 하지만 원 포인트 설교는 하나의 주제를 다루며 절정으로 향한다. 역동적인 움직임이 끊기지 않는다. 생동감과 재미가 있는 원 포인트 설교는 청중의 귀와 마음을 사로잡는다.

9 지적 수준, 연령고하 막론하고 모든 사람에게 쉽게 이해된다

현대 청중은 다양하다. 따라서 가장 바람직한 설교는 다양한 청중들을 공감시킬 수 있는 설교다. 예수님 당시의 청중은 대부분 무지했다. 주님은 청중의 삶의 현실(Context)을 직시하여 비유나 예를 들어 하늘나라를 소개했다. 청중은 그런 예수님의 설교를 쉽게 이해할 수 있었다. 원 포인트 설교는 청중이 쉽게 이해될 수 있도록 구성되기 때문에 지금 시대에 꼭 필요한 설교방식이다.

10 강해설교의 약점을 극복한다

강해설교는 한 본문 안에 중요 단어가 여러 개 나올 때 이를 다 설명하려 한다. 예를 들어 한 본문에서 사랑, 순종, 소망 등의 핵심 단어들이 나온다고 가정하자. 그리고 이 본문을 통해 주제를 만들기를 '신앙생활을 잘하는 길'이라 하고, "첫째 사랑해야 한다. 둘째 순종해야 한다. 셋째 소망으로 충만해야 한다."라고 하자. 이것을 다 설교하려면 30분 설교에서 사랑에 대하여 8분, 순종에 대하여 8분, 소망에 대하여 8분 등의 시간을 할애하고 서론 3분과 결론 3분을 합하여 6분을 설교해야 한다. '순종' 하나만 가지고 30분 설교를 해도 모자랄 상황에서 강해설교는 본문에 나오는 모든 키워드를 다 다루려고 하기 때문에 깊이가 얕아지게 된다. 본문의 주요 단어를 다 언급하려는 생각이 설교를 얕게 만드는 것이다. 여기에 강해설교의 약점이 있다. 그러나 원 포인트 설교는 하나의 주제로 논리를 계속 발전시키며 왜? 어떻게? 등의 질문을 던짐으로써 본문의 깊은 진리를 찾으려 한다. 그래서 주제 하나를 선정하면 키워드가 본문 안에 여러 개 있다 하더라도 설교 주제에 관련되지 않으면 과감히 넘긴다. 차라리 또 다른 키워드를 가지고 두 번 세 번 나누어 설교하더라도 한 본문 안의 전혀 다른 주제를 다루지 않는다. 원 포인트 설교는 이와같이 하나의 주제에 집중하여 강해설교의 단점을 극복한다.

11 인지의 자동화와 습관화의 위기를 벗어나게 해준다

아름다운 경치가 있는 곳에 가면 처음에는 탄성을 자아내며 감동한다. 그러나 며칠만 있으면 아름다움에 대한 감동이 사라지기 시작한다. 그곳에서 아예 머물러 살게 되면 아름다움을 더더욱 느끼지 못한다. 왜냐면 너무 익숙해져서 신선한 자극으로 받아들이지 못하기 때문이다. 사람은 누구나 어떤 진리나 사물에 대하여 익히 알면 인식기능이 무뎌져 기대감을 잃게 된다. 왜냐면 우리의 뇌 인식(Perception)이 익숙한 것에 이미 자동화되고 습관화되었기 때문이다. 이렇게 뇌가 익숙한 것에 자동화되고 습관화되면 아무런 감동도 깨달음도 얻지 못한다. 러시아의 형식주의자 빅토르 쉬클로프스키(Victor Shklovsky, 1893-1984)는 이런 위기를 벗어날 수 있는 방법을 "낯설게 만들기"(Defamiliarization)라는 문학기법으로 소개했다. 즉 익숙한 것을 낯설게 만들어서 인식의 자동화, 습관화로부터 벗어나 모든 것을 늘 새롭게 신선하게 느껴지도록 만드는 것이다.

예를 들어보자. 우리가 늘 알던 찬송을 들으면 아무런 감동도 못 받는다. 그러나 편곡된 곡을 들으면 신선하게 느껴서 은혜를 받을 수 있다. 이유가 무엇인가? 처음 대하는 낯선 것이기에 우리의 뇌가 인지하려고 관심과 호기심을 갖기 때문이다.

한 교회에서 수십 년 목회하다 보면 같은 본문을 여러 차례 설교할 수 있다. 그러면 설교자나 청중도 이미 그 본문에 대하여 잘 알기 때문에 새로울 것이라는 기대감을 갖지 못한다. 이때 새로운 접근법으로 설교를 만들면 같은 본문이라도 청중은 새롭게 들린다.

원 포인트 설교는 이런 면에서 인지의 자동화와 습관화를 벗어나게 만든다. 원 포인트 설교로 하나의 주제만을 깊이 있게 다루면, 삼대지 설교에 익숙한 청중은 설교를 받아들인다. 설교의 깊이가 달라졌다는 것을 금세 알게 되는 것은 두말할 필요 없다. 게다가 원 포인트 설교를 위해서 다양한 구성방법들을 사용하면 효과는 극대화를 이룬다. 여기에 원 포인트 설교의 장점이 있다.

무엇이 원 포인트 설교가 아닌가?

많은 사람들이 하나의 개요만 전하면 원 포인트 설교라고 생각한다. 그러나 그것이 원 포인트 설교를 설명하지 못한다. 원 포인트 설교에는 논리적 발전이 담겨 있다. 이 논리적 발전이 없으면 개요가 하나라고 해도 원 포인트 설교가 아니다. 가령 사랑을 주제로 설교한다고 가정해 보자. 사랑의 중요성만 강조하거나 사랑의 필요성만 강조하고 설교를 마치면 그것이 비록 다양한 자료들을 활용했다 하더라도 논리 면에서 점진적으로 발전하지 않았기에 원 포인트 설교가 아니다.

최근에 어느 목사의 설교를 들은 적이 있다. 주제는 '순종'인데 처음부터 끝까지 '순종해야 한다.'는 당위성만 있었다. 즉 '순종하지 않으면 어려움을 겪었고, 순종하였더니 복을 받았다.'는 내용뿐이었다. 그러면서 결론에서 "순종하라."고 한 마디 했을 뿐이었다. '순종'이란 주제만 다루었지 '순종'에 대한 논리 발전은 없었다. '순종이란 무엇인가? 왜 순종해야 하는가? 어떻게 순종해야 되는가?' 등을 다루지 않았던 것이다. 순종에 대한 주제를 다루었다 해도 정작 주제가 논리적으로 발전하지 않았기에 설교로서 가치도 낮고 청중을 설득하는 힘도 없었다. 물론 아주 짧은 메시지를 전하는 경우는 예외로 둘 수 있다. 원 포인트 설교는 하나의 개념을 논리를 통해 발전시키는 것이다. 논리적 발전이 내포되지 않으면 원 포인트 설교라 할 수 없다.

2장
원 포인트 설교는 삼대지 설교와 어떻게 다른가?

앞서 언급했듯이 원 포인트 설교는 하나의 설교 목적만을 갖는다. 이 설교 목적을 세우기 위하여 먼저 본문을 통해 주제를 결정하고 본문을 철저히 분석한다. 가장 큰 아이디어가 설교의 주제가 된다. 설교 목적은 만들어진 주제를 근거로 세워진다.

원 포인트 설교는 주제를 점진적으로 발전시키면서 절정으로 향한다. 이 전개 과정에서 중요한 것은 본문의 키워드(key word)이다. 키워드는 본문의 핵심내용이며, 주제이며, 설교 목적이다. 결국 원 포인트 설교는 나열식 설교가 아니라 직렬식 설교인 셈이다.

원 포인트 설교의 핵심은 키워드를 찾는 것이다. 키워드를 잘못 찾아내거나 찾아내지 못하면 본문과 상관없는 설교가 되거나 가치 없는 내용을 담은 설교가 된다. 하지만 키워드를 잘 찾아내면 설교가 짜임

새가 생겨 강력한 힘을 뿜어낼 수 있다. 누가복음 5:1-11을 근거로 삼대지 설교를 만들어 보자.

본문 누가복음 5:1-11
제목 빈 그물의 인생을 찾아오시는 주님
주제 주님은 성도가 잃어버린 것을 회복하도록 도우신다.
목적 실패한 인생을 찾아오신 주님을 의지하며 잃어버린 것을 회복하게 한다.
개요 **서론** 주님은 부둣가에서 빈 그물을 씻고 있는 제자들을 찾아오신다. 지금도 주님은 실패한 인생에게 찾아오신다.
  본론 왜 찾아오시나요?(1-2절)
    ① 축복하시려고 찾아오신다(3-6절).
    ② 구원하시려고 찾아오신다(7-8절).
    ③ 제자 삼으시려고 찾아오신다(9-11절).

이와 같이 하면 개요 3가지를 나열한 삼대지 설교가 된다. 3가지의 개요가 서로 독립적일 뿐 연계성은 없다. 그러나 원 포인트 설교는 나열식으로 전개하지 않는다. 가장 중요한 키워드를 찾고 그 키워드를 중심으로 설교 주제를 발전시켜 나간다. 그래서 원 포인트 설교는 나열식이 아닌 직렬식, 즉 하나의 주제를 깊이 파고 들어간다. 가령 키워드를 '실패의 인생을 회복시키시는 주님'으로 해보자.

본문 누가복음 5:1-11
제목 실패의 인생을 찾아오시는 주님
주제 주님은 실패한 자녀를 회복시킨다.
목적 말씀에 온전히 순종하여 실패의 인생을 축복으로 나아가게 한다.
개요 ① 주님은 실패한 인생을 찾아오신다(1-2절).
② 왜 찾아오시나? 실패를 회복시키시려고 찾아오신다(6-7절).
③ 어떻게 회복시키시나? 말씀에 온전히 순종할 때 회복의 은총이 나타나게 하신다(3-5절).

위의 전개는 나열식이 아니고 직렬식이다. 하나의 설교 목적을 이루고자 '주님 말씀에 순종하는 자녀에게 회복의 은총을 주신다.'는 것을 알게 하는 것이다. 위의 전개에 기능 요소를 담아 좀 더 구체적으로 설명해 보자.

① 주님은 지금도 실패의 인생을 찾아오신다(1-2절).

본문 주님은 빈 그물의 어부들을 찾아오셨다.
적용 주님은 지금도 우리의 실패의 인생, 실패의 현장에 찾아 오신다.
권면 가끔 실패하여 가슴 아플 때 주님의 찾아오심을 기억하며 그분의 음성을 듣고 위로를 받고 새 힘을 얻는 성도들이 되자.

② 왜 찾아오시는가? 주님은 자녀가 잃어버린 것을 회복시키신다(6-7절).

본문   주님은 어부들의 밤샘의 헛수고를 단숨에 채워주셨다.

긍정 예화   실패한 후에 찾아오신 주님 만나고 새 힘 얻어 회복한 현대인의 실례

적용   지금도 주님은 실패한 인생들을 찾아와 회복 시키신다. 찾아오신 주님 만나 회복하는 성도가 되자.

③ 어떻게 회복시키는가? 말씀에 순종할 때(5절)

본문   어부가 말씀에 순종할 때 회복의 기적이 일어났다(5절).

긍정 예화   실패한 후에 찾아오신 주님께 온전히 순종하여 회복한 사람의 실례

적용   내 생각 내려놓고 하나님 말씀을 따를 때 모든 것이 제자리로 돌아오는 회복을 경험한다.

첫 번째 개요는 '실패한 인생을 찾아오시는 주님'을 다룬다. 두 번째 개요는 키워드를 찾는 질문이었다. 왜 찾아오시나? 잃어버린 것을 회복시키시는 주님이시다. 세 번째 개요는 더 발전된 질문이다. 어떻게 회복시키시나? 온전히 순종할 때 회복시켜 주신다. 즉 위의 개요 전개는 '결과, 이유, 해결책으로 가라'의 구성이다. 위의 전개 과정을 진행하면 거부감도 없고 끊어지는 것도 없이 자연스럽게 이어진다.

자! 이제 원 포인트 설교와 삼대지 설교와의 차이점을 보다 선명하게 이해하기 위하여 삼대지 설교의 개념을 좀 더 생각해 보자. '자녀를 신앙으로 키우는 방법'을 주제로 설교한다면 서론에서 '자녀를 신앙으

로 키우는 중요성'을 밝히고 본론에서 '자녀를 신앙으로 키우는 구체적인 방법들'을 밝힌다. 이렇게 위의 주제를 삼대지 전개방식으로 설교하면 듣는 사람에게 설교가 쉽고 설교하는 사람도 쉽게 할 수 있다. 예를 들어 보자.

제목 자녀를 신앙으로 키우려면
개요 ① 예배에 충실한 자로 키우라.
　　　② 말씀을 삶에 적용하도록 가르치라.
　　　③ 하나님을 사랑하게 하라.

이렇게 세 가지 개요를 만들어 설교하면 이는 삼대지 설교 형태가 되어 내용을 끊어서 전달하니 청중이 쉽게 이해한다. 이와 같은 아이디어를 전개하고자 성경의 여러 곳에서 성경구절을 찾아내어 각 개요마다 활용하면 된다. 또는 어느 한 본문이 위의 세 가지 개요를 다 포함하고 있다면 이 또한 삼대지 형식으로 만들 수 있다. 그러나 개요가 많은 이상 원 포인트 설교보다 쉽지는 않다.

또 '화살 같은 인생'이란 제목으로 설교할 때 '화살 같은 인생'은 무엇인지 3가지를 찾아낼 수 있다.

① 화살 같은 인생은 매우 짧다. (세월을 아끼라는 것)
② 화살 같은 인생은 한번 빗나가면 돌이키기 어렵다. (실수의 길을 가지 말라는 것)
③ 화살 같은 인생은 목표지점을 향한다. (목표를 가져야 열매가 맺힌다는 것)

위의 세 가지 개념을 포함한 본문을 설교 본문으로 삼든가 아니면 세 개의 개요를 담고 있는 본문을 설교 본문으로 삼으면 좋다. 이제 본문을 근거로 한 삼대지 설교를 만들어 보자.

본문 고린도전서 13:1-7

제목 사랑의 사람이 되라

개요 **서론** 사랑의 사람으로 살아가면 행복하다(1-3절). 어떻게 사랑의 사람이 되는가?

　본론 ① 사랑의 사람은 자신을 드러내지 않는다(4-5절).
　　　　② 사랑의 사람은 자신보다 타인의 행복에 관심을 갖는다(5-6절).
　　　　③ 사랑의 사람은 선한 일에 적극적이다(6-7절).

위의 본문을 나열식이 아닌 직렬식으로 원 포인트 설교를 만들어 보자.

본문 고린도전서 13:1-7

제목 그대에게 이런 사랑이 있는가?

개요 ① 사랑을 행하면서 고통을 겪는 사람들을 다룬다(사랑엔 문제가 있다).

　　▶ 사랑이 없거나 잘못된 사랑을 하면서 고통을 겪는 예들과 성경구절들

　② 그럼에도 사람들은 왜 사랑을 하는가?(사랑엔 그 만한 가치가 있다)

　(1-3절)

　　▶ 사랑에 대한 긍정적인 성경구절들과 사랑으로 인해 행복해진 예들

　③ 그러면 사랑을 어떻게 해야 하는가?(사랑을 효과적으로 하는 방법이 있다)(4-7절)

　　▶ 사랑을 효과적으로 행하는 사람들에 대한 긍정 예화나 권면

위와 같이 설교를 작성하면 설교의 맥이 끊이지 않고 자연스럽게 전개된다. 자! 이제는 원 포인트 설교로 만든 또 다른 예를 보자.

본문 이사야 6:1-8
제목 하나님 앞에서 살아가는 인생
주제 성도는 사람이 아닌 하나님 앞에서 살아간다.
개요 ① 성도는 하나님을 상대하기보다 사람을 상대하며 산다.
　　　사람을 상대한다는 의미 : 사람의 눈만 의식하는 것.
　　　부정 예화 : 사람을 상대하여 무너진 삼손(삿 16:4-21).
　　② 진정한 성도는 사람이 아닌 하나님을 상대하며 산다.
　　　본문 : 이사야, 하나님을 상대하며 하나님의 영광, 거룩, 자신의 허물을 보았다. 사명도 받았다.
　　　긍정 예화 : 요셉은 시험의 현장에서 사람이 아닌 하나님을 상대하여 유혹을 이겨냈다(창 39:7-13).
　　③ 어떻게 해야 하나님을 상대하는가? 하나님을 늘 의식하는 것, 하나님의 눈동자 아래 살고 있음을 의식하는 것이다.
　　　하나님을 의식하는 것의 의미 : 겟세마네 동산에서 주님이 그러하셨다(마 26:39). 삼손은 마지막에 하나님을 의식하여 쓰임 받았다(삿 16:23-31).

위의 설교는 분명 하나의 개요 - 성도는 사람이 아닌 하나님 앞에서 살아간다 - 만을 다루었기에 원 포인트 설교이다. 설교의 맥이 중간에 끊어지지 않는다. 하나의 개요를 논리적으로 발전시켰기 때문에 설교에 대한 청중의 집중도가 높아진다. 위의 원 포인트 설교 예는 여러 종류 중의 하나일 뿐이다. 차후 종류별로 상세히 다룰 것이다.

제 2 부

원 포인트 설교 실제

1장
원 포인트 설교를 만드는 기본 순서

1 본문을 묵상하면서 본문의 키워드(key words)를 찾으라

맥락없는 설교는 청중을 혼란에 빠트린다. 청중은 설교가 논리적으로 전개될 때 깊은 감동을 받는다. 이때 중요한 것이 키워드다. 키워드는 설교의 논리적 전개에 핵심 역할을 한다. 키워드는 설교자가 만드는 것이 아니라 본문이 결정한다.

키워드를 잘못 찾거나, 찾지 못하면 설교는 죽이 된다. 본문에서 키워드를 찾는 방법은 본문을 여러 번 읽는 것이다. 이때 주의할 점은 본문에 대해 갖고 있는 설교자 자신의 선이해를 버리는 것이다. 본문을 낯설게 보려고 할 때, 본문이 새롭게 자신에게 다가옴을 경험할 수 있다. 이럴때 설교자는 자신이 전하고 싶은 메시지가 아니라 본문이 말하려고 하는 핵심 메시지를 만날 수 있다. 설교자는 그 핵심 메시지를 이끌어가는 중심 단어가 본문에서 무엇인지를 찾으면 된다.

2 키워드를 찾은 후에 무엇을 전할 것인지 주제를 한 문장으로 요약하고 설교 목적을 세우라

키워드를 찾으면 키워드를 정확하게 표현하는 주제를 만든다. 이때의 주제는 본문을 한마디(한 문장)로 표현할 수 있어야 한다. 주제는 주어, 동사가 들어간 평서문이 좋다. 그래야 뜻이 명확해진다. 이때 평서문에 사용되는 동사는 현재형으로 한다. 가령 '하나님은 잃어버린 자를 찾으시는 데에 주도권을 쥐신다.', '인생은 화살처럼 빠르게 지나간다.', '사실은 태도보다 중요하다.' 등 현재형 동사가 담긴 문장으로 주제를 만든다. 주제가 만들어지면 목적을 세운다.

설교 목적을 세울 때 꼭 기억할 것은 설교 목적의 기본 개념이다. 설교 목적에는 일반 목적, 특별 목적 두 가지가 있다. 일반 목적은 청중이 하나님의 은혜를 만나게 하는 데 있다. 즉 설교란 성경의 내용을 전달하는 것이 아니라 청중이 성경을 통하여 하나님의 은혜를 느끼고 확신하고 경험하게 하는 것이다. 이와 같은 설교 목적이 세워지고 달성되면, 청중은 하나님의 은혜를 체험하여 자연스럽게 삶의 변화를 맛보게 된다. 따라서 설교는 성경 내용이 무엇인가를 전달하는 것이 아니라 본문 속에서 하나님의 은혜가 무엇인지 그리고 청중의 삶에 대하여 뭐라고 말하는지를 깨우쳐 주는 것이다. 즉 설교의 목적은 청중이 하나님의 은혜를 알고 자신의 문제를 알게 해 삶의 변화를 이끌어 내는 것에 있다.

설교 목적은 청중에게 감동을 주려는 데에 있지 않다. 감동을 넘어 청중의 결단을 이끌어내어 삶의 변화까지 가야 한다. 이 '변화의 삶'이란 세상적인 사람을 하나님의 사람으로 세우는 것을 말한다.

특별 목적이라 함은 각 설교마다 설교에서 성취하고 싶은 목적이다. 설교에서는 어느 한 목적만이 아니라 일반 목적과 특별 목적 두 가지를 다 달성하는 것이 중요하다. 예를 들면, 마태복음 6:25-34에서 일반 목적은 '신앙성장', 특별 목적은 '성도는 세상 근심에서 자유해야 한다.'가 될 수 있다.

3 설교 목적을 세운 후에 키워드(주제)를 둘러싼 주변 진리들에 대해 질문을 던진다

이를 위하여 육하원칙(누가, 언제, 어디서, 무엇을, 어떻게, 왜)을 질문하라. 키워드의 긍정적인 면과 부정적인 면을 생각해 보라. 키워드의 반대 개념도 생각해 보라. 예를 들면, 설교 주제와 목적을 만든 다음에 주제를 향해 육하원칙의 질문을 던져보면 된다. 그러면 아주 근사한 답변이 나올 때가 많다. 또 주제의 반대개념을 생각해 본다. 가령 주제가 '순종은 하나님의 축복을 여는 통로이다.'라고 하면 반대 개념 즉 '불순종은 하나님의 진노를 가져온다.'는 사실도 생각한다. 그리고 그에 관한 아이디어를 본문이나 다른 본문, 또는 일상의 삶에서 그 예들을 찾아낸다. 이런 내용들은 설교 주제를 발전시키는 데에 훌륭하게 쓰이는 자료가 된다.

4 키워드(주제)에 관한 설명은 설교의 서론에서 언급한다

원 포인트 설교에서 보통 개요는 3개이다. 하지만 이 3개의 개요는 서로 연관을 갖는다. 삼대지 설교와는 달리 원 포인트 설교는 하나의 개요를 발판으로 그다음 개요를 발전시키고 두 번째 개요를 발판으로 세 번째 개요를 발전시켜 나간다고 앞서 밝혔다. 그런데 설교 주제를 다루는 위치는 첫 번째 혹은 적어도 두 번째 개요에 있어야 한다. 그래야 키워드(주제)를 근거로 설교를 논리적으로 발전시켜 나갈 수 있기 때문이다. 자! 이해를 돕기 위하여 실례를 보자.

요한복음 2:1-11을 근거로 설교 주제를 '순종은 하나님의 축복을 여는 통로이다.'라고 한다면 첫 번째 개요에서 불순종하여 하나님의 축복을 받지 못한 내용을 다룬다. 그리고 두 번째 개요에서 '그러나 순종은 하나님의 축복을 가져온다.'는 내용을 다루며 순종하여 복을 경험한 내용들을 전달한다. 이 두 번째 개요가 바로 본문에서 가져온 아이디어(주제)이다. 그리고 세 번째 개요에서는 어떻게 해야 항상 순종하는 삶을 살 수 있는지 그 방법을 다룬다. 이러면 원 포인트 설교가 된다. 정리해 보자.

본문 요한복음 2:1-11
제목 순종하라
주제 순종은 하나님의 축복을 여는 통로이다.
목적 온전한 순종에 이르는 삶을 살게 한다.
개요 ① 불순종은 하나님의 축복을 가로막는다(부정).
② 순종은 하나님의 축복을 불러오는 통로이다(긍정).
③ 온전한 순종은 하나님의 축복을 경험케 한다(방법).

위의 예에서 키워드(주제)는 두 번째 개요 위치에 놓았고 세 번째 개요에서는 순종의 방법을 언급했고 첫 번째 개요는 키워드의 반대 개념을 설명했다. 이런 흐름은 설교가 자연스러워 좋은 원 포인트 설교가 된다. 이 예에서 주제를 두 번째 개요에서 다루었다. 하지만 어떤 경우에는 첫 번째 개요에서도 다룰 수도 있다는 것을 기억하라(구성법에 따라 주제를 다루는 개요 위치가 바뀐다).

5 키워드(주제)를 둘러싸고 있는 여러 단어나 지식들을 발견하여 설교를 만드는 데에 활용한다

설교에 필요한 보다 많은 정보를 얻어내기 위하여 본문을 향해 육하원칙의 질문을 던진다고 했다. 그러면 질문에 대한 답변들을 본문에서 얻을 수 있다. 그것들을 수집하여 논리적인 순서, 즉 구성법에 맞게 배열한다.

6 정해진 개요에 필요한 살을 붙이되 수집된 정보를 적절히 배열한다

개요를 설명하기 위하여 살을 붙이되 설교에서 필수 요소인 '기능요소들'(functional elements)을 활용한다. 아래에 있는 '기능요소들'은 하나의 개요를 다루는 내용들로서 논리적 흐름에 따라 순서화된 것임을 기억하라.

① 문제 제기(context)
② 본문 설명(text)
③ 다른 성경본문 인용 (Use other texts in the Bible)
④ 긍정 예화(positive illustrations)
⑤ 적용(application 혹은 appropriation)
⑥ 권면 적용(suggestion 혹은 challenge)

위와 같이 6개의 기능요소들을 순서 있게 설명하면 살을 붙이는 데 충분하다. 이와 같은 기능요소를 충분히 설명한 예들은 저자의 저서, 『청중심리를 파고드는 설교』를 참고하라.

7 설교원고를 작성한 후에 최종적으로 아래 질문을 점검한다

① 설교 주제나 키워드는 본문에서 나오는가?
② 설교를 위한 본문해석은 올바른가?
③ 설교 목적이 잘 성취되었는가?
④ 설교 목적은 청중에게 도전을 주기에 충분한가?
⑤ 설교가 본문과 청중의 삶도 다루는가?

⑥ 본문설명에서 불필요한 군더더기는 없는가?
⑦ 설교를 어렵거나 복잡하거나 얄팍하게 전개하지는 않는가?
⑧ 설교의 진행 논리가 명쾌하고 선명한가?
⑨ 설교는 클라이맥스를 향하고 있는가?
⑩ 본문(text)과 삶의 정황(context) 사이의 시간분배가 적절한가? 어느 한쪽으로 치우치지 않았는가?
⑪ 설교의 논리전개에 감성의 옷을 입혔는가?
⑫ 설교가 힘이 있고 재미가 있으며 청중의 관심을 끌기에 충분한가?
⑬ 설교내용이 진리인가?
⑭ 설교자는 설교원고를 충분히 숙지하고 있는가?
⑮ 설교자가 준비한 설교를 통해서 이미 은혜를 받았는가?
⑯ 은혜로운 전달을 위하여 기도로 준비하였는가?
⑰ 성령을 의지하며 설교 준비를 했고 설교를 전달할 준비가 되었는가?

위의 점검에 '그렇다.'고 확신하면 원고를 가지고 강단에 올라가도 좋다. 어느 하나라도 부족하면 부족한 부분을 보완하도록 한다.

8 설교 퇴고가 완성되었다면 여러 차례 소리 내어 읽어 원고를 거의 외운다

설교자가 청중과 아이컨택이 되지 않으면 청중은 설교에 집중하지 못한다. 설교자가 원고를 거의 안 보고 할 수 있다면 전달력은 그만큼 크게 작용한다. 전달력을 높이기 위해서 완성된 원고로 실제로 설교하듯이 자연스럽게 들릴 때까지 연습해야 한다. 설교자가 원고를 보지 않고

서도 완벽하게 소화할 수 있다면 제스처 사용에 있어 상당히 자유로울 수 있다.

9 설교원고 내용과 설교자의 마음이 일치하도록 기도로 준비하고 성령님을 의지하며 강단에 선다

설교자는 설교 원고 작성할 때 성령님의 인도와 지혜를 간구해야 한다. 설교를 준비하는 과정에서 설교자는 이미 본문과 깊은 대화를 통해서 하나님의 임재를 경험해야만 한다. 강단에 올라가 설교하기 전에 하나님의 영으로 충만하지 못하다면 충만할 때까지 기도에 힘써야 한다. 왜 그래야 하는가? 사람을 변화시키는 힘은 설교자의 언변에 있지 않고 성령의 나타나심과 능력에 있기 때문이다.

2장

원 포인트 설교 구성 방법들

1

PRS 스타일
Proposition and Reversal, Solution

명제와 반전, 반전이유(해결책)을 밝혀라

PRS 스타일 설교구성은 영어의 '명제'인 'Proposition'의 P와 영어의 '반전'인 'Reversal'의 R과 '해결책'인 Solution의 S 알파벳을 따서 PRS 스타일이라 명명했다. PRS 스타일을 '명제와 반전, 반전의 이유(해결책)을 밝혀라'의 구성으로 명명한다. 여기서 '반전의 이유'가 곧 해결책이 되기 때문에 Reason for Reversal이라 하지 않고 Solution 이라 했다.

'명제'의 개념을 생각해 보자. '명제'는 어떤 속성이 어떤 사물에 속한다든지 어떤 사물들 간에 어떤 관계가 성립한다는 사태(事態)를 나타낸다. 한 명제가 나타내는 사태가 사실과 일치하는 경우 그 명제를 참이라 하고 일치하지 않는 경우 거짓이라 한다. 명제는 보통 문장으로 표현된다. 예를 들어 '모든 사람은 죽는다.' '개는 동물이다.' '예수님은 제자들을 끝까지 사랑하신다.' 등은 명제이다. 만약 사실에 일치할 경우 참 명제라 하고 거짓에 기초한 경우 거짓 명제라 한다. 설교는 언제나 '명제'에서 시작하는 것들이 많다. 그 개념을 보다 구체적으로 살펴보자.

개념

PRS 스타일의 설교 구성은 영화나 소설에서 자주 사용하는 구성방법이다. 가령 어떤 영화의 주인공이 있다고 하자. 주인공은 평온하게 농사를 지으며 행복하게 살고 있다. 그런데 그는 가끔 자기의 과거를 회상한다. 그는 과거에 전국에서 최고의 싸움꾼이었다. 그러나 그는 그것을 숨겼다. 20년이 지난 지금 그의 근육은 약화되었고 순발력도 떨어져서 이제는 평범한 농부일 뿐, 싸움은 남의 이야기가 되었다. 그렇게 행복하게 살고 있는데… 여기까지가 명제이다. 즉 '싸움의 달인이 평범하게 살다.'가 명제인 것이다.

그런데 반전이 일어난다. 어느 날 예쁜 딸이 납치를 당했다. 한두 명의 불량배에게 납치당한 줄 알았는데 옛날에 몸담았던 거대한 마약밀매 조직이 뒤늦게 복수하려고 딸을 납치해서 딸의 생명이 위험하게 되었다. 이때 싸움꾼의 본능이 아버지에게서 되살아난다. 이미 늙어서 근육이 약화되었고 싸움의 감각도 현저히 떨어졌지만, 한 가지만은 살아 있었다. 싸움에 대한 용기와 정신력만큼은 싸움의 달인다운 모습이 여전하였다. 그는 이제 깊숙이 숨겨두었던 칼과 총을 꺼낸다. 딸이 납치 당한 곳을 향해 옛날, 최고 싸움꾼의 정신으로 돌아와 적진으로 가는 것이다. 마침내 주인공은 위험한 상황에 놓인 딸의 생명을 구하기 위하여 늙고 연약하지만 비장한 각오로 적진으로 향했다. 결국 거대한 적들과 치열한 싸움을 벌이며 부상을 당했다. 하지만 천신만고 끝에 유도해 딸을 구해냈다. 결국 자랑스러운 아버지, 악을 응징하는 정의의 사자가 되었다. 즉 '약한 그에게서 싸움꾼의 본능이 되살아나다.'가 반전이다.

그다음 시청자들은 반전의 이유가 궁금하다. 왜 주인공 아버지가 죽을 줄 알면서도 사지를 향해 뛰어드는가? 그 이유는 자명하다. 정의를 실현하기보다 개인적인 이유가 있다. 딸을 사랑하기 때문이다. 주인공은 어린 딸과의 즐거웠던 한때를 떠올렸다. 딸 때문에 자신이 성실한 사람으로 바뀌었음을 알고 있다. 딸 때문에 행복했음을 알고 있다. 그리고 딸이 죽은 아내를 닮았다. 아내가 병으로 죽어가면서 주인공에게 "딸을 꼭 지켜 달라."고 부탁했을 때 주인공은 "그렇게 하겠다."고 약속한 것을 기억했다. 주인공은 이런 내용들을 뇌리에 떠올렸다. 딸은 자신의 분신과도 같은 존재였다. 주인공은 딸이 없는 인생을 생각할 수 없다. 딸을 너무나 사랑했다. 결국 주인공은 이런 과거를 떠올리며 상처를 입으면서도 생명을 걸고 싸워 아내와의 약속을 지켰다. 주인공은 이런 사실에 흐뭇해했다. 해피엔딩으로 끝이 났다. 여기까지가 주인공이 용감한 아버지가 될 수 있었던 이유인 것이다. 즉 '반전의 이유'이다. 이것은 '명제와 반전, 반전의 이유'로 진행되는 영화이다.

이 구성은 청중에게 흥미를 더한다. 왜냐면 스토리가 어떻게 전개될지 재미가 있기 때문이다. 논리가 분명하다. 왜냐면 명분과 이유가 분명하기 때문이다. 또 이 구성은 설교가 진행될수록 청중의 뜨거운 반응을 유도해 청중을 설교에 빨려 들게 만드는 장점이 있다.

설교에도 '명제와 반전, 반전의 이유(해결책)'로 진행되는 구성을 활용할 수 있다. 설교의 특성상 '반전의 이유' 뒤에 '청중의 반응'을 이끌어낸다. 가령,

명제 사람은 죽습니다.
반전 그런데 크리스천은 죽지 않습니다.
반전이유(해결책) 왜냐면 예수를 통해 영생의 길로 인도받기 때문입니다.
우리의 반응 그러므로, 예수를 믿으십시오.

자 이제 이 구성으로 만든 원 포인트 설교의 실례를 보자.

설교구성 실례 ①

본문 마태복음 27:45-50
제목 버림받은 예수
주제 주님의 버림받으심은 인간을 구원하는 통로이다.
목적 청중이 하나님의 은혜를 깨닫고 충성하게 한다.
개요 ① **명제**(Proposition) : 하나님은 아들 주님과 공생애 기간 동안 늘 함께 하셨다.
② **반전**(Reversal) : 하지만 하나님은 십자가 위에서의 주님을 처참히 버리셨다.
③ **반전이유**(Reason for Reversal) : 그 이유는 주님이 버림받으셔야 인간의 죄가 용서받기 때문이다.
④ **우리의 반응**(Response) : 주님의 희생 때문에 살아난 우리는 주를 위하여 산다.

① 명제
하나님은 아들 주님과 늘 함께 하셨다

 저는 이 시간 하나님의 아들 예수께서 하나님으로부터 버림을 받은 안타깝고 슬픈 사건을 전달하려 합니다.

우리가 알다시피, 예수님의 공생애는 참으로 아름답고 감동적이었습니다. 예수님을 만나는 사람마다 병이 낫고 귀신이 떠나가고 마음의 상처가 치유되고 죄를 용서받고 새 생명들로 거듭났습니다. 이런 일로 인하여 주님은 사람들에게 인기를 얻었습니다. 물론 어려움도 겪으셨지요. 종교지도자들이나 반대파들이 주님을 향해 시기와 질투 비난을 일삼았고, 생명을 위협하였으며 주님의 일거수일투족을 비판했습니다. 하지만 주님은 그런 일로 위축되지 않으셨고 하나님의 아들로서의 위엄과 권세, 영광을 나타내며 끝까지 사명의 길을 가셨습니다.

주님은 하나님께는 참으로 귀한 아들이셨습니다. 하나님의 사랑 받는 자였고 기뻐하는 아들이었습니다. 또 주님은 하나님을 기쁘시게 하며 하나님께 많은 영광을 돌렸습니다. 그리고 주님은 하나님과 늘 아름다운 교감을 나누셨습니다. 주님은 하나님께 언제나 최고의 자랑이었고 최고의 사랑의 대상이었습니다.

주님이 공생애 동안 완벽한 삶을 사셨던 것은 전능하신 하나님이 주님과 항상 함께 하셨기 때문입니다. 주님은 요한복음 8:29에서 이렇게 증언하셨지요. "나를 보내신 이가 나와 함께 하시도다. 나는 항상 그가 기뻐하시는 일을 행하므로 나를 혼자 두지 아니하셨느니라." 주님은 하나님과 늘 함께하셨고 하나님으로부터 훌륭한 후원을 받으며 사역하셨습니다.

주님은 하나님과 더불어 환난과 시험을 이겨내셨고 하나님의 영광을 나타냈으며 완벽한 사명의 길을 가셨습니다. 하나님의 함께하심은 주님에게 최고의 후원이었고 최고의 영광이었습니다.

　이스라엘 백성들이 애굽 땅에서 430여 년 간의 노예생활 할 때 그들이 얼마나 힘들었는지 그들의 신음소리가 매우 컸습니다. 그때 하나님은 "저들의 신음을 들으시고 그 고통을 아셨다."고 했습니다. 하나님은 사랑하는 백성들의 고통을 아시고 능력의 오른 팔을 펴사 그들을 애굽에서 끄집어 내셨습니다. 그리고 가나안 땅에 도착할 때까지 그들을 도우셨습니다. 아무리 강한 군대도, 아무리 뛰어난 민족들도 하나님이 함께하시는 이스라엘을 이기지 못했습니다. 여기에 하나님의 함께하심의 축복이 있습니다. 놀랍게도 전능하신 하나님이 이런 동행의 축복을 주님께도 베푸셨습니다. 그래서 시험을 이기셨고 뜻을 이루셨고 아름다운 사명의 길을 가셨습니다.

● **권면 적용**

우리도 이 땅을 살아가면서 전능하신 하나님이 우리와 함께하신다는 사실을 기억하면 힘을 얻습니다. 삶이 힘들고 어려울 때도 하나님이 우리와 함께하심을 기억하며 이 믿음으로 이겨내시길 바랍니다.

② 반전
하나님이 사랑하는 아들 예수를 버리시다

그런데 오늘 말씀에 보면 세상에서 가장 슬픈 사건이 나옵니다. 그동안 항상 함께하셨던 하나님께서 예수님을 헌신짝처럼 버리신 것입니다. 이 장면을 보면서 제 마음이 얼마나 무겁고 슬프던지요.

사실 하나님이 예수님을 버리기 전에 사람들이 먼저 주님을 버렸습니다. 우리가 알다시피, 예수님이 예루살렘에 마지막으로 입성하셨을 때 "호산나 호산나 다윗의 자손 예수여!" 하면서 예수님을 찬양했던 사람들이 예수님을 십자가에 못 박는 폭도들로 변했습니다.

게다가 주님의 제자 가룟 유다는 은 30냥 때문에 주님을 팔아버렸습니다. 수제자 베드로는 죽음에 대한 두려움 때문에 예수님을 모른다고 부인했습니다. 3년 반 동안 훈련받은 다른 제자들도 예수님이 어려움에 처하자 모두들 주님 곁을 떠났습니다. 주님이 이러한 사람들로 인하여 얼마나 실망하셨을까요? 매우 씁쓸하고 외로우셨을 겁니다.

감성터치 교회를 열심히 다니던 집사님이 시험에 들어 초등학생 딸에게 그랬습니다. "야! 우리 교회 옮기자! 더 이상 이 교회에 못 나가겠어." 그러자 딸이 그럽니다. "엄마, 엄마가 교회를 옮기면 목사님 마음이 얼마나 아프시겠어! 엄마나 옮겨. 난 목사님 마음을 아프게 할 수 없어!" 이 말을 들은 엄마는 곰곰이 생각했습니다. 그리고 마침내 딸의 음성을 하나님의 음성으로 받고 마음을 가라앉히며 회개하고 다시 충성했습니다. 집사는 흔들리고 초딩은 견고하더라... 초딩이 집사를 잡아주더라...(다 같이 웃음) 성도가 목회자 곁을 떠날 때 목회자는 뼈아픈 상처를 경험하게 됩니다.

제자들이 주님 곁을 떠났을 때 주님 마음도 이와 같았을 겁니다. 그렇다고 주님 마음이 흔들렸을까요? 아닙니다. 실망하긴 했지만 여전히 당당하셨습니다. 보세요. 주님이 대제사장의 군대에 잡혀가실 때도, 골고다를 향해 피의 발자국을 옮기실 때도, 굵은 대못이 예수님의 양팔과 양발목의 중추신경을 관통할 때도, 가시 면류관이 머리에 고통을 가중시킬 때도 주님은 사명의 길을 포기하지 않으셨습니다. 끝까지 당당하게 십자가 길을 가셨습니다. 왜냐하면 하나님의 함께 하심을 알고 있었기 때문이었습니다.

주님은 조롱당하시며 모욕을 받으셔도, 옆구리에선 물과 피가 쏟아지고, 목은 타고 생명이 끊어져도, 외로움과 고통을 참고 견디셨습니다. 왜냐하면 사랑의 하나님이 자기와 함께 하심을 알고 있으셨기 때문입니다. 주님은 '하나님이 자기와 함께 하신다.'는 믿음 때문에 그 무서운 십자가의 죽음의 길을 묵묵히 견디고 또 견디셨습니다.

주님은 일찍부터 이에 대한 확신이 있어, 요한복음 16:32에서 이렇게 말씀하셨습니다. "보라 너희가 다 각각 제 곳으로 흩어지고 나를 혼자 둘 때가 오나니 벌써 왔도다. 그러나 내가 혼자 있는 것이 아니라 아버지께서 나와 함께 계시느니라." 예수님은 사람들은 자신을 버려도 하나님은 함께하실 것을 믿었습니다. 그 믿음 때문에 주님은 힘을 냈고 십자가의 고통을 견디셨던 것입니다.

● **본문설명**

그런데 이게 무슨 일입니까? 주님이 십자가에 매달려 죽음의 문턱에 이르렀는데, 하나님은 십자가의 주님을 향해 어떤 능력도, 권세도, 구원의 손길도 보내시지 않았고 함께 하신다는 어떤 사인도 보내시지 않습니다.

감성터치 주님이 십자가에서 숨이 끊어져 가는 데도 하나님은 침묵하셨습니다. 처절하게 울부짖으며 도움을 바라시는데도 하나님은 침묵으로 일관하셨습니다. 그 이유가 무엇인가요? 그것은 하나님께서 사랑하는 아들 예수님을 의도적으로 버리셨기 때문이었습니다. 주님이 이 사실을 알아채자 극심한 외로움과 피로와 절망이 한꺼번에 몰려왔습니다. 여러분, 버림을 받은 그 느낌을 아십니까?

며칠 전 인터넷에서 한 노처녀의 고백을 보았습니다. 몇 년 간 사귀던 남성과 헤어졌는데 얼마 되지 않아 이 남성이 다른 여성과 결혼을 한 것입니다. 그런데 시간이 지날수록 이 처녀는 그 남자로부터 버림받았다는 생각에 깊이 빠졌습니다. 그녀는 '버림받았다는 이 기분은 도대체 뭐지?' 하면서 마음을 못 잡다가 직장도 그만두고 날마다 우울증으로 고생한다고 했습니다. 버림 받는 것, 참 고통스러운 겁니다.

청소년의 자살 실태에 대한 논문을 보니 결손가정에서 자라난 아이들이 부모에게 버림받아 가출하고 혼숙하고 어른과 사회에 반항적으로 행동하다가 최종적으로 자살한답니다. '나는 버림받았다.'란 생각이 그들의 마음에 지울 수 없는 상처가 되어 결국 생명을 끊는답니다. 믿었던 사람에게서 버림받는다는 것, 그것처럼 절망스럽고 한스러운 일이 없습니다.

● **본문설명**

감성터치 그런데 우리 주님이 믿었던 하나님 아버지로부터 버림받으셨습니다. 하나님이 주님과의 관계를 완벽하게 끊으시고 아들을 사지 속으로 내던지셨습니다. 도움의 손길도, 위로의 말씀도 없이 하나 뿐인 아들 예수를 사지로 내치셨습니다. 이 사실을 아신 주님은 처절하게 절규합니다. 46절에 보니 "엘리 엘리 사박다니 하나님이여 하나님이여 어찌하여 나를 버리셨나이까?" 아들의 애처로운 절규와 피 토하는 심정이 하나님께 들립니다. 그럼에도 하나님은 침묵하셨습니다. 더 이상 버틸 힘이 없는 주님은 "아버지여 내 영혼을 아버지께 의탁합니다." 하시며 숨을 끊으셨습니다. 하나님의 아들 예수가 십자가 위에서 아버지 하나님으로부터 버림받고 생명이 끊어진 겁니다. 신학자 B. C. E. 캔필드(Canfield)는 이 순간을 "성부, 성자, 성령, 성 삼위 일체의 균형이 깨지는 순간이다."라고 했습니다.

예수님은 그렇게 버림받고 돌아가셨습니다. 한번도 주님을 떠나본 적이 없으며 한번도 주님을 외롭게 만드신 적이 없었던 하나님이 당신의 아들 예수를 사지로 내치셨습니다. 멸시와 천대, 모욕을 받게 하셨고 고통과 외로움을 겪게 하셨으며 저주받은 짐승처럼 나무에 달려 죽게 하셨습니다.

하나님이 예수를 버리심으로 찬송과 경배의 대상이셨던 예수가 저주의 대상이 되셨습니다. 천사도 흠모하던 하나님의 거룩한 아들 예수가, 영광과 존귀의 관을 쓰셔야 할 예수가, 만인에게 사랑 받고 칭송 받아야 할 구세주 예수가 도살당하는 어린양이 되어 피 흘리고 살이 찢기며 버려졌습니다. 하나님은, 그토록 귀하게 여기시던 아들 예수를 헌신짝처럼 버리셨고 개죽음처럼 죽게 하셨습니다. 아버지가 아들을 죽이신 이 십자가 사건은 세상에서 가장 슬픈 사건이었습니다.

③ 반전의 이유
왜 하나님이 주님을 버리셨나? – 우리의 죄 값을 대신 치르게 하려고

생각해 봅시다. 왜 하나님이 아들 예수를 버리셨을까요? 구약시대에는 백성들이 죄를 사하고 싶으면 성막이나 성전에 양 같은 동물들을 제사

장에게 가지고 와서 "제사장님, 제가 지은 죄를 용서받고 싶어 여기 양을 가지고 왔습니다." 그러면 제사장은 양의 머리에 손을 얹고 기도합니다. "하나님, 이 양을 잡아서 제단에 바치오니 죄인의 모든 죄를 이 동물에게 전가시키시고 죄인을 의롭게 하소서." 그렇게 기도하고 나서 양을 잡아 제단에 태워드립니다. 양은 아무것도 모르고 그저 잡혀 죽임을 당합니다. 그러면 죄인의 죄가 그 양에게 전가되고 죄인은 용서를 받습니다.

십자가의 주님은 제단에 바쳐지는 어린 양이셨습니다. 양이 죽어야 인간의 죄 값이 치러지듯이 주님이 버림받고 죽임을 당해야 우리 인간의 죄 값이 치러집니다. 디모데전서 2:6은 말씀합니다. "주님이 우리를 위하여 대속물이 되셨다." 또 로마서 5:6은 말씀합니다. "우리가 아직 연약할 때에 기약대로 그리스도께서 경건하지 않은 자를 위하여 죽으셨도다." 주님의 죽으심은 우리의 죄 값을 대신 치르기 위한 죽음이었고, 우리를 살리기 위한 죽음이었습니다. 하나님은 아셨습니다. 주님이 죽지 않으면 인간의 죄가 그대로 있고 주님을 죽게 하지 않으면 인간의 죄가 용서받을 수 없기 때문입니다. 그래서 그의 아들 예수를 사지로 보내셨습니다.

주님의 죽으심은 우리가 치러야 할 죄 값을 대신 치르기 위함이었습니다. 우리가 받을 심판을 대신 받으시고 우리가 받아야 할 슬픔, 치욕, 멸시를 대신 받으시고 우리가 버림받아야 할 그 자리에 주님이 대신 버림받으셨습니다. 주님의 생명이 끊어지는 순간 성소의 휘장이 위로부터 아래까지 쫙 찢어졌습니다. 이것은 주님의 피 공로로 인해 그 어떤 죄인도 하나님 앞에 나아가 회개하여 죄 용서 받을 수 있음을 보여줍니다. 주님의 고통, 슬픔, 좌절, 죽음은 바로 우리를 살리기 위한 대속적인 사랑이셨습니다.

[감성터치] 실제 있었던 이야기입니다. 초등학교를 다니던 아이가 늘 말이 없고 시무룩했습니다. 친구들과 어울리질 않습니다. 친구가 집에 놀러 오면 기겁을 하고 거부합니다. 이유가 있었습니다. 자기 어머니 얼굴과 목과 손이 괴물처럼 흉측했기 때문입니다. 성형수술이 발달되지 않던 시절이라서 어머니의 얼굴은 차마 눈뜨고 볼 수 있는 얼굴이 아니었습니다. 이런 어머니의 얼굴을 친구들이 볼까봐 아들은 항상 어머니가 없는 아이처럼 행동했습니다. 사춘기가 되자 소년은 더욱 엄마를 부끄럽게 여기더니 어느 날 학교를 그만두겠답니다. 어머니 때문에 창피하여 학교를 갈 수 없다는 겁니다. 그러면서 하는 말 "난 왜 하필이면 괴물엄마를 뒀는지 모르겠어!" 하였습니다.

그때에 엄마가 가슴에 묻어 두었던 얘길 꺼냈습니다. "네가 2살 때 우리 집에 불이 난적이 있었단다. 밖에 갔다 오니 집이 불타고 있었고 사람들은 발을 동동 구르고 있었지. 난 정신이 하나도 없었단다. 왜냐면 네가 방안에서 자고 있었거든. 사람들이 말렸지만 난 너를 끄집어내기 위해서 불 속으로 뛰어들었고 너를 이불로 돌돌 말아서 안고 나오는데 난 그만 심하게 화상을 입었단다. 거의 죽는 줄 알았는데 가까스로 살아났고 얼굴과 몸이 이렇게 되었단다." 엄마는 그토록 보여주기 싫어하던 온 몸의 상처를 아들에게 보여 주었습니다. 엄마 몸의 상처는 정말이지 보기가 흉측했습니다. 엄만 이어서 말합니다. "네가 다치지 않았던 것이 얼마나 다행이었는지 모른단다…" 이 말을 듣던 소년의 눈에서 눈물이 주룩 흘렀습니다. 그리고 엄마에게 다가가 엄마를 힘껏 끌어안으며 울었습니다. "엄마가 나 때문에 고통을 당했구나. 엄마 미안해요…" 그 이후에 이 소년은 다시는 엄마를 창피하게 여기지 않았습니다.

④ 우리의 반응

(천천히) 우리가 주님 십자가를 바라볼 때 지금도 한없이 자랑스럽고 감사한 이유가 뭐에요? 예수 십자가의 죽음이 나를 살리려는 사랑의 행위였기 때문입니다. 그 십자가의 죽음으로 오늘 우리가 죄 용서 받고 하나님을 아빠, 아버지라 부르게 되었고 죄악에서 벗어나 새로운 생명이 되었습니다. 그 십자가의 피 공로로 우리가 영생을 얻었습니다.

"그가 찔림은 우리의 허물을 인함이요 그가 상함은 우리의 죄악을 인함이라 그가 징계를 받으므로 우리가 평화를 얻었고 그가 채찍에 맞으므로 우리가 나음을 얻었도다." 주님이 채찍에 맞으며 상처를 입고 고통을 당함으로 우리의 상처가 나았고 평화를 얻었습니다.

● 권면 적용

감성 터치 여기 가시로 만든 십자가를 보세요. 보이시나요? 우리를 위하여 고난당하신 주님의 십자가라고 생각하세요. "주여! 내 죄 때문에 당신이 찔렸고 버림받았고 죽임을 당했나이다."라고 고백하세요. "당신의 고난으로 인하여 내가 나음을 얻었나이다."라고 고백하시길 바랍니다.

그리고 우리의 남은 생애는 십자가의 주님을 위하여 살아가시길 바랍니다. 이 십자가의 은혜로 죄 용서의 은총과 영혼의 치유를 누리시고, 은혜에 보답하는 믿음으로 살아가시기를 주님의 이름으로 축원합니다.

| 설교구성 실례 ② |

본문 고린도후서 7:9-11

제목 근심하지 말라 그러나 근심하라

주제 육적인 근심은 영혼을 불행하게 만드나 영적인 근심은 영혼을 이롭게 한다.

목적 영적인 근심의 가치를 알게 하고 이를 실천하여 새 삶을 살게 한다.

개요 ① **명제**(Proposition) : 육적인 근심은 인간을 피곤하게 한다.

② **반전**(Reversal) : 그러나 영적인 근심은 인간에게 꼭 필요하다.

③ **반전의 이유**(Reason for Reversal) : 왜냐면 영적 근심은 회개에 이르게 하여 변화와 구원을 가져 오기 때문이다.

④ **우리의 반응**(Response) : 영적 근심에 민감한 삶을 살게 한다.

① 명제
육적인 근심은 유익이 없다

◉ 삶의 정황

제 2차 세계대전 중에 전쟁터에서 죽은 미국 군인은 약 20만 정도였습니다. 그런데 미국 본토에서 자녀를 전쟁터에 보내고 근심이 깊어져서 스트레스를 받거나, 심장마비로 죽은 사람의 숫자가 100만 명에 이르렀다고 합니다. 전방에서 총 맞아 죽은 사람보다 근심하다가 죽은 숫자가 훨씬 많았습니다. 미국 메이요 클리닉의 공동 설립자인 찰스 메이요 박사는 "근심은 순환기관과 심장, 임파선 및 모든 신경계통에 영향을 주어 건강을 크게 해쳐서 죽는 경우가 많다."고 했습니다.

근심은 인간의 수명을 단축시키고 삶을 무너트립니다. 사람을 무기력하게 만들어 앞을 향해 전진하지 못하게 합니다. 잠언 17:22에서 "심령의 근심은 뼈를 마르게 한다."고 했습니다. 근심은 백해무익한 것입니다. 그럼에도 사람은 근심으로부터 떠나지 못합니다. 어느 교회 집사님이 범사에 염려가 많아서 하나님께 기도했더니 하나님은 그 집사님의 근심거리를 모두 거두어 가셨답니다. 그랬더니, 그 집사님이 하는 말 "근심거리가 없어 걱정이네." 하더랍니다. 어느 동물학자는 "실존하는 생물 중에 위장에 구멍이 생기도록 근심하는 생물은 아마도 사람밖에 없을 것이다."라고 했습니다.

먹고 사는 것 때문에 근심, 일이 내 뜻대로 되지 않아서 근심, 어디 아플까 봐 근심, 하던 일이 너무 잘되어도 근심합니다. 근심한다고 해서 달라지는 것이 없는데 근심 또 근심합니다. 성경은 이런 근심을 하지 말라고 가르칩니다. "너희는 근심하지 말라. 하나님을 믿으니 또 나를 믿으라. 너희 모든 염려를 다 주께 맡겨라." 여러분, 근심거리가 생기면 하나님께 기도할 뿐 영혼을 괴롭히며 노심초사하는 근심은 절대 하지 않기를 바랍니다.

② 반전
그러나 인간은 영적으로 근심해야 한다

● 본문설명

그런데 인간에게 꼭 필요한 근심이 있습니다. 그것은 하나님이 원하시는 근심입니다. 본문 9절의 표현대로 '하나님의 뜻대로 하는 근심' 혹은 '영적 근심'이라고도 합니다. 세상 근심은 많을수록 마음을 어둡거나 우울하게 만들고 또 불안과 두려움을 증폭시켜서 육체를 쇠약하게 만듭니다. 그러나 하나님의 뜻대로 하는 근심은 많으면 많을수록 영혼을 이롭게 합니다. 9절을 보면 "하나님 뜻대로 하는 근심은 아무 해가 없다."고 말씀합니다. 오히려 하나님의 뜻대로 하는 근심은 영혼을 맑게 하고 기쁨과 평안을 가져다 줍니다.

그래서 성경은 영적인 근심에 이르라고 권면합니다. 그러면 영적 근심이란 무엇인가요? 오늘 본문을 보면 이러합니다. 사도 바울은 어려움 중에 고린도 교회를 개척했어요. 그런데 힘들게 세운 교회에서 바울이 떠난 후에 성도들이 부도덕한 일들을 벌이고 교회에서 분파 분쟁을 일으키며 교회를 어지럽혔습니다. 이 소식을 들은 바울은 고린도전서에서 세 가지를 책망했습니다. 첫째, "악한 일을 떠나라." 했어요. 특히 "음행과 같은 악을 떠나라." 했습니다. 두 번째 "공동체를 시끄럽게 하는 분쟁을 당장 중단하라."고 했습니다. 세 번째, "하나님은 신실한 분이니 하나님을 가까이하며 하나님께 영광을 돌리라." 하였습니다. 그렇지 않으면 의로워질 수 없으며 하나님의 심판을 면하지 못할 것이라 했습니다. 굉장히 강력한 말씀입니다.

여러분, 목회자가 성도의 잘못을 지적하면 성도는 기분 나빠하거나 오히려 반발할 수 있습니다. 만약 이렇게 반응하는 성도는 새롭게 변화될 수 없습니다. 그런데 놀랍게도 고린도 성도들은 바울의 권면을 100% 받아들였습니다. 자신들의 삶을 돌아보니 악하고 어리석었음을 깨달았기 때문입니다. 여기에 영적 근심이 있습니다. 영적 근심이란 자기의 허물, 부족을 깨닫고 괴로워하는 것입니다. "하나님, 내가 하나님의 영광을 가렸습니다. 말씀에 불순종하며 내 멋대로 살았습니다. 내 속에 거짓과 술수를 행하려는 악한 것들이 가득합니다." 이렇게 자기의 죄성을 깨닫는 고백과, 그로 인해 자신을 안타까워하는 것이 영적인 근심입니다.

● 적용

이렇게 잘못을 깨닫게 되면 감정에도 특별한 반응이 나타납니다. 자신을 부끄러워합니다. 마음이 아파 눈물을 흘리며 괴로워합니다. 하나님께 죄송해 하며 어떻게 하면 내가 바른 사람이 될 것인가 진지하게 고민합니다. 결국 영적 근심은 먹고 사는 것 때문이 아니라 자기 모습이 하나님 앞에서 바로 서 있지 못해서 괴로워하고 슬퍼하고 마음 아파하는 것입니다. 다윗은 죄를 짓고 난 뒤에 얼마나 진지하게 근심하였는지 자기의 뼈가 녹는 듯했다고 했습니다. 그가 흘린 눈물은 밤마다 온 침상을 적셨습니다.

사람들은 살면서 잘못을 저지르고도 인정하지 않고 뭉개버리거나 적당히 얼버무립니다. 아니면 의도적으로 모른 체합니다. 이러면 자기의 허물을 결코 깨달을 수 없어 다음에 똑같은 잘못을 반복하게 되어 신앙 성장은 멈추게 됩니다.

우리는 신앙 생활하면서 잘못한 것을 돌아보며 깊이 깨닫고 바로 서려고 근심하는 것이 중요합니다. 지금껏 살면서 지은 죄를 도려내지 못한 것과 지금껏 변화되지 못한 것을 근심하는 것이 중요합니다. 지금보다 더 충성하지 못하거나 순종하지 못한 것, 지금보다 형제를 더 사랑하지 못한 것, 지금보다 더 순수하지 못한 것을 근심하는 것이 중요합니다. 지금보다 더 하나님을 가까이 하지 못한 것, 더 자주 기도하지 못하고 더 자주 성경을 읽지 못한 것, 내 자아가 완전히 깨어져서 하나님의 작품으로 만들어지지 못한 것을 근심하는 것이 중요합니다. 이런 근심이 지속되어야 하나님의 사랑과 긍휼 속에 들어갈 수가 있습니다. 하나님의 말씀은 결국 이것입니다. "너희는 근심하지 말라. 그러나 허물을 깨닫고자 근심하라." 영적인 근심에 이르라는 것입니다. 여러분과 제가 이런 영적 근심에 이르길 바랍니다.

③ 반전의 이유
영적 근심의 이유, 회개에 이르기 위하여

● 본문설명

여러분, 이렇게 영적인 근심에 이르러야 하는 이유가 뭐지요? 허물을 깨닫고 슬퍼하는 이유가 무엇입니까? 한마디로 회개에 이르기 위해서입니다. 사도 바울이 고린도 교회 성도들의 영적인 근심을 보면서 기뻤던 것은 그들의 근심이 회개에 이르렀기 때문입니다. 어디에 이르렀어요? 회개에 이르렀습니다. 오늘 말씀 9절을 풀어서 설명하면 이렇습니다. "너희가 근심하더니 회개에 이르렀도다. 그래서 내가 기뻐하노라." 성도가 회개에 이르는 근심에 이를 때 목회자들은 정말 기뻐합니다. 그것만이 아닙니다. 하나님도 기뻐하십니다. 시편 51:17은 말씀합니다. "하나님께서 구하시는 제사는 상한 심령이라 하나님이여 상하고 통회하는 마음을 주께서 멸시하지 아니하시리이다." 하나님이 찾으시는 것은 성도가 자신의 부족과 어리석음을 깨닫고 마음 아파하며 회개를 통해 새로워지는 것입니다. 그럴 때에 하나님이 그를 멸시하지 않으시며 기뻐하시며 축복으로 반응하십니다.

여러분, 죄에 대하여 잠시 슬퍼하다가 옛 모습 그대로 돌아가면 소용이 없습니다. 가룟 유다가 주님을 배반하고 뒤늦게 후회하고 가슴 아파했습니다. 그런데 이내 자살하고 말았습니다. 이것은 후회로 끝난 것이지 회개한 것이 아닙니다. 회개란 뭡니까? 방향을 돌리는 겁니다.

죄를 짓는 방향에서 선을 행하는 방향으로 돌이키는 겁니다. 하나님을 멀리하던 방향에서 하나님 발 앞으로 돌아오는 겁니다. 불순종의 방향에서 순종의 방향으로, 오만함에서 겸손함으로, 하나님 영광 가리던 방향에서 하나님의 영광을 나타내는 방향으로 돌이키는 겁니다. 자기중심에서 하나님 중심으로 바뀌는 겁니다. 고린도 교인들이 이렇게 회개에 이르렀을 때에 바울은 11절에서 그들의 변화된 모습을 보고 칭찬했습니다. 그들은 자신들의 죄악을 얼마나 증오하게 되었는지, 그들이 하나님과 하나님의 일을 얼마나 사모하였는지, 그들이 하나님을 위한 헌신, 충성, 봉사에 얼마나 열심을 품었는지, 그들이 얼마나 깨끗해졌는지를 칭찬하였습니다. 회개에 합당한 열매를 맺은 것입니다.

● **예화**

오래 전 제가 신학교에 입학했을 때, 삶이 문란하고 사명감도 없는 문제 학생이 있었습니다. 그런데 일학년 첫 학기 마지막 채플시간에 '세상 것을 끊어야 하나님이 쓰신다.'는 설교 말씀이 그의 가슴에 깊은 울림을 주었습니다. 그는 그동안 거룩하게 살지 못한 자신을 한탄하고 괴로워하였습니다. 방학이 끝나고 가을학기에 다시 만났는데 수염을 길렀고 옷도 도사처럼 입었고 얼굴은 살이 쏙 빠져 있었습니다. 그렇지만 얼굴에선 빛이 나고 있었습니다. 알고 보니 방학 동안에 기도원에 거하면서 자기의 죄에 대하여 슬퍼하고 자기 속에 있는 악하고 더럽고 추한 것들을 다 빠져나가도록 기도했던 것입니다. 정말이지 제가 보아도 그의 몸에서 모든 독한 것이 싹 빠져 나갔고 깨끗하고 선한 모습으로 변화되어 있었습니다. 그의 영적 근심이 회개에 이르러 완벽한 변화를 이루었습니다. 그는 그 이후에 늘 성령 충만하여 학교생활을 은혜롭게 하였습니다. 회개에 이르는 그의 근심이 세속적인 사람에서 영적인 사람으로, 추한 사람에서 거룩한 사람으로 바꾸어 놓았습니다. 회개에 이르는 근심, 여기에 하나님이 기뻐하시는 근심이 있습니다.

우리가 알다시피, 지금껏 살아오던 못된 습관을 하루 아침에 버리는 것은 어려운 일입니다. 그러나 하나님이 주시는 근심에 이르면 죄에 대하여 괴로워하고 방향을 바꾸는 회개를 이루게 됩니다. 진정한 근심은 회개에 합당한 열매를 맺습니다. 그 열매를 통해서 하나님과 가까워집니다. 그 열매를 통해서 하나님이 주시는 기쁨, 믿음이 회복되고 영혼이 아름다워집니다. 세상적인 근심은 영혼을 병들게 하고 신앙을 갉아먹고 육체를 죽이는 결과를 가져오지만 회개에 이르는 근심은 영혼을 치료하고 신앙을 세우고 육체를 살리며 마음에 평안을 가져옵니다. 가정에 평화가 임합니다. 영혼을 깨끗하게 하고 하나님께 가까이 가게 하여 결국 하나님이 기뻐하시는 일꾼으로 세워집니다.

● **본문설명**

그것만이 아닙니다. 오늘 하나님 말씀 10절에선 이렇게 말씀합니다. 하나님의 뜻대로 하는 근심, 즉 영적인 근심은 후회할 것이 없는 구원에 이르게 한다. 시편 34:18을 보세요. "여호와는 마음이 상한 자를 가까이

하시고 충심으로 통회하는 자를 구원하시는도다." 마음이 상할 만큼 깊은 근심에 이르며 회개하는 사람을 하나님은 종국에 가서 구원에 이르게 하신다는 뜻입니다. 결국 영적인 근심은 회개에 이르게 하고 구원에 이르게 합니다.

   진실하고 엄중한 근심이 자신의 잘못이나 부족을 인정하는 믿음에 이르게 하고 한 걸음 더 나아가 방향을 바꾸는 회개에 이릅니다. 이런 회개에 이를 때 비로소 인격이 성숙해지고 신앙이 깊어지고 하나님의 일꾼으로 쓰임을 받으며 결국 구원에 이릅니다.

④ 우리의 반응

◉ 긍정 예화

이런 사람이 있습니다. 무일푼이거나 몸이 아파도 근심하지 않았습니다. 예수님 때문에 집안에서 쫓겨나도 근심하지 않았고 자기를 죽이려는 세력들에 붙잡혀도 근심하지 않았고 감옥에 갇혀도 근심하지 않았습니다. 그 대신 찬송을 불러 옥문이 열리는 하나님의 기적을 체험했습니다. 배를 타고 가다가 폭풍으로 인해 사람들이 두려움과 근심에 휩싸였어도 이 사람은 근심하지 않았습니다. 오히려 풍랑 속에서 기도하여 구원해 주시겠다는 하나님의 응답을 받고 강하고 담대한 믿음으로 풍랑과 싸워 이겼습니다. 수십 년간 하나님을 믿으면서 그 어디에서도 그 어떤 경우에도 근심을 드러낸 적이 없습니다.

과거로 인한 근심을 떨쳐 버렸고 발생하지도 않을 미래에 대한 근심을 떨쳐 버렸고 현재 근심거리가 닥쳐도 하나님 앞에 엎드려 해결하였습니다. 문제가 있으면 기도하여 응답 받았고 위기가 닥치면 오히려 하나님의 풍성한 사랑을 체험하는 기회로 만들었습니다. 악조건을 만나도 근심하기보다 믿음으로 이겨내며 신앙이 더욱 깊어졌습니다. 이 분이 누구냐 사도 바울입니다.

바울 사도가 근심하지 않는 이유가 뭐냐 하나님을 의지하였기 때문입니다. 하나님을 신뢰하는 믿음이 너무 강해서 세상적인 근심이 그의 마음에 파고들 여지가 없었습니다. 그래서 그는 고통과 환난 근심거리에도 근심하지 않았고 근심을 초월하였습니다. 여기에 사도 바울의 근심을 초월하는 믿음이 있습니다.

하지만 그는 단 한 가지만을 근심했습니다. 그것은 영적 근심이었습니다. 그가 쓴 13개의 서신을 분석해 보면 그의 마음이 잘 나타나 있는데 그는 예수를 영접하고 나서 '어떻게 하면 하나님의 뜻을 좇을까?' 근심했습니다. '어떻게 하면 하나님을 기쁘시게 할까?', '어떻게 하면 더 열정적으로 하나님을 섬길까?', '어떻게 하면 더 순종할까?', '어떻게 하면 더 성령 충만할까?', '어떻게 하면 성도를 더욱 사랑할 수 있을까?', '어떻게 하면 더 깨끗할 수 있을까?', '어떻게 하면 더 거룩할 수 있을까?'를 근심했습니다. 특히 빌립보서를 보면 그는 '어떻게 하면 더 참된 존재가 될 수 있을까?', '어떻게 하면 덕을 세우고 살 수 있을까?', '어떻게 하면 경건하게 살 수 있을까?' 근심했습니다. 이것이 거룩한 근심이요, 영적인 근심이요, 신앙을 바로 서게 하는 근심이요, 회개에 이르는 근심이요, 구원에 이르는 근심입니다. 결국 이러한 근심은 그의 영혼을 하나님께 가까이 가게 했고 충성하게 만들었고 하나님이 귀히 쓰시는 사람으로 만들었습니다.

● **권면 적용**

사순절을 맞아서 예수 그리스도의 발자취를 따라가는 우리는 오늘 세상 근심을 내려놓고 영적인 근심에 집중할 수 있기를 바랍니다. '어떻게 하면 예수님을 더 잘 따를 수 있을까?', '어떻게 하면 그분의 인격을 닮아가며 온전한 신앙에 이를 수 있을까?'를 근심하시길 바랍니다. 그리고 회개를 통해서 삶의 방향을 바꾸는 일이 나타나기를 바랍니다. 너희는 세상일에 근심하지 말라. 하지만 영적으로 근심하라! 이 말씀대로 살아가며 지금보다 더욱 새로워지는 성도가 되시길 주님의 이름으로 축원합니다.

PRS 스타일로 설교를 만드는 원칙들

① 본문의 핵심(키워드)을 찾고 '핵심의 이유'를 찾아라.
② 그리고 핵심의 반대 개념인 명제를 찾아내라.
③ 핵심의 반대개념인 명제를 설교의 서론격인 '명제'에 놓고 본문의 핵심(키워드)을 두 번째 대지, '반대 개념'의 위치에 놓으라.
④ 그리고 '반대 개념의 이유'를 세 번째 대지에 놓으라. 이 세 번째 대지가 가장 중요한 대지이며 '최종 목적' 즉 결론이 되게 하라.
⑤ 세 번째 대지에서 얻은 결론을 삶에 적용시키는 '우리의 반응'을 마지막으로 다루라.

2
NPS 스타일
Negative and Positive, Solution

부정과 긍정을 비교하며 해결책을 찾으라

개념

설교에서 청중의 마음을 여는 방법 중 하나는 청중의 감성을 터치하는 일이다. 슬픈 일이나 기쁜 일 혹은 청중이 관심을 가질 만한 사항을 서론에서 언급하면 청중의 마음이 열리고 청중은 설교에 귀를 기울인다. 이런 맥락에서 설교자는 서론에서 슬프거나 괴로운 일, 두려운 일, 불안한 일을 언급하며 청중의 마음 문을 열게 하는 NPS 스타일을 사용한다. 즉 서론에서 부정적인 내용을 언급함으로 청중의 감성이 자극받게 한다. 자극받았다는 것은 이미 마음이 열렸다는 뜻이다. 이것은 청중이 설교를 듣지 않으려는 방어심리를 서론에서 깨트리는 것이다. 방어심리가 깨질 때 청중은 자신의 마음을 열고 그다음 자신의 필요를 채워줄 해결책을 본론에서 얻을 때까지 계속해서 말씀에 집중한다.

가령, 슬픈 이야기를 들으면 그다음 슬픔을 극복하는 법을 기대하고 불안한 이야기를 들으면 그다음 평안을 얻는 길을 듣고자 한다. 두려워하는 이야기를 들으면 그다음 마음의 안정을 필요로 하는 내용을 듣고자 한다. 의심하는 내용을 듣는다면 그다음 청중은 확신할 수 있는 내용을 듣고자 한다.

좀 더 구체적으로 생각해 보자. 예를 들어 '자식을 잘못 키우면 나중에 후회한다.'는 요지의 내용을 서론에서 다룬다. 그러면 청중은 자식을 잘 키워야겠다는 필요성을 절감한다. 만약 그 필요성을 느끼지 못한다면 설교에 매력을 느끼지 못하고 설교내용이 자기와 상관이 없다고 생각하여 설교를 듣지 않으려는 방어심리를 유지한다. 하지만 필요성을 절감하는 순간 청중은 자신의 필요가 무엇인지 절실히 느끼게 되고 그다음 자신의 필요를 채워 줄 뭔가를 기대하게 된다. 이런 설교전개를 위하여 설교의 서론은 항상 부정적인 내용을 다룬다.

자! 이제 서론에서 부정적인 내용으로 청중의 방어심리를 깨트리면 즉 청중이 마음을 열게 한 후에 그다음은 바로 긍정의 내용을 언급한다. 여기서 말하는 긍정의 내용은 설교주제의 '긍정적인 면'을 알리는 것이다. 청중이 부정적인 내용을 들으며 불안을 느끼던 청중이 "그래 맞아! 바로 이것이야!" 할 수 있는 긍정적이며 희망찬 내용을 언급한다. 그 순간 청중의 감정은 기쁨과 감사, 확신으로 차오르게 된다. 청중의 감정을 슬픔에서 기쁨으로 옮겨놓게 된다. 그다음, 청중으로 하여금 어떻게 하면 기쁨, 감사, 확신을 오랫동안 소유할 수 있게 하느냐로 옮겨진다. 이것이 바로 해결책이다. 이제 청중은 기쁨, 감사, 확신을 갖는 방법을 손에 쥐고 싶어 한다. 그것을 제시해 주는 것이다.

설교구성 실례 ①

본문 마가복음 12:28-30
제목 이 사랑, 이 충성
주제 하나님은 우리가 사랑해야 할 대상이시다.
목적 하나님의 사랑을 깨닫고 하나님께 충성하게 한다.
개요 ① **부정**(Negative) 사랑을 모르면 행복할 수 없다.
　　　② **긍정**(Positive) 사랑을 알면 행복은 극대화된다.
　　　③ **해결책**(Solution) 하나님은 우리의 행복을 위하여 사랑을 쏟으셨다.
　　　④ **반응**(Response) 이 사랑을 경험한 우리도 하나님께 사랑과 충성으로 반응한다.

① 부정(Negative)
사람이 사랑을 모르면 행복할 수 없다

64살의 원로배우 김추련 씨는 나이가 들었어도 여전히 외모가 뛰어납니다. 그런데 얼마 전에 외로워 견딜 수 없다는 유서를 남기고 자살했습니다. 또 며칠 전에는 구로구에 사는 50대의 기러기 아빠가 외로움에 지쳐 자살을 했습니다. 외로움이 사람들의 의욕을 꺾어 놓습니다. 소설가 이외수씨는 "외로움은 인간을 불행하게 만드는 독약"이라고 했습니다. 그래요. 사람은 돈이 없어도 살 수 있지만 외로우면 살 수 없습니다.

요즘 가을 들어 쓸쓸함을 느끼는 사람이 많지요? 왜 그렇습니까? 마음에 사랑이 없기 때문입니다. 때론 마음이 허전하지요? 사랑이 없기 때문입니다. 청소년들 중에 문제아가 많지요? 왜 그렇습니까? 가정에서 사랑을 받지 못하기 때문입니다. 관계가 끊어지고 사랑이 사라지면 인간에게 막연히 불안과 두려움, 외로움이 밀려옵니다. 삶의 의욕도 저하됩니다. 사랑이 없으면 삶이 무기력해져서 꿈도 희망도 잃어버립니다. 한마디로 불행해지는 것입니다.

② 긍정 (Positive)
그러나 사랑을 알면 행복이 극대화된다

그러나 사랑을 품으면 달라집니다. 사랑을 경험하며 살면 마음이 순하고 착해집니다. 생각이 긍정적이고 정서도 안정적입니다. 태도 또한 반듯하여 사람들과의 관계도 원만합니다. 사랑을 많이 체험할수록 매사에 밝게 반응합니다.

어느 가장이 사업이 어렵게 되자 죽고 싶었어요. 힘이 쭉 빠져 눈물을 흘리며 집으로 돌아오는데 친구한테서 문자가 왔습니다. "힘내! 어려움 뒤에 좋은 일이 있을 거야!" 가장은 피식 웃었습니다. 눈물을 닦고 아무 일 없는 듯이 집에 들어오니 막내딸이 "아빠, 이제와? 얼마나 보고 싶었다구!" 하며 착 안깁니다. 어머니가 보시더니 "아범, 이제 오시나 힘들었지?" 하며 등을 만져줍니다. 그때 초등학생 아들이 "아빠, 선생님이 존경하는 사람이 누구냐고 하길래 우리 아빠라 했어요. 난 세상에서 아빠를 제일 존경해요." 하며 엄지손가락을 치켜 올렸습니다. 마음이 찡했습니다. 그때 아내가 부엌에서 나오며 "여보! 당신이 제일 좋아하는 찌개 끓여 놨어요! 얼른 손 씻고 오세요!" 합니다. 화장실에 들어가 얼굴을 씻는데 자꾸만 눈물이 흐릅니다. 집에 들어오기 전에 흘렸던 슬픈 눈물이 아니라 행복해서 흐르는 눈물이었습니다. 거울을 보며 "아! 난 운이 좋은 놈이야. 난 반드시 일어설 거야..." 다짐했습니다. 사랑을 느끼니 슬픔도 외로움도 힘든 것도 잊습니다. 그리고 이겨내려는 의욕이 생깁니다.

사람과 사람이 사랑으로 이어질 때, 힘든 상황을 만나도 외롭지 않고 용기를 갖게 되며 의욕도 생기게 됩니다. 성경은 말씀합니다. "사랑 안에 두려움이 없고 온전한 사랑이 두려움을 내쫓나니"(요일 4:18). 사랑은 모든 두려움, 모든 어려움, 모든 외로움을 이기게 합니다. 그래서 풍성한 사랑을 맛보며 사는 사람들은 항상 행복합니다. 그런 사랑의 가정에서 자라난 아이들은 심성이 순하고 얼굴이 환하며 인격이 반듯합니다. 인간에게 사랑이 이렇게 큰 역할을 합니다.

이 사랑이 얼마나 귀한지 오늘 주님은 말씀합니다. "네 이웃을 사랑하라." 이웃을 사랑하는 것은 참 좋은 일입니다. 이웃을 사랑하면 이웃이 행복해지고 사랑을 베푸는 나 또한 행복해집니다. 그러고 보면 사랑만큼 힘이 되는 것이 없으며 사랑보다 좋은 약이 없으며 사랑보다 행복을 불러오는 것도 없습니다.

유명한 정신과 의사인 칼 메닝거 박사가 어느 날 정신 건강에 관한 강연을 했습니다. 강연이 끝나고 청중들과 질문을 주고받는데 한 사람이 일어나서 물었습니다. "만일 어떤 사람이 자기가 신경쇠약증에 걸린 것이 아닌가 하고 생각한다면 박사님께서는 그에게 어떻게 처방하시겠어요?"

그 자리에 있던 대부분의 사람들은 박사가 '정신과 의사의 진찰을 받아보라.'고 말할 것이라고 생각했습니다. 하지만 메닝거 박사의 대답은 이랬습니다. "문을 걸어 잠그고 집을 나서세요. 기차 길을 따라 걸어 보세요. 그러고는 곤경에 빠진 사람을 찾아 그에게 도움을 베풀어 보세요." 왜 이런 제안을 했습니까? 선한 일을 하면 그 사람은 정신이 건강해지고 살아갈 의욕이 생기기 때문입니다. 특히 사랑이 필요한 사람에게 사랑을 베풀 때 베푼 자의 정신은 최고로 건강해지기 때문입니다. 사랑은 인간을 치유합니다. 주는 사람과 받는 사람 모두를 건강하게 만듭니다. 마음이 허전하거나 의욕이 없거나 원인 모를 불안함이 찾아올 때 착한 일을 시작하면 기쁨이 찾아오고 의욕이 생기고 정신이 건강해집니다.

그러므로, 사랑하며 사는 것이 중요합니다. 사람과 사람과의 관계를 끊지 말고 사람과 사람을 잇는 사랑으로 사는 것이 중요합니다. 사랑으로 외로움, 슬픔을 몰아내고 사랑으로 서로의 인생을 부요하게 만드는 이 사랑이 우리 모두의 것이 되시길 바랍니다.

③ 해결책(Solution)
우리의 행복을 위하여 하나님은 지금도 사랑을 쏟으신다

특히 하나님을 사랑하면 행복이 극대화됩니다. 그래서 성경은 뭐라고 하느냐? "마음을 다하고 목숨을 다하고 뜻을 다하여 여호와를 사랑하라." 하셨습니다. 마음은 지성과 감정이 담긴 곳을 말합니다. 목숨은 생명을 말합니다. 뜻은 의지를 말합니다. 그러니까 지성과 감정을 다 동원하고 의지를 발동하며 생명을 다 바쳐 하나님을 사랑하라는 겁니다. 그렇게 사랑할 때 삶이 행복해지고 신앙이 성장하는 것입니다.

우리에게 사랑하라고 말씀하신 하나님은 누구입니까? 우리에게 생명을 주신 분입니다. 며칠 전에 길에 나뒹굴어진 채 죽어있는 매미를 보았습니다. 여름 한 철 소리 내어 울다가 생명이 다해 죽은 겁니다. 우리 인간도 잠깐 살다가 생명이 다하면 끝이 납니다. 하지만 하나님은 우리의 생명을 이 땅에서 끝나게 하지 않으시고 영원히 살게 하신 분입니다. 죽음 이후에 또 다른 생명을 누리게 하려고 우리를 구원하신 분입니다. 이런 하나님을 사랑하라는 겁니다.

하나님은 또 우리를 낳으신 아빠 아버지 되시는 분입니다. 우리가 다정스럽게 부를 수 있는 분, 필요한 것 있으면 떼를 쓰면서 도와 달라고 부탁할 수 있는 분이 우리 하나님이십니다. '우주는 어떻게 왔을까?' 고민할 때 명쾌하게 답변하신 분, 우주를 친히 만드셨고 처음과 끝이 되시는 분입니다. 우주의 기원도, 우리의 생명의 기원도 모두가 하나님으로부터 왔음을 말씀하신 분입니다.

지금도 우리를 인도하시고 우리의 삶을 책임지시는 분입니다. 무엇보다도 우리를 사랑하시는 분입니다. 우리를 사랑하시되 어느 정도 사랑하시느냐 예레미야 31:3을 보세요. "내가 영원한 사랑으로 너를 사랑하기에 인자함으로 너를 이끌었다." 또 스바냐 3:17은 말씀합니다. "너로 말미암아 기쁨을 이기지 못하시며 너를 잠잠히 사랑하시며 너로 말미암아 즐거이 부르며 기뻐하시리라." 우리를 얼마나 사랑하시는지요.

여자가 아기를 낳을 때 일생에서 가장 고통스럽다고 합니다. 그런데도 아기를 낳고 보면 또 낳고 싶어 합니다. 이유가 있습니다. 아기가 너무 사랑스럽기 때문입니다. 아기를 막 낳았을 때 아기가 얼마나 사랑스러운지 아기 손가락과 발가락을 만져보며 잘못된 것이 없나 살펴봅니다. 행여 나를 닮은 모습을 발견하면 사랑스러움은 극에 달합니다. 새근새근 잠자는 모습, 배고프다고 울고불고 난리 치는 모습, 그러다가 젖을 물리면 금방 울음을 그치고 젖을 쭉쭉 빨고 발을 차면서 눈웃음을 치는 모습 등이 얼마나 사랑스러운지요. 어떤 엄마는 그런 아기를 보면서 속으로 다짐합니다. "그래, 내가 평생 너를 응원할 것이며 너를 사랑할 것이며 너를 후원해 줄 것이야." 자기의 분신이니 무엇인들 못해주겠습니까? 부모에겐 자기가 낳은 자식보다 더 소중하고 사랑스러운 존재는 없습니다.

하나님이 우리를 이렇게 사랑하십니다. 시편 2:7에 말씀합니다. "사랑하는 아들아, 내가 너를 낳았도다." 이것은 인간에 대한 최고의 사랑의 표시입니다. 우리를 향한 하나님의 사랑은 바닷물보다 깊고 하늘보다 높습니다. 우리를 향한 하나님의 사랑의 깊이와 높이와 넓이는 표현이 불가능합니다.

우리를 향한 하나님의 극진한 사랑은 십자가 위에서 구체적으로 나타났습니다. 사람이 혹 남을 위하여 죽을 수 있습니다. 그러나 그 어떤 사람도 죄인을 위하여 대신 죽지 않습니다. 자기 생명을 내 던질 만큼 남을 사랑하기도 어렵습니다. 그러나 주님은 우리를 사랑하사 우리를 위하여 친히 대신 죽어주셨습니다. 우리를 위하여 대신 죽는 사랑, 이보다 더 귀하고 놀라운 사랑이 없습니다.

주님이 우리를 위하여 죽으심으로 우리를 구원하시고 우리에게 영원한 생명을 주시는 것도 우리를 사랑하기 때문입니다. 하나님이 우리와 동행하시며 우리를 인도하시는 것도 우리를 사랑하기 때문입니다. 하나님이 우리를 응원하시는 것도 우리를 사랑하기 때문입니다. 우리를 사랑하시되 일방적으로 사랑하십니다. 조건 없이 사랑하십니다. 우리를 전폭적으로 사랑하십니다. 우리가 외로움을 느낄 겨를도 없이 우리를 끌어안고 기뻐 어쩔 줄 몰라 하며 사랑하십니다. 하나님의 사랑이 이렇게 크고 놀랍습니다.

④ 우리의 반응
이 사랑을 경험한 우리도 하나님을 온 마음으로 사랑하며 충성한다

우리가 이 사랑을 받았기에 하나님을 사랑하는 겁니다. 하나님은 오늘 우리에게 말씀합니다. "너는 마음을 다하고 목숨을 다하고 뜻을 다하여 여호와 하나님을 사랑하라." 목숨 바쳐 사랑하라는 것입니다. 흉내만 내는 것이 아니라 마음과 뜻과 생명과 힘을 다해서 하나님을 사랑하라는 것입니다. 하나님은 우리에게 이런 사랑을 받으실 자격이 충분하십니다.

여러분 우리가 왜 예배드리러 옵니까? 좋은 말씀 들으러 오나요? 찬양하러 오나요? 그것은 부수적인 것일 뿐 가장 큰 이유는 하나님을 사랑하기 때문입니다. 사랑하는 하나님이 나를 만나자 하시니 기쁨으로 달려오는 것입니다.

우리가 연애할 때 사랑하는 사람과 약속하면 어떻게 합니까? 만나기 전부터 가슴이 두근거립니다. 보고 싶어 안달입니다. 약속 시간보다 더 일찍 나갑니다. 기쁨으로 달려갑니다. 아무리 바빠도 만사를 제쳐놓고 갑니다. 왜냐면 사랑하는 사람이 기다리기 때문입니다.

하나님을 사랑하면 어떻게 됩니까? 하나님을 만나고 싶고 하나님과 대면하고 싶고 하나님께 사랑을 표현하고 싶습니다. 그래서 하나님이 먼저 와 기다리시는 예배에 찾아 나오는 것입니다.

어떤 사람은 "왜 예배에 나오느냐?" 했더니 교회에서 할 일이 있기 때

문에 즉 빠지면 안 되기 때문에 나온다는 거예요. 이것은 기능적인 일에만 충실 하려는 겁니다. 예배의 동기는 바로 나를 사랑하시는 하나님께 사랑을 표현하는 것입니다. 여기에 예배하는 최고의 목적이 있습니다.

어느 성도님은 친구에게 "헌금은 적당히 하면 돼!" 하고 가르칩니다. 아닙니다. 우리가 헌금하는 이유도 하나님을 사랑하기 때문입니다. 한 달간 수고하여 번 수입 일부를, 하나님께서 날 사랑해 주신 은혜에 감사함으로 드리는 겁니다. '내가 이 예물을 드릴 때 하나님이 얼마나 기뻐하실까?' 생각하며 순종하는 믿음으로 하나님께 드리는 겁니다. 하나님을 사랑하기에 예물을 드리는 것입니다.

어떤 사람은 교회 봉사하다가 기분 나쁜 일이 생기면 봉사를 멈춥니다. 아닙니다. 그것과 상관없이 하나님을 사랑하기 때문에 봉사해야 하는 것입니다. 그 사랑에 보답하기 위하여 우리의 몸을 드리고 시간을 드리고 정성을 들이는 겁니다.

마태복음 10:37에서 주님이 제자들을 전도하러 파송하면서 뭐라 하셨느냐? "아버지나 어머니를 나보다 더 사랑하는 자는 내게 합당하지 아니하고 아들이나 딸을 나보다 더 사랑하는 자도 내게 합당하지 않도다." 하셨습니다. 무슨 뜻이냐? 주님을 사랑하는 마음을 첫 번째 우선순위에 두라는 겁니다.

전도하다가 전도를 받지 않는 사람에게 화가 나 전도를 중단하고 싶을 때가 있습니다. 아닙니다. 전도는 영혼을 구원하기 위하여 하지만 하나님을 사랑하기에 전도하는 겁니다. 그러므로 감정에 따라 좌우될 필요가 없습니다. 전도를 하더라도 병자를 고치더라도 하나님을 사랑하기 때문에 하는 것입니다. 신앙생활의 모든 동기는 하나님에 대한 사랑에서 하는 겁니다.

만약 하나님을 향한 사랑이 없으면 신앙생활의 모습은 울리는 꽹과리에 불과합니다. 아무리 많은 일을 해도 그것은 아무것도 아닙니다.

사도요한의 제자로 알려진 초대교부 폴리캅을 로마가 붙잡았습니다. 그때가 AD 155년 그의 나이 86세였습니다. 로마총독은 그를 화형대에 올리기 직전에 말했습니다. "마지막으로 말하노니 예수를 믿지 않겠다하면 지금이라도 풀어주마." 그때 폴리캅이 "주님은 나를 향해 한 번도 사랑을 배반한 일이 없거늘 내 어찌 주님 사랑을 배반할 수 있겠는가?" 하며 스스로 화형대에 올라갔습니다. 전승에 의하면 그는 화형대에서 마지막 말을 이렇게 했다고 합니다. "당신은 한 시간 동안 불타는 것으로 나를 위협하지만 결코 꺼지지 않는 지옥의 불을 잊지 마십시오!" 전설에 의하면 불길이 그를 태우지 못하자 칼로 그를 찌르고 다시금 화형을 시켰다고 합니다. 결국 온몸이 불에 시커멓게 탔습니다. 그 고통이 얼마나 컸겠습니까? 하지만 무섭게 타오르는 불도 하나님을 향한 그의 사랑을 막지 못했습니다. 여기에 하나님을 향한 사랑이 있습니다.

제 친구 아버님은 평생 여기 개척, 저기 개척, 교회 개척을 사명으로 알고 행하셨습니다. 교회가 괜찮아질 만하면 또 개척하고 또 개척하며 이름도 빛도 없이 쓰임 받다가 하나님 품 안에 안기셨습니다. 사람들은 살면서 영광을 얻고 권세를 얻고 싶어합니다. 하지만 이 목사님은 평생 사명이 교회개척이었고 그 일에 충실하게 일하다가 하나님께 돌아갔습니다. 그 목사님은 부귀와 명예의 삶보다는 오직 하나님께 충성이 우선이었습니다. 그 이유는 단 하나 하나님을 사랑했기 때문이었습니다.

어느 권사님은 나이가 80인데도 성가대를 합니다. 주님에 대한 생각만 하면 눈물을 흘립니다. 어느 성도님은 평생 새벽종을 치셨는데 30년이 훌쩍 넘도록 한번도 빼놓은 적이 없습니다. 그러다가 어느 날 멈추셨는데 그날 돌아가셨기 때문이었습니다. 하나님을 사랑했기 때문에 끝까지 헌신하셨던 것입니다.

여러분, 어떤 사람이 충성합니까? 하나님을 사랑하는 사람입니다. 마음을 다하고 목숨을 다하고 뜻을 다하여 하나님을 사랑하는 사람이 끝까지 헌신하고 끝까지 충성합니다. 하나님을 사랑하기에 외로울 틈이 없이, 허전할 틈이 없이 충성합니다. 하나님을 사랑하니 하나님이 부어주시는 사랑을 끊임없이 부음 받기 때문입니다. 하나님을 사랑하고 사랑받는 자가 이 세상에서 가장 행복한 사람입니다.

조금 충성하고서 인정받으려 하지 마세요. 우리를 사랑하되 죽기까지 사랑하신 주님을 향해 우리도 죽기까지 사랑할 수 있기를 바랍니다. 하나님은 우리가 그렇게 하나님을 사랑하며 하나님께 충성하길 기대하십니다. 그렇게 하나님을 제일 우선순위에 두고 사랑할 때 외로움이 다가올 틈이 없습니다. 우울증에 걸릴 틈이 없습니다. 슬퍼서 눈물을 흘리고 있을 틈이 없습니다. 항상 기쁘고 항상 감사하고 항상 은혜가 넘치는 것입니다. 우리가 하나님을 사랑할 때 하나님이 영광 받으시고 하나님이 부어주시는 은혜를 통해 행복이 더해가게 하십니다. 주님을 향한 이 믿음, 이 사랑, 이 충성이 저와 여러분의 가슴에서 샘물처럼 솟아나기를 주님의 이름으로 축원합니다.

| 설교구성 실례 ② |

본문 창세기 32:24-29
제목 올해도 싸움에서 이겨라
주제 이기는 사람의 정신은 무장되어 있다.
목적 정신세계를 무장하여 이길 요소를 갖추게 한다.
개요 ① **부정** : 가끔은 사람들의 삶이 무너진다.
　　　② **긍정** : 그러나 복된 사람은 이기는 삶을 산다.
　　　③ **해결책** : 이기는 삶은 환난 앞에서 이기려는 정신과 인내하는 마음, 하나님을 철저히 붙드는 믿음을 소유하는 데에 있다.

① 부정
가끔은 사람들의 삶이 무너진다

희망찬 새해가 시작되었습니다. 하나님의 도우심으로 여러분에게 복된 한 해가 열리길 주님의 이름으로 축복합니다. 희망찬 새해를 축복으로 마무리하려면 올 한해도 싸워야 할 것들이 많습니다. 재정압박과 싸워야 하고 갑자기 닥치는 환난, 위기와 싸워야 합니다. 또 가끔 생기는 분노, 슬픔, 좌절, 절망, 우울증을 잘 다스리도록 싸워야 합니다. 악한 사탄이 주는 시험, 유혹, 죄와 싸워야 합니다. 싸울 뿐만 아니라 싸워 이겨야 합니다. 그래야 행복할 수 있습니다. 올해 이 모든 싸움에서 이겨내시는 여러분 모두가 되시기를 바랍니다.

그런데 싸움에서 승리한다는 것이 쉽지 않습니다. 자칫 싸움에서 지게 되면 삶이 한순간에 무너지고 공든 탑이 사라집니다. 얼마 전에 서초구에서 세 모녀 살해사건이 일어났지요? 아버지가 어린 두 딸과 부인을 차례로 목 졸라 살해했고 본인도 죽으려다가 경찰에 잡혔습니다. 살인을 저지른 가장은 재정적으로 여유가 있었습니다. 그런데도 가장이 가족을 살해한 것은 그에게 찾아온 절망 때문이었습니다. 실직한 후에 처음 일 년간 마치 직장에 출근하는 것처럼 살았습니다. 또 실직 3년 동안 가족 몰래 주식투자를 했지만 몇억의 돈만 날렸습니다. 결국, 길어진 실직과 재산손해가 이 가장에게 절망을 가져왔습니다. 가족을 죽이려는 생각을 갖기까지 얼마나 괴로웠을까요? 그러나 그는 절망에 마음을 빼앗겼습니다. 절망에 지면서 행복한 가족을 무너트렸고 자신 또한 무너트리고 말았습니다.

시골의 초등학교 교장을 지낸 분이 은퇴하자 자신이 갑자기 무기력한 존재, 쓸모없는 존재라고 느꼈습니다. 사실은 그것이 아닌데 말이지요. 그래서 점점 우울해하더니 사람들을 가르치던 분이 사람들의 근심거리가 되었습니다. 무기력증에 빠져 거의 바보가 되었습니다.

영국에 사는 러시아 출신의 한 예쁜 여성은 남자 친구로부터 버림을 받았습니다. 너무 분하고 화가 나서 안 먹기 시작했습니다. 큰 키에 몸무게가 겨우 21kg밖에 안 됩니다. 뼈만 남았습니다. 생명이 위독합니다. 시원스럽게 잊어버리고 다른 남자를 찾으면 되는데 이 처녀는 버림 받았다는 사실에 분노를 참지 못했습니다. 분노가 이 예쁜 처녀를 무너 트린 겁니다.

어느 성도님은 기도해도 소원에 응답이 없다고 하더니 신앙생활을 중단하였습니다. 그리고 몇 년 후 병으로 병원에 입원했는데 찾아오는 사람이 아무도 없었습니다. 친구들과 단절되고 교회와 단절되어 최후를 홀로 쓸쓸하게 맞았습니다. 그분의 불신앙이 외로움과 허전함을 불러왔습니다.

여러분, 기도 응답이 더뎌도 살아계신 하나님이 안 계신 것도 아닙니다. 그럼에도 가끔씩 사람들은 하나님에 대한 실망으로 시험에 넘어져 행복을 잃거나 생명을 무너트립니다. 환난, 위기에 무너지고 분노, 절망, 슬픔에 무너집니다. 심지어 주의 일을 잘 하다가도 신앙과 인격이 무너집니다. 그래서 행복, 명예, 이미지, 생명을 잃습니다. 신문 지상에 보면 얼마나 많은 사람이 삶의 난제들 앞에서 자신들의 목숨과 행복과 가정을 무너트리는지 모릅니다.

어느 분이 며칠 동안 밤을 새워가며 바닷가에서 멋진 모래성을 만들었습니다. 그런데 모래성을 완성한 그 날 밤, 해안에 강풍이 몰아쳐 모래성이 한순간에 사라졌습니다. 쌓기는 어려워도 무너지기는 쉬운 법입니다. 인생도 마찬가지입니다. 사람은 약할 때 쉽게 무너집니다. 그러므로 여러분, 약해지지 않기를 바랍니다. 무너지는 쪽, 포기하는 쪽으로 쉽게 생각하지 않기를 바랍니다.

② 긍정
그러나 복된 사람은 위기에서 이겨낸다

오늘 우리가 읽은 본문에 보면 환경을 이겨낸 사람, 야곱이 나옵니다. 그는 자신에게 닥친 무서운 환난을 한마디로 믿음으로 이겨냈습니다. 야곱은 외삼촌 라반의 집에서 20년을 살다가 금의환향하는 길이었습니다. 그런데 형 에서가 자기를 죽이려고 자객 400명을 이끌고 오고 있다는 것을 알게 되었습니다. 야곱이 20년 전에 형에게 잘못한 것이 있었고 형이 그때의 분노를 아직도 마음에 품다가 동생이 온다는 소식을 듣고 야곱과 가족을 헤치기 위하여 달려오고 있는 것입니다. 군사가 없는 야곱은 아연실색했습니다. 만약 형이 자기를 죽이면 그동안 쌓아놓은 행복, 축복, 생명을 잃게 됩니다. 두렵고 무서운 상황입니다.

여러분 같으면 어떻게 하시겠습니까? 이런 환난이 닥치면 마음이 약한 사람은 우왕좌왕, 안절부절하겠지요? 심장이 벌렁거려서 안정을 취할 수가 없을 것입니다. 야곱은 한순간에 모든 것이 무너질 수 있는 무서운 환난을 만났습니다. 그런데 놀랍게도 야곱은 갑자기 닥친 무섭고 두려운 환난을 믿음으로 잘 이겨냈습니다. 그뿐만 아니라 형과 화해하여 서로 힘을 합쳐 행복의 시대를 열어갔습니다.

이 환난을 이겨낸 후에 야곱은 쭉 행복했고 쭉 하나님의 축복을 받았습니다. 그리고 자손들 대대로 복을 받아 그는 진정으로 복된 조상이 되었습니다. 그가 이렇게 유종의 미를 거둘 수 있었던 것은 인생에 닥친 환난을 이겨냈기 때문이었습니다. 여러분, 환난 앞에서 무너지는 사람은 절대로 복의 조상이 될 수 없습니다. 환난을 이겨낸 사람만이 미래를 얻고 복의 조상이 될 수 있습니다.

변화무쌍한 올해도 우리는 여러 전쟁을 치러야 합니다. 어떤 유혹이나 시험, 환난도 이겨내며 야곱처럼 더욱 견고해 지시기를 바랍니다.

③ 해결책
이기는 길은 이기려는 정신과 인내하는 마음, 하나님을 철저히 붙드는 믿음이다

어떻게 해야 올 한 해 동안 이기는 사람이 되느냐? 성경은 이기려는 정신을 가진 사람이 이긴다는 사실을 가르칩니다. 야곱이 환난을 어떻게 이겨냈는지 보세요. 야곱은 형이 자기를 죽이려고 자객 400명을 이끌고 달려온다는 소식을 듣고 가족들을 앞서 보내고 자신은 얍복 강가에서 밤새도록 기도하면서 천사에게 이렇게 기도합니다. 26절에서 "당신이 내게 축복하지 아니하면 가게 하지 아니하겠나이다." 이것은 무엇을 의미하느냐 어떤 일이 있어도 환난을 이겨내려는 의지를 보여주는 것이었습니다. 여기에 야곱이 환난을 이긴 비결이 있습니다. 많은 사람이 왜 환난 앞에서 무너지느냐? 의지가 약하기 때문입니다. 질 생각부터 하면 이기기가 어렵습니다.

민수기 13장과 14장을 보면 이스라엘 백성들이 애굽을 빠져 나와 광

야에 머문 지 얼마 되지 않았을 때 가나안에 정탐꾼 12명을 보냈습니다. 그들 가운데 10명이 돌아와서 "우리는 그들에 비하여 메뚜기에 불과하다."고 말했습니다. 가나안 원주민들을 이길 수 없다는 것입니다. 이에 이스라엘 백성들 전체가 울고불고 난리를 치면서 하나님을 원망하고 모세를 배반했습니다. 그때에 여호수아와 갈렙은 "아니다. 그들은 우리의 밥이다."라고 선언했습니다. 한쪽은 질 생각부터 했지만 이 두 사람은 한마디로 이기려는 정신으로 무장했습니다. 결국 이 두 사람만 이민 1세 가운데 유일하게 가나안에 들어는 축복을 얻었습니다. 하나님은 이기려는 정신을 가진 사람을 축복하십니다.

인류 역사에 가장 위대한 음악가 하면 베토벤입니다. 그가 남긴 음악은 온 인류에 엄청난 감동과 힘을 주었습니다. 이렇게 훌륭한 음악을 만든 베토벤은 아이러니하게도 세상에서 가장 고통스러운 삶을 살았습니다. 술주정뱅이 아버지 슬하에서 태어나 10대 때에 어머니를 잃고 극심한 외로움을 겪었습니다. 20대 때부터 폐렴, 간경화 등을 앓더니 음악가로서의 생명인 청력을 잃게 되었습니다. 그럼에도 불구하고 그는 절대로 포기하지 않았습니다. 그는 강한 의지로 고통과 환난을 이겨 나갔습니다. 온몸으로 고통을 느끼면서도 그의 정신은 얼마나 강했는지 이렇게 말했습니다. "나는 모든 방해물을 딛고 일어서기로 결심했습니다. 나는 아무하고라도 힘을 겨룰 자신이 있습니다. 인생을 살아가는 동안 내가 하나님이 창조한 인간들 중에서 가장 불행하다고 느끼는 순간들이 있을지라도… 나는 내 불행한 운명에 도전하여 불행한 운명의 목을 조르겠습니다."

그가 삶의 곤고함을 물리치고 훌륭한 음악가로 우뚝 설 수 있었던 이유는 바로 이기려는 정신이 강했기 때문이었습니다. 이기려는 정신이 강한 사람은 세상도 감당하지 못합니다. 조그마한 어려움만 닥치면 금방 포기하려는 연약한 생각을 가진 사람은 삶의 곤고함을 절대로 이겨낼 수가 없습니다. 강한 정신을 가진 자만이 이겨낼 수 있습니다. 하나님은 강한 정신을 가진 사람을 이기도록 도와주십니다. 환난을 만날 때 하나님의 도우심으로 어떤 환난도 이겨내겠다는 강한 정신으로 세상을 이기고 곤란을 이기고 약함을 이겨내길 바랍니다.

환난을 이기는 사람은 이기려는 정신뿐 아니라 인내하는 믿음 또한 지니고 있습니다. 야곱은 오늘 본문에서 환난 앞에서 인내하는 믿음을 보여주었습니다. 야곱이 얍복 강가에서 환난을 이기려고 기도할 때 24절에 보니 "날이 새도록 기도했다."고 했습니다. 이것은 그가 기도 속에서 얼마나 인내를 잘 하고 있는지를 보여줍니다. 밤새도록 기도하는 것은 결코 쉬운 일이 아닙니다. 어떤 성도는 사업이 곧 무너지는데도 5분도 기도를 못 합니다. 위기를 극복하려는 소원은 있지만, 인내심이 없습니다. 그래서 응답을 못 받습니다. 어떤 사람은 직장을 다니다가 조금만 어려우면 불평하며 그만둡니다. 그러길 몇 차례 반복하고 나서야 자신에게 인내심이 부족함을 깨닫습니다. 인내심이 부족하면 위기를 만나도 쓰러집니다. 이기는 사람에게 꼭 필요한 것은 인내하는 믿음입니다.

히브리서 10:36은 말씀합니다. "너희에게 인내가 필요함은 너희가 하나님의 뜻을 행한 후에 약속하신 것을 받기 위함이라." 무슨 뜻이냐? 인내해야 하나님의 약속의 축복을 받는다는 뜻입니다. 인내는 연단을, 연단은 소망을 이룬다 했습니다. 또 야고보서 1:12은 말씀합니다. "시험을 참는 자는 복이 있나니 이는 시련을 견디어 낸 자가 주께서 자기를 사랑하는 자들에게 약속하신 생명의 면류관을 얻을 것이라." 환난과 위기 앞에서 인내하는 자가 생명의 면류관을 얻고 약속의 축복을 얻습니다.

어느 성공 세미나에서 강사가 말했습니다. "여러분, 발명왕 에디슨이 얼마나 실패를 많이 했습니까? 그러나 그가 포기했나요?" 수강생들은 "포기하지 않았습니다!"라고 대답했습니다. "비행기를 처음 만든 라이트 형제도 실험에 많은 실패를 했지만 포기했나요?" "포기하지 않았습니다." 강사가 또 이렇게 물었어요. "멕키스트가 포기했을까요?" 사람들은 가만히 있었습니다. 멕키스트가 누군지 몰랐던 겁니다. 한 사람이 물었습니다. "강사님, 멕키스트가 누구입니까?" 강사가 대답합니다. "멕키스트는 포기한 사람입니다." 역사는 포기한 사람을 기억하지 않습니다. 인내심이 부족하여 자주 포기하는 사람은 절대로 결실을 맺을 수 없고 세상도 그런 사람을 기억하지 못합니다.

인내해야 성공도 오는 겁니다. 인내해야 위기와 환난을 이겨냅니다. 승리는 포기하지 않는 자의 것이고, 실패는 포기한 자, 인내하지 못하는 자의 것입니다. 하나님은 이기려는 의지를 가지고 인내하는 사람에게 성공도 축복도 위기극복도 허락하십니다.

한번 돌아보세요. 내가 지금까지 살면서 인내심이 부족해서 손해 본

경우는 없는가. 인내심이 부족해서 위기 앞에서 넘어진 적은 없는가. 좀 더 참을 것을… 좀 더 인내하였더라면 좋았을 것을… 하는 후회를 해 본 적은 없는지 돌아보시길 바랍니다.

신앙이 우뚝 서려면 시험도 견디고 위기도 견디고 분노도 견디고 슬픔도 견뎌야 합니다. 그래야 열매가 맺혀집니다. 하나님은 우리가 인내심을 키우길 원하십니다. 저와 여러분은 인내하며 환난 위기를 이기는 자로 성장하길 바랍니다.

하나님은 이기려는 정신과 환난을 견디는 인내심을 가진 자를 승리하게 합니다. 하나 더 생각하면 하나님께 의지하는 믿음을 가진 자가 또한 승리합니다.

여러분, 우리가 우리 인생을 이기는 것은 우리의 힘이 아닙니다. 우리를 이기게 하는 분은 궁극적으로 하나님이십니다. 사무엘하 8:14을 보세요. 모든 전쟁에서 승리한 다윗을 향해서 성경은 이렇게 증언합니다. "다윗이 어디로 가든지 여호와께서 이기게 하셨더라." 사무엘하 23:10을 보세요. "그가 나가서 손이 피곤하여 그의 손이 칼에 붙기까지 블레셋 사람을 치니라. 그 날에 여호와께서 크게 이기게 하셨다." 누가 이기게 하셨다구요? 다윗이 아니고 하나님이며 내가 아니라 하나님입니다.

오늘 본문을 보세요. 야곱이 "하나님이 나를 축복하시지 않으시면 결코 하나님의 사자를 보내 드릴 수 없다."고 말하자 결국 하나님의 사자는 말합니다. 28절에 "네 이름을 다시는 야곱이라 부를 것이 아니요 이스라엘이라 부를 것이니라 이는 네가 싸움에서 이기었음이라." 하나님이 천사를 통해서 "야곱이 이겼다."라고 선언하십니다. 이 선언 후에 야곱은 하나님의 축복을 받아 형과의 극적인 화해를 이루었고 위기가 변하여 승리가 되었고 환란이 변하여 축복이 되었습니다. 하나님을 끝까지 신뢰하니 결국 하나님이 승리케 하신 것입니다.

히스기야 왕도 일생에 가장 무섭고 두려운 환난을 만난 적이 있습니다. 앗수르 군대가 왕이 머물고 있는 예루살렘 턱밑까지 추격해 왔습니다. 이제 한나절이면 나라는 무너지고 왕권도 무너지고 모든 백성이 죽임을 당합니다. 이 환난에 지면 그의 인생도 왕권도 끝나는 것입니다. 하지만 그는 절체절명의 위기 앞에서 무너지지 않았습니다. 오히려 대승하였습니다.

어떻게 가능했느냐? 그는 무조건 하나님 앞에 엎드렸습니다. 하나님의 도우심을 구했습니다. 그야말로 죽기 아니면 살기 식으로 하나님께 전적으로 매달렸습니다. 하나님은 그의 간절한 기도를 들으시고 풍전등화의 상황에 개입하사 극적인 반전을 일으키셨고 패배의 위기를 승리의 축복으로 바꾸셨습니다.

여러분, 나보다 강하신 하나님을 의지하시길 바랍니다. 기도할 때, 하나님이 우리를 보살핀다는 사실을 믿으시길 바랍니다. 나는 약하지만 하나님은 강하시고, 나는 부족하지만 하나님은 지혜로우심을 믿으시길 바랍니다. 믿음으로 간구하는 내 기도를 하나님이 들으시고 이기도록 도우신다는 사실을 믿으시길 바랍니다.

요한계시록 3:12은 말합니다. "이기는 자는 내 하나님 성전에 기둥이 되게 하리라." 요한계시록 21:7은 말합니다. "이기는 자는 이것들을 상속으로 받으리라. 나는 그의 하나님이 되고 그는 내 아들이 되리라." 할렐루야!

올 한 해 동안에도 많은 사람이 무너질 겁니다. 환난·위기 앞에서 무너지고, 좌절·절망·슬픔·분노 앞에서 무너지고, 사탄의 시험과 유혹, 죄악 앞에서 무너질 겁니다. 그러나 우리 하나님의 백성은 오늘 말씀을 통해 배운 것처럼 이기려는 정신, 인내하는 마음, 하나님을 철저히 붙드는 믿음으로 싸워 하나님의 도우심으로 승리하시길 주님의 이름으로 축원합니다.

(다 같이 일어나 '믿음이 이기네.'를 부릅시다… 찬양이 끝난 후에 두 손 높이 들고 나를 이기는 자가 되게 해 달라고 기도한다.)

위의 설교(올해도 싸움에서 이기라)는 해결책에서 여러 개의 실천 사항을 언급하였다. 따라서 삼대지 설교로 생각할 수도 있다. 그러나 전체 맥락, '부정, 긍정, 해결책으로 가라'의 구성에서 보면 NPS 스타일로 이해할 수 있다.

NPS 스타일의 설교구성을 만드는 원칙들

① 긍정적인 면이나 해결책에 관련된 본문을 택하라.
② 부정적인 면은 설교자의 통찰력을 통해서 찾아내라: 여기서 말하는 부정적인 면은 설교 주제의 긍정적인 면의 반대개념이다. 가령 사랑의 반대개념은 미움, 순종의 반대개념은 불순종, 진리의 반대개념은 거짓 등등의 개념을 생각하면 부정적인 면은 통찰력을 통해 쉽게 찾아진다.
③ 만약 긍정적인 면을 본문에서 찾을 수 없다면 해결책만을 다루는 본문이라도 충분하다.

3
PNS 스타일
Positive and Negative, Solution

긍정과 부정을 비교하며 해결책을 찾으라

개념

위의 NPS 스타일의 반대로 시작하는 것이 PNS 스타일 즉 '긍정과 부정을 비교하며 해결책을 찾아라.'의 구성이다. NPS 구성은 슬픔이나 부정의 내용이 담긴 내용을 먼저 시작하면서 청중의 감성을 자극하는 구성이라면 이 PNS 구성은 기쁨이나 긍정이 담긴 내용으로 청중에게 기대와 소망을 갖게 만들며 시작하는 설교이다. 청중은 감정의 동물이라 기쁨, 긍정의 내용을 먼저 설교로 시작하면 청중의 감성이 자극을 받게 되고 따라서 감성이 풍부하게 반응하게 된다. 충격을 줄 만큼 감동적인 내용, 즉 기쁨과 행복을 불러오는 내용을 먼저 전한다. 그러면 청중은 '나도 그렇게 되었으면…' 하고 소망하게 된다.

그때 '부정단계'로 넘어가서 불행하게도 현대인은 이런 기쁨과 감동, 그리고 축복을 누리지 못하며 산다는 것을 밝힌다. 이때 청중의 마음은 감격이 부풀어 올랐다가 슬픔과 부정의 내용을 접하며 가라앉는다. 그때 청중은 더욱 '긍정'의 내용을 갈망하게 된다. 이때에 해결책을 제시하며 '이렇게 하면 행복할 수 있다.'는 내용을 전한다. 그러면 청중 또한 기쁨, 긍정을 소유할 수 있는 해결책에 확신을 갖는다. 즉 축복된 영혼으로 세워질 수 있는 방법을 제시하는 것이다.

설교구성 실례 ①

본문 누가복음 15:11-24
제목 자기를 찾은 사람
주제 인간은 하나님께 돌아올 때 비로소 자기를 찾는다.
목적 온전히 하나님께 돌아와 진정으로 자신을 찾게 한다.
개요 ① **긍정** : 진정한 자기 모습을 찾은 사람의 특징을 보여준다.
② **부정** : 현대인은 아직도 자기를 찾지 못하고 방황한다.
③ **해결책** : 자기를 찾는 길은 회개를 통해 하나님 안에 돌아올 때이다.

① 긍정
자기의 모습을 찾은 사람의 특징

미국 실존 분석학의 거장 롤로 메이는 그의 저서 『자아를 잃어버린 현대인』에서 이런 말을 했습니다. "현대인은 기계문명의 발전을 이룩해 놓고 그 문명의 메카니즘에 빠져 노예가 되었다." 무슨 말이냐, 사람은 위대한 문명발전을 이뤘지만 정작 자신을 잃어버렸다는 것입니다. 자신이 누구인지, 어떤 존재인지 알지 못한다는 것입니다. 그래서 정신은 공허감에 빠졌고 삶은 마음의 고향을 잃었다는 뜻입니다. 그래요. 많은 사람이 자신이 누구인지, 무엇을 위하여 사는지도 모른 채 살아갑니다. 그래서 많은 것을 잃고 살아갑니다. 특히 자신의 참모습을 잃고 살아갑니다. 인간은 하나님이 인간을 창조하실 때의 모습과 지금의 모습과는 영 딴판입니다. 하나님이 인간을 창조하셨을 때는 지금보다 훨씬 선한 모습이었습니다. 그러나 죄가 세상에 들어온 뒤로부터 인간은 모든 면에서 일그러지고 인간의 원래의 모습을 잃고 말았습니다.

가령, 창조 때의 원래의 모습에 비하면 지금 인간은 자유를 잃었습니다. 하나님이 인간을 창조하셨을 때에 아담과 하와는 옷을 벗었으나 부끄럽지 않았습니다. 무엇에든지 거리낌이 없고 마음과 느낌과 행동에 있어 자유했습니다. 그런데 세상에 죄가 들어오면서 슬픔, 분노, 좌절, 욕심, 열등감, 죄의식 등 많은 부정적인 내용에 노예가 되면서 자유를 잃었습니다. 그러나 우리가 원래의 모습을 되찾으면 이런 방해물들을 다스리며 어떤 것에도 방해받지 아니하고 기뻐하고 행복하고, 선을 행할 자유를 누립니다. 가령 유혹이나 시험받을 일이 눈앞에 펼쳐져도 전혀 미동하지 않고 떳떳하고 당당할 자유를 잃지 않습니다. 여기에 원래의 아름다운 모습이 있습니다. 하나님은 저와 여러분이 이런 원래의 모습을 되찾아 참 자유를 누리며 살길 원하십니다.

　두 번째, 자기의 참모습을 잃은 인간은 순수함 또한 잃었습니다. 방금 씻은 접시, 방금 칠한 흰 페인트 벽, 참 깨끗하지요? 원래 우리가 이렇게 깨끗하고 맑은 영혼이었습니다. 어린아이들을 보면 그 순수함이 어느 정도 있습니다. 얼마나 순수한지 가르치는 대로 받아들입니다. 그런데 나이를 먹어가면서 어릴 때의 순수한 모습은 타락한 세상에 영향을 받아 점점 변질되어 갑니다. 그래서 순수함을 잃어버리고 오해, 편견, 불신 등 수 많은 문제를 파생시킵니다. 그러나 우리가 원래의 모습을 되찾으면 어린아이처럼 순수하고 맑은 영혼으로 되돌아갈 수가 있습니다. 하나님의 말씀처럼, 순금처럼, 생각이 맑고 뜻이 진실하고 마음이 깨끗해질 수 있습니다. 아, 맑고 순수하고 깨끗한 영혼, 참 아름답지요. 이렇게만 살아간다면 얼마나 좋을까요? 여기에 우리가 찾아가야 할 모습이 있습니다.

　세 번째, 자신의 참모습을 잃은 인간은 지금 평화 또한 잃었습니다. 높은 산에서 바다의 잔잔한 물결을 보세요. 그리고 고요한 호수를 보세요. 아주 평화롭지요. 우리의 마음도 어느 것에도 흔들리지 않도록 하나님이 우리에게 평화롭고, 안정된 마음으로 살게 하셨습니다. 모두가 이런 모습으로 살면 이 땅에 싸움이나 갈등이 없을 것입니다. 그런데 인간은 평화를 누리지 못하고 나라와 나라, 집단과 집단이 끊임없이 갈등하고 서로를 공격하고 비난하고 평화를 깨트립니다. 도무지 평화를 누리지 못합니다. 원래의 자기를 찾지 못해서 그렇습니다.

그러나 원래의 자기 모습을 찾으면 다릅니다. 마음에 평화가 가득합니다. 성 프란체스코는 얼마나 마음이 평화로운지 두 팔을 벌리고 있으면 새들이 와서 손에 앉는답니다. 새들도 그의 평화의 마음을 알았기 때문이지요. 썬다 싱은 평화가 가득한 사람이었습니다. 그의 전기 작가인 스트리타 박사는 증언하길 "그와 한 시간만 같이 있으면 그의 평화를 느끼게 된다."고 하였습니다. 참 놀라운 평화입니다. 평화의 마음을 가진 사람은 상대에게 편안함을 주고 안정감을 줍니다. 마음이 물처럼 부드럽습니다. 누굴 대하든 부딪치는 법이 없습니다. 이런 평화를 소유할 때 노래가 절로 나옵니다. "평화, 평화로다 하늘 위에서 내려오네. 그 사랑의 물결이 영원토록 내 영혼을 고이 싸네." 여러분, 원래의 자기를 찾으면 아무에게도 방해받지 않는 평화의 주인공이 됩니다. 하나님은 저와 여러분이 이런 평화의 주인공이 되길 원하십니다.

자기의 참모습을 잃은 인간은 네 번째 사랑을 잃었습니다. 하나님이 인간을 창조하실 때 인간은 사랑이 가득한 하나님의 형상을 닮았습니다. 그러나 죄가 들어오면서 사랑이 비틀어지고 말라버렸습니다. 주변을 보면 메마른 사람, 날카로운 사람, 냉정한 사람들을 만나지요? 공격적이고 비판적이고 늘 비난하느라 정신이 없는 사람들이 있습니다. 상대에게 좋은 점도 있고 장점도 있어 이해해 줄 만하고 받아들일 만도 한데 그런 것들을 전혀 못 보고 매사를 부정적으로 봅니다. 사랑이 없어서 그렇습니다.

하지만 원래의 자기 모습을 찾은 사람은 하나님과 세상을 향해 사랑의 마음이 가득한 사람이 됩니다. 가진 지식, 가진 물질, 가진 모든 환경을 사랑의 이름으로 사용합니다. 사랑의 깊이와 높이와 넓이와 길이에 한계가 보이지 않을 만큼 사랑이 가득한 사람이 됩니다.

본래의 자기 모습을 찾은 사람은 사랑으로 말하고 사랑으로 행합니다. 사랑으로 봉사하고 권면하고, 사랑으로 위로하고 가르칩니다. 사랑 때문에 눈물을 흘리고 사랑 때문에 희생하고 사랑 때문에 관심을 갖고 사랑 때문에 배려하고 사랑 때문에 손해를 봅니다.

우리가 찾아가야 할 곳이 바로 이런 모습들입니다. 진정한 자유를 누릴 줄 아는 사람, 영혼의 순수함과 평화를 소유하고 하나님의 사랑으로 풍성한 사람, 바로 이런 모습이 우리가 찾아가야 할 모습입니다. 이런 모습으로 살면 행복합니다. 갈등도 고통도 줄어듭니다. 가정에 큰소리 날 일이 없습니다. 견고하고 행복한 삶이 이어집니다.

② 부정
자기를 찾지 못한 사람의 특징

이런 사람이 있지요? 마음이 늘 불안한 사람, 이런 사람은 아직도 자기를 찾지 못한 사람입니다. 또 오랫동안 신앙생활 했어도 죄의 유혹에 잘 넘어가는 사람, 슬픔, 고통이 닥치면 쉽게 휘청거리는 사람, 이런 사람은 아직도 자기를 찾지 못한 사람입니다. 또 쉽게 절망하거나 쉽게 갈등을 일으키고 쉽게 원망하고 불평을 토로하는 사람도 자기를 찾지 못한 사람입니다.

  가만히 보면 성도들 중에는 마음이 자유하지 못한 사람들이 많습니다. 또 영혼이 맑고 순수하지 못하고 화평을 누리지 못하고 사랑의 마음을 소유하지 못한 사람들이 많습니다. 그래서 행복하지 못합니다. 하나님이 자유를 주셨으나 죄의 노예로 살고, 순수함을 주셨으나 타락한 영혼으로 살고, 하나님이 하늘의 평화를 주셨으나 분란과 갈등을 키우며 살고, 하나님이 사랑의 힘을 주셨으나 미움에 갇혀서 사는 사람들이 있습니다. 자신을 찾지 못해서 그렇습니다. 신앙생활을 열심히 하더라도 자유, 순수, 화평, 사랑을 소유하지 못한 사람은 자기를 찾지 못한 사람입니다. 이런 사람은 신앙의 열심을 내는 것보다 더 중요한 것을 소원해야 합니다. "하나님, 나를 불쌍히 여기사 진정한 나를 찾아가게 해 주십시오." 하고 지속적으로 기도해야 합니다. 그 기도를 계속 드릴 때 진정한 자기를 찾을 수 있습니다. 먹고 사는 문제 때문에, 꿈과 목표를 좇는 것 때문에, 자기를 찾는 것에 무관심했다면 이제 자기를 찾는 데 관심을 가져야 합니다. 오늘 이후부터 나를 찾아가는 신앙 여정을 시작하시길 바랍니다.

③ 자기를 찾아가는 방법

오늘 우리가 읽은 본문에 자기를 찾아가는 사람이 나옵니다. 본문에서 둘째 아들 탕자는 자기를 찾지 못한 사람이었습니다. 그는 아버지 품 안에 머무는 것이 자신에게 구속을 가져온다 생각했습니다. 그래서 아버지에게 자기 유산을 달라 하여 세상으로 떠났습니다. 아버지의 아들로 살아가는 것이 얼마나 귀한 일인지를 알지 못한 어리석은 선택이었습니다.

가끔 신앙생활하다 보면 신앙생활이 무료하다고 말하는 사람이 있습니다. 구속하는 것이 너무 많답니다. "술 먹지 마라. 담배 피지 마라. 죄짓지 말라. 주일마다 꼭 예배를 드려라." 하는 요구가 자유를 제한한답니다. 하지 말라는 것이 너무 많고 구속받는 것이 너무 많아서 신앙생활을 못하겠다고 합니다. 왜 이런 사람이 생기느냐 신앙 안에서 진정한 자기를 찾지 못해서 그렇습니다.

그런데 여러분, 사람이 언제 자기 모습을 찾아가는지 아세요? 자기 세계가 철저히 깨질 때입니다. 자기의 허상이나 고정관념이 깨질 때 진정한 자기로 돌아옵니다. 둘째 아들 탕자가 세상으로 나가서 돈을 탕진하고 나니 빈손이 되었습니다. 돈으로 뭐든지 할 수 있다고 믿었지만 결국 가진 돈을 다 잃고 돼지 움막에서 잠을 자며 돼지의 쥐엄 열매를 먹는 신세가 되었습니다. 세상에 대한 막연한 동경이 산산조각이 났고 세상에 걸었던 기대와 상상이 무너졌습니다. 그때 그는 돼지 우릿간에서 이렇게 말합니다. 스스로 돌이켜 가로되 "내 아버지에게는 양식이 풍족한 품꾼이 얼마나 많은고! 나는 여기서 죽는구나…" 자기의 생각이 허상이었고 쓸데없는 고집이었음을 깨달은 것입니다. 그때에 비로소 지겹게 여겼던 아버지의 품 안이 자신에게 얼마나 축복된 곳이었는지를 알게 되었습니다.

사람은 믿었던 건강이나 사랑, 돈이 자기 곁을 떠날 때, 자기를 둘러 싸고 있는 허상의 껍데기를 버리고 비로소 참된 자기를 찾아가는 눈을 뜹니다.

청주의 모 교회 권사님이 탄탄한 중소기업 사장을 전도할 때마다 그 사장은 "천국이 어딨어? 기독교인들이 하나님! 하나님! 하며 나약하게 보이는 것 정말 싫거든?" 하면서 복음을 거부했습니다. 그런데 그 사장이 간암 말기 진단을 받고 하늘이 노래지는 충격을 받아 병원에 입원해 있을 때 권사님이 또 찾아가서 "하나님께 기도하면 낫기도 하더라." 하는 간증을 들려주자 마침내 이분이 하나님 앞에 나왔습니다. 그러더니 이젠 살려달라며 하나님 앞에 부르짖는 사람이 되었습니다. 믿었던 건강이 무너지니 하나님을 거부했던 불신앙을 벗어던졌고 신에 대한 완고한 자세를 누그러트렸으며 마음 문을 열고 하나님을 의지했습니다. 그렇게 하나님께 기도로 매달리며 어려운 수술을 했는데 그 이후 지금껏 멀쩡합니다. 지금 그는 살아있는 것이 기적이요, 하나님의 은혜라고 고백합니다. 믿었던 건강을 잃으니 자기의 불신앙과 어리석었음이 깨달아졌습니다. 그리고 하나님을 찾게 되었습니다.

많은 사람이 믿었던 그 무엇이 무너지면 동시에 자기 모습을 보게 되고 새로운 믿음의 세계를 받아들입니다. 여기에 하나님의 은혜가 있습니다.

하지만 믿음의 세계를 받아들이려면 진실이 담긴 회개가 선행되어야 자기를 찾아갈 수 있습니다. 둘째 아들 탕자는 자신이 인생을 잘못 살았음을 깨달았습니다. 그는 깨달은 것으로 그치지 아니하고 진정한 회개를 이룹니다. 18, 19절을 보세요. "내가 일어나 아버지께 가서 이르기를 아버지여 내가 하늘과 아버지께 죄를 얻었사오니 지금부터는 아버지의 아들이라 일컬음을 감당치 못하겠나이다 나를 품 군의 하나로 보소서 하리라." 아들로서 잘못 살았음을 회개했습니다. 그리고 자신이 가야 할 곳이 아버지 품인 것을 알고 방향을 아버지께로 향하는 것입니다.

『자아를 잃은 현대인』이란 저서에서 롤로 메이는 인간이 자신을 찾으려면 새로운 방향을 향하여 나아갈 수 있는 용기 있는 결단이 필요하다고 했습니다. 용기 있는 결단 없이는 절대로 방향을 수정할 수도 없고 자신을 찾아갈 수도 없습니다. 자신이 잘못했고 자신이 어리석었음을 깨달았으면 그것을 인정하고 인정했으면 고쳐야 합니다. 자신이 교만했다고 인정했으면 겸손한 사람으로 세워져야 합니다. 이것이 회개입니다. 잘못된 길을 돌이켜 바른길로 향할 때 자기의 참모습을 찾기 시작하는 것입니다.

몇 년 전에 운전하다가 방송에서 들은 내용인데 지금도 생생합니다.

모 교회의 성가대 지휘자인 장로님은 장로님의 아들이며 유명 대학교수였습니다. 본인 말에 의하면 교회 지휘자로서 얼마나 도도했는지 자기 위에 사람이 없었답니다. 성가대 연습하다가도 맘에 안 들면 악보를 집어 던지고 안하무인 격이었답니다. 그러던 중 부흥집회 중에 성가대가 찬양하는데 특별한 일이 벌어졌습니다. 뒷벽에 검은 손가락 그림자가 나타나 '너는 교만하다'란 글씨가 보였습니다. 갑자기 충격을 받은 장로님은 영화필름처럼 자신의 교만했던 모습이 생각나며 어리석음이 깨달아지더라는 겁니다. 깨닫게 되니 눈물이 나는데 걷잡을 수 없이 울음이 터지며 정신이 하나도 없이 지휘를 마쳤답니다. 성가대원들도 지휘자가 은혜를 받았나보다며 모두들 울며 성가를 불렀습니다. 그렇게 정신없이 지휘를 하고 난 뒤에 자리에 앉아 자신의 모습을 떠올리며 계속해서 펑펑 울었습니다. 그동안 자신이 얼마나 교만했는지 얼마나 못된 영혼이었는지 깨달아졌고 그것이 슬퍼서 울었고 보잘것없는 자기를 지금껏 참아주신 하나님의 은혜가 고마워서 또한 울었습니다. 그는 이 놀라운 은혜를 성가대원들에게 간증하였습니다. 그리고 이 깨달음의 은총은 이후에도 계속되어 지속적으로 회개하며 완전히 변해갔습니다. 그리고 이젠 부드럽고 존경받는 지휘자로, 그리고 설교가 들리면 "아멘"으로 화답하는 사람으로 바뀌었습니다. 자신의 어리석었던 모습을 깨달은 그는 방송에서 마지막으로 고백했습니다. "이제야 저의 참모습을 찾았습니다."

용기 있는 회개야말로 자기를 찾아가는 최선책입니다. 성경에서 가장 용기 있는 회개하면 다윗의 회개를 들 수 있습니다. 간음죄, 살인죄, 가정파괴의 죄를 지은 다윗이었습니다. 그런데도 하나님의 끔찍한 사랑을 받았던 것은 그가 나단 선지자의 직언 앞에 자기의 죄를 토해내며 새로운 사람으로 거듭났기 때문입니다. 그는 회개과정에서 이렇게 고백합니다. 시편 51:3-4에서 "무릇 나는 내 죄과를 아오니 내 죄가 항상 내 앞에 있나이다 내가 주께만 범죄하여 주의 목전에 악을 행하였사오니..." 10절에 "하나님이여 내 속에 정한 마음을 창조하시고 내 안에 정직한 영을 새롭게 하소서." 자신의 지은 죄의 현주소를 알고, 자신이 나아가야 할 방향을 안 사람만이 이런 기도를 드릴 수가 있습니다. 이런 회개가 있었기에 그는 새로워졌고 자기의 참모습을 찾아갈 수 있었던 것입니다. 그리고 성숙한 하나님의 사람으로 세워져 갔습니다.

사랑하는 성도 여러분, 하나님은 우리가 참모습을 찾아가길 바라십니다. 성숙한 신앙의 모습으로 세워지길 원하십니다. 그래서 깨달음과 회개의 기회를 주시는 것입니다. 그 하나님의 인도하심에 순종할 때 하나님은 우리의 영혼을 다듬으시고 새롭게 만들어 가시는 것입니다. 이 은혜가 있기를 바랍니다.

깨달음과 회개를 통해 자기의 참모습을 찾아가다 보면 최종 정착지에 이릅니다. 그곳이 바로 하나님 아버지 품 안입니다. 자기의 부족과 어리석음을 깨닫고 결단하여 회개하여 마침내 하나님 품 안에 정착할 때 비로소 자기의 참모습을 찾게 됩니다. 탕자가 어떻게 했는지 20절을 보세요. "이에 일어나서 아버지께로 돌아가니라 아직도 거리가 먼데 아버지가 그를 보고 측은히 여겨 달려가 목을 안고 입을 맞추니."21절에 "아들이 이르되 아버지 내가 하늘과 아버지께 죄를 지었사오니 지금부터는 아버지의 아들이라 일컬음을 감당하지 못하겠나이다." 둘째 아들 탕자는 자신의 삶을 청산하고 용기를 내어 아버지에게 돌아갔습니다. 아들은 "재산을 다 탕진하고 만신창이가 되어 돌아가면 아버지가 날 얼마나 원망하실까. 혹 쫓아내시지는 않을까" 하는 염려로 고향으로 향했습니다. 집에 가까이 갈수록 가슴이 두근거렸습니다. 그런데 마을 입구에서 기다리던 아버지가 아들을 먼저 알아보았습니다. 그리고 달려가 아들을 끌어안고 입을 맞추며 기뻐하였습니다. 아버지가 얼마나 기뻐하셨는지 22-24절에 보니 "아버지는 종들에게 이르되 제일 좋은 옷을 내어다가 입히고 손에 가락지를 끼우고 발에 신을 신기라 그리고 살진 송아지를 끌어다가 잡으라 우리가 먹고 즐기자 이 내 아들은 죽었다가 다시 살아났으며 내가 잃었다가 다시 얻었노라 하니 그들이 즐거워하더라."

아들이 아버지 품 안에 안기자 비로소 안식을 얻습니다. 풍족함을 느낍니다. 세상에서 고생했던 것을 다 잊습니다. 자신의 허물을 감싸 안으시고 기뻐하시는 아버지의 사랑에 감격합니다. 그리고 아버지의 아들로서 다시 권세를 누립니다. 무엇보다도 자신이 아버지의 기뻐하시는 존재가 되었다는 것이 감사합니다. 여기에 아버지 품 안에 있을 때 누리는 진정한 축복이 있습니다. 할렐루야!

여러분, 하나님 품 안에 가만히 있어 보세요. 그분이 날 사랑한다고 내가 너로 인하여 기쁘다고 말씀하시는 것이 들리지 않나요? 하나님 품 안에서 우린 이렇게 기도할 수 있지요? "하나님, 아버지 안에 생명이 있고, 안식이 있고, 하나님 안에 진리가 있사오니 내가 영원한 주의 기쁨이 되리이다." 할렐루야! 이 하나님의 품 안을 체험한 시편 저자 다윗은 이렇게 고백합니다. 시편 23:6에서 "내 평생에 선하심과 인자하심이 반드시 나를 따르리니 내가 여호와의 집에 영원히 살리로다." 또 시편 84:10에서 "주의 궁정에서의 한 날이 다른 곳에서의 천 날보다 나은즉 악인의 장막에 사는 것보다 내 하나님의 성전 문지기로 있는 것이 좋사오니."

하나님 품 안에 거하여 그분의 기뻐하시는 존재로 살며 순수한 영혼을 유지하며 살고, 위로부터 부어주시는 평화와 자유와 사랑의 힘으로 살아가는 것, 바로 여기에 우리의 참모습이 있습니다. 사랑하는 성도 여러분, 저와 함께 참모습을 찾고 그 속에서 나의 나 됨을 누리며 살지 않겠습니까?

설교구성 실례 ②

본문 누가복음 7:36-50
제목 은혜를 알고 드리는 감사
주제 은혜를 알면 진정한 감사를 표현한다.
목적 하나님의 은혜를 깨닫고 감사하게 한다.
개요 ① **긍정** : 은혜를 알면 감사의 사람이 된다.
② **부정** : 은혜를 모르면 감사할 줄 모른다.
③ **해결책** : 은혜를 알 때 최상의 감사를 드린다.

① 긍정
은혜를 알면 감사의 사람이 된다

조선 중종 왕 때 형조판서의 벼슬에 올랐던 반석평(潘碩枰, ?- 1540)이라는 사람이 있습니다. 유엔 사무총장이었던 반기문 씨의 조상으로 알려진 그는, 남의 집 종으로 태어나 인간 취급을 받지 못했습니다. 하지만 학문만이 살길이다 싶어 틈틈이 학문에 매진하였습니다. 주인집 이 참판은 그의 실력이 범상치 않다 여겨 그를 노비 신분에서 해방시켰습니다. 그리고 아들이 없고 가난한 양반집 수양아들로 보냈습니다. 그는 과거에 당당히 급제하여 출세 가도를 달려 마침내 정이품인 형조판서가 되었습니다. 형조판서는 지금의 장관이나 차관에 해당합니다. 대단한 권세입니다. 이런 그가 어느 날 한양 거리를 지나가는데 마주 오는 한 거지를 가만히 보니 옛 주인 참판의 아들 이오성(李五成)이었습니다. 그는 즉시 그 거지에게 큰절을 하며 "어르신 저를 몰라보시겠습니까? 저는 당신의 종 반석평이라는 놈 올씨다."라고 하였습니다. 참 놀라운 일입니다. 백주 대낮 한양 대로에서 형조판서가 거지에게 넙죽 엎드리다니요. 게다가 자신의 노비 신분이 밝혀지면 벼슬을 잃는 것은 물론, 노비로 전락하고 신분을 속였다 하여 형을 살아야 합니다. 이런 위험을 알면서도 옛 주인에게 깊은 감사의 인사를 드렸습니다. 이 일이 상감에게 알려지자 상감이 형조판서를 불러 물었습니다. "어찌 그런 행동을 하였는가?" 형조판서 왈, "출세하였다 하여 받은 은혜에 어찌 감사를 잊을 수 있나이까!"

사람은 수치스러운 과거를 숨기고 싶은 법인데 반석평은 체면이나 관직 유지보다 받은 은혜에 감사하는 것이 먼저였습니다. 이런 반석평의 인격에 감동한 왕은 신하들에게 그를 높이 기리라 하였고 옛 주인 아들에게까지 사옹원 별좌라는 꽤 높은 벼슬을 내렸습니다. 참으로 놀라운 일입니다.

받은 은혜를 늘 기억하고 그 은혜에 감사하는 사람은 겸손하고 진실하며 충성스러운 사람입니다. 은혜를 알고 기억하며 감사할 줄 아는 사람, 여기에 우리가 닮고 싶은 인간됨이 있습니다.

제가 아는 대전의 추 집사님이 있는데 지금은 돌아가셨습니다. 소규

모 건축업을 하던 중년 시절에 결혼생활이 무료해졌고 나이든 아내를 보며 싫증이 났습니다. 아내의 성격도 외모도 특히 촌스러운 모습이 싫었습니다. 남편은 급기야 바람을 피웠습니다. 둔감한 아내가 눈치챌 즈음에 갑자기 남편이 뇌졸중으로 쓰러졌습니다. 아내는 남편을 극진히 간호했습니다. 아내의 간호를 받는 동안 남편에게 감동이 밀려왔습니다. "꼼짝도 못하는 나를 이렇게 정성으로 대해 주다니…" 하며 눈물을 흘렸습니다. 그동안 아내를 배반했던 것이 미안해서 울고, 자신에게 한결같이 대해준 아내가 고마워서 울었습니다. 무엇보다 지금껏 살아오면서 아내와 함께해온 시간들이 생각나 울었습니다. "가난했지만 아내 덕택에 사랑스러운 자녀들을 얻었고 아내 덕에 늘 따뜻한 밥을 먹었으며 아내 덕에 외롭지 않고 행복했구나." 생각하며 눈물을 주룩 흘렸습니다. "나는 변덕이 많았지만, 아내는 한결같았고 나는 가정을 등한시했지만, 아내는 가정을 지켜주었구나!" 생각하며 감사의 눈물을 흘렸습니다. 그리고 다짐했습니다. "이제 낫기만 하면 아내를 위하여 살리라!" 그 이후 그는 불편한 몸으로 아내를 따라 교회에 나오기 시작했습니다. 그리고 아내라면 껌뻑 죽는 남편이 되었습니다. 그렇게 몇 년 살다가 하나님 품 안에 안겼습니다.

추 집사님이 건강할 때는 아내의 소중함을 몰랐습니다. 아프고 나서야 아내가 소중하고 아내의 은혜가 크다는 사실을 알았습니다. 여러분, 배우자의 은혜를 알고 사는 것, 참 중요합니다. 배우자의 은혜를 알면 배우자를 배반하지 않으며 무시하지도 않습니다. 무엇보다 배우자의 은혜를 알 때 깊은 감사의 마음을 갖습니다. 감사가 있는 곳에 행복이 있습니다. 여기에 은혜를 아는 사람의 행복이 있습니다.

　자녀가 부모의 은혜를 알고 그 은혜를 기억할 때 부모의 은혜에 감사하며 보답하려고 합니다. 하나님의 은혜를 알고 기억하며 신앙생활 할 때 하나님께 지속적으로 감사하게 됩니다. 여기에 은혜를 아는 자녀의 됨됨이가 있습니다.

② 부정
은혜를 모르면 감사를 모른다

은혜를 기억하며 감사하며 살면 얼마나 좋습니까만 많은 사람이 은혜를 기억하지 못합니다. 어느 성도님이 제게 어이없는 얘길 들려주었습니다. 늦게까지 일하고 배고픈 채로 집에 돌아온 어머니가 찬밥을 먹으려는데 큰딸이 들어오며 밥을 달라 했습니다. 어머니는 수저를 놓고 빠른 손으로 새 밥을 준비하여 딸을 불렀습니다. 딸은 식탁에 앉아 몇 번 음식에 손을 대더니 숟가락을 탁 놓으며 "내가 좋아하는 반찬은 하나도 없네!" 하더니 자기 방으로 가버렸습니다. 어머니는 어이가 없다는 듯 멍하니 딸을 바라보았습니다. 생활전선에서 바쁘게 뛰다가 배고픔을 참고 식사를 준비한 어머니의 정성 어린 마음을 딸은 헤아리지 못했습니다. 다만 자기의 배고픔과 자기 입맛에 대한 관심뿐이었습니다.

누가복음 17장에 보면 10명의 문둥병자가 주님 앞에 나아와 치료받기를 간절히 소원했습니다. 주님은 그들에게 "제사장에게 가서 몸을 보이라 그러면 병이 나을 것이라." 말씀하셨습니다. 10명의 문둥병자들은 주님 말씀에 순종하여 제사장에게 가던 중에 병이 나았습니다. "어? 당신 깨끗해졌다! 어 당신도 깨끗해졌네!" 하며 서로 부둥켜안고 기뻐하였습니다. 그런데 그다음이 중요합니다. 일생일대에 최고의 축복을 받은 사람들이었으나 그중에 오직 한 명만 주님께 돌아와 감사하였습니다. 그때 주님이 물었습니다. "아홉은 어디 있느냐?" 감사할 줄 모르는 그들에게 주님이 화를 내신 것입니다.

많은 사람이 은혜를 모릅니다. 은혜를 모르니 감사할 줄 모릅니다. 그래서 부모와의 관계나, 형제와의 관계, 배우자와의 관계가 서먹서먹하거나 서운한 감정만 드러냅니다.

큰 은혜를 받고도 전혀 감사할 줄 모르거나 많은 은혜를 받고도 적게 감사하는 사람이 얼마나 많습니까? 부모의 사랑 덕에 살면서 고마워 할 줄 모르고 하나님의 은혜 안에 살면서도 감사할 줄 모르는 사람들이 얼마나 많습니까? 그래서 신앙생활을 열심히 하는데도 신앙의 감격이 없는 것입니다.

여러분, 사람이 왜 은혜를 모르나요? 자기 세계가 깨지지 않거나 자기중심적인 생각, 자기 고집, 자기 편견이 깨지지 않아서 그렇습니다.

성경에 보면 사울 왕은 목동이었다가 갑자기 이스라엘의 왕이 되었습니다. 그가 왕이 된 것은 전적인 하나님의 인도하심 때문이었습니다. 한번은 하나님께서 사울 왕에게 "아말렉을 치거든 모든 것을 진멸하라." 말씀하셨습니다. 그러나 사울 왕은 그 말씀대로 따르지 아니하고 좋은 짐승들을 따로 남겨 두었습니다. 하나님 말씀을 거부한 것입니다. 왜 이런 일이 생깁니까? 하나님 말씀보다 자기 생각을 더 중요하게 여겨서 그렇습니다. 이에 사무엘 선지자는 사울 왕에게 청천벽력 같은 예언을 했습니다. "당신이 하나님 말씀을 버렸으므로 하나님도 당신을 버려 당신의 나라가 길지 못할 것이요." 이 무서운 저주의 말을 들으며 좀 깨달아야 되잖아요? 그런데 사울이 사무엘에게 "선지자여, 내가 범죄하였더라도 하나님께 제사드릴 때 나를 사람들 앞에서 높여주시오."라고 말합니다. 엎드리며 살려 달라 애원해도 모자랄 판에 사울 왕은 자기 위신만을 먼저 생각했습니다. 여전히 자기중심적이었습니다. 여전히 자만했습니다. 그 이후에 그의 인생은 내리막길로 치달았습니다.

　자기 허물을 깨닫는 것, 그것은 은혜입니다. 깨닫고 새로워지는 것, 그 또한 은혜입니다. 만약 사울 왕이 "하나님이 미천한 나를 왕으로 삼아주셨는데 내가 어찌하여 하나님 말씀에 불순종하여 하나님 마음을 아프게 하였는고!" 하며 자기 허물을 보는 겸손이 있었더라면 그리고 하나님 앞에서 엎드려 눈물로 용서를 구했더라면 참 좋았을 겁니다. 안타깝게도 그에게 이런 깨달음의 은혜는 없었습니다. 깨달음이 없으니 하나님 은혜도 몰랐고 은혜를 몰랐기에 하나님께 감사할 줄도 몰랐습니다. 여기에 사울의 비극이 있습니다.

　우리는 이 땅을 살면서 수많은 하나님의 은혜를 덧입었습니다. 하나님의 사랑, 용서, 인도, 위로, 새롭게 하심 등 이루 말할 수 없는 은혜를 입고 여기까지 왔습니다. 그런데 그 많은 은혜를 입고도 은혜를 깨닫지 못하는 성도가 있습니다. 그것은 아직도 나 중심으로 살기 때문입니다. 하나님 관점에서 나를 보면 나의 허물이 쉽게 보이고 어리석음이 깨달아져서 나를 깨트리는 시간이 자주 옵니다. 하지만 나 중심으로 살면 아무리 오래 신앙 생활해도 깨닫는 것도 새로워지는 것도 변화되는 것도 없습니다. 여기에 문제가 있습니다.

③ 해결책
은혜를 알 때 최상의 감사를 드린다

오늘 본문 말씀을 보세요. 어느 날 주님이 시몬이란 사람의 집에 잠시 쉬고 있을 때에 한 죄 많은 여인이 주님께 다가옵니다. 시몬은 바리새인이었고 바리새인 하면 죄인을 향해 신랄하게 비난하며 죄인과는 상종도 하지 않는 사람입니다. 이런 바리새인의 집에 죄인이 담대하게 들어갑니다. 놀라운 일입니다. 그런데 그다음의 행동이 더 놀랍습니다. 앉아 계신 주님의 뒤에 서서 울더니 주님 앞으로 나아와 엎드립니다. 주님을 높입니다. 그리고 눈물로 주님의 발을 적십니다. 회개하며 감사합니다. 자기 머리를 풀어헤칩니다. 자신을 낮춥니다. 그리고 눈물로 주님의 발에 값비싼 향유를 붓습니다. 사랑을 드립니다. 이 여인의 행동을 가만히 보세요. 손에는 자신의 전 재산이 담긴 향유를, 눈에는 뜨거운 참회와 감사의 눈물을, 가슴에는 주님에 대한 깊은 사랑을 드러냅니다. 왜 그러느냐? 주님께 받은 은혜가 참으로 크기 때문입니다. 주님의 은혜가 고마워서 그럽니다. 한때 이 여인은 동네에 소문난 죄인이었어요. 그런데 죄를 용서하신 분도 주님이셨고 죄악 속에서 끄집어내 주신 분도 주님이셨고 새롭게 살 길을 열어주신 분도 주님이셨습니다. 그때에 죄의식이 사라지고 무거운 마음이 새털처럼 가벼워졌습니다. 그런 주님의 은혜를 생각하니 감사가 저절로 우러났습니다. 그래서 자기의 전 재산을 주님께 쏟아부으며 감사의 눈물, 사랑의 마음을 드렸던 것입니다. 여기에 은혜받은 자의 깊고도 큰 감사가 있습니다.

그런데 이 여인의 행동을 지켜보던 집주인 바리새인은 향유를 아까워하며 그녀의 행동을 어리석다 비난했습니다. 그때 주님이 뭐라 하셨나요? "이 여자를 보느냐 내가 네 집에 들어올 때 너는 내게 발 씻을 물도 주지 아니하였으되 이 여자는 눈물로 내 발을 적시고 그 머리털로 닦았으며 너는 내게 입맞추지 아니하였으되 그는 내가 들어올 때로부터 내 발에 입맞추기를 그치지 아니하였으며 너는 내 머리에 감람유도 붓지 아니하였으되 그는 향유를 내 발에 부었느니라." 바리새인을 향해 하신 말씀입니다. 바리새인은 주님과 함께 하였지만 주님의 은혜를 깨달은 바가 없습니다. 그래서 주님을 사랑할 줄 몰랐습니다. 그러나 이 여인은 주님의 은혜를 깊이 체험했습니다. 그 체험이 깊은 사랑과 감사로 다가왔습니다. 그래서 자신의 전 재산을 바칠 만큼 깊고 큰 감사를 드렸습니다. 여기에 은혜를 아는 자의 진정한 믿음, 진정한 감사가 있습니다. 여러분에게도 이렇게 은혜를 알고 드리는 감사가 있습니까?

사도 바울은 한때 자기 생각으로 똘똘 뭉쳐있던 사람이었습니다. 위에 사람 없을 만큼 안하무인이었던 바울이 주님을 영접하고 한순간에 자기 세계를 깨트렸습니다. 그리고 자기를 완전히 낮추었습니다. 그가 뭐라고 고백하였습니까? "하나님, 나는 모든 사도 중에 가장 작은 사도입니다." 놀라운 고백입니다. 그 교만하던 바울에게 정말 기적 같은 변화가 일어났습니다. 그것만이 아닙니다. 신앙이 깊어진 뒤, "하나님 나는 모든 성도 가운데 가장 작은 자입니다."라고 하였습니다. 범위를 넓혀 자기를 더 낮추었습니다. 또 더 성숙된 후에는, "하나님 나는 이 세상에서 가장 큰 죄인입니다."라고 하였습니다. 완전히 낮아질 대로 낮아졌습니다. 자기만 생각하던 그가, 자기를 완전히 깨트렸습니다. 더 이상 자기중심적인 사람이 아닙니다. 자신은 하나님과 사람 앞에서 아무것도 아닙니다. 오직 하나님만이 최고로 중요합니다.

여러분, 어떻게 해서 그가 자기 세계를 깨트리고 하나님께 완전히 항복하며 낮아졌나요? 하나님의 은혜를 알고 난 후부터였습니다. 자기 죄가 용서받은 것도, 진리를 깨닫고 새사람이 된 것도, 하나님의 자녀가 되어 귀하게 쓰임 받은 것도 모두가 하나님의 인도하심이요, 하나님의 은혜란 걸 알았습니다. 그래서 마침내 선언합니다. 지금껏 나의 나 된 것은 오직 하나님의 은혜라. 자신의 노력, 지혜가 아니라 오직 하나님의 은혜로 여기까지 살았다는 것입니다. 이렇게 하나님의 은혜를 깊이 알고 있었기에 그는 자기의 완고한 세계를 깨트렸습니다.

더 중요한 것은 하나님의 은혜를 알고 그 은혜에 평생 동안 감사하며 살았습니다. 그는 성도들에게 무려 231번이나 감사의 단어를 사용하며 감사하며 살라고 했습니다. 대표적인 몇 구절만 보면, "하나님의 은혜로 인하여 항상 감사하노라"(고전 1:4). "하나님께 감사하리로다."(롬 6:17). "범사에 감사하라"(살전 5:18). "믿음 위에 굳게 서서 감사하라"(골 2:17). "무엇이든지 감사함으로 아뢰라"(빌 4:6). "감사함으로 깨어 있으라"(골 4:2). 그가 하나님의 은혜를 알고는 구원하신 은혜에 감사, 사람 만들어 주신 은혜에 감사, 날마다 선한 길로 인도하신 은혜에 감사 또 감사하며 살았습니다. 감사가 하나님의 은혜에 보답하는 믿음의 반응이었던 것입니다. 은혜를 알 때 사람은 깊은 감사 속에 살게 됩니다.

우리는 주님으로부터 참으로 놀라운 은혜를 덧입었습니다. 주님의 피 공로로 죄 용서 받았고 평안을 얻었습니다. 하나님의 자녀로서 빛 가운데 살게 되었고 천국을 소망하며 살게 되었습니다. 무엇보다 영생을 소유한 사람이 되었습니다. 이 은혜는 돈으로 환산할 수 없는 실로 어마어마한 축복이요 놀라운 하나님의 은혜입니다.

이 은혜를 일찍이 깨달은 사람이 있습니다. 독일의 성주 진젠도르프는 어느 날 예수님의 부서진 상을 보았습니다. 얼굴도 부서졌고 팔도 떨어져 나갔고 다리도 부서져 있었습니다. 그런데 예수 상 밑에 이런 글이 쓰여 있었습니다. "내 너를 위하여 몸 버려 피 흘렸건만 넌 나를 위하여 무엇을 주었느냐? 네가 내 팔이 될 수 없으며 내 발이 될 수 없느냐?" 진젠도르프는 망치로 뒤통수를 얻어맞은 듯 했습니다. 그는 생각했습니다. "하나님, 제가 그동안 이것 주십시오. 저것 주십시오. 달라고만 하였습니다. 구원받고 사랑받고 축복받은 은혜가 큰데 끊임없이 달라고만 하였습니다. 이제 은혜에 보답하며 살겠습니다." 그리고 결단을 내렸습니다. 그 이후 자기의 막대한 전 재산을 하나님의 영광을 위하여 사용하였습니다. 교회를 짓고 병원을 짓고 학교를 세우고 선교사를 도왔습니다. 은혜에 보답하는 한 사람의 삶이 독일 기독교계를 엄청나게 변화시켰습니다. 받은 은혜에 감사하는 그의 삶은 빛이 났고 아름다웠으며 모범이 되었습니다.

하나님은 우리가 은혜를 알고 감사하며 감사에 젖어 살길 원하십니다. 우리의 삶은 오직 받은 은혜를 기억하며 감사 또 감사하며 사는 것입니다. 그럴 때 더 행복해지고 더 풍요로워집니다. 은혜를 알고 감사하는 이 신앙이 여러분의 삶에 실천되어 하나님께 영광 돌리시길 주님의 이름으로 축원합니다.

PNS 스타일 설교구성을 만드는 원칙들

① 본문을 선택할 때 해결책을 담고 있는 내용을 본문으로 선택하라.
② '긍정적인 면'이나 '부정적인 면'은 성경의 다른 본문이나 삶의 정황(context)에서 찾도록 하라. 만약 본문이 긍정적인 면이나 부정적인 면, 둘 다를 담고 있다면 그 본문을 선택하라.
③ 세 번째 대지인 해결책을 다룰 때는 가능한 하나의 포인트, 즉 하나의 대지만을 다루면 좋다. 부득이 두 가지 대지를 다룬다면 두 대지가 자연스럽게 연결되게 하라.

4
Step by Step 스타일
절정을 향하라

> 개념

Step by Step 스타일은 '한 계단씩'이란 말이다. 이는 '절정을 향하라.' 혹은 '계단을 밟으라.'의 구성이라고도 할 수 있다. 이는 절정을 향해 한 단계씩 밟아가는 것이다. Step by Step 구성, 즉 '절정을 향하라.'의 구성은 비교적 쉽다. 단계별로 보면 첫째 단계인 설교 첫머리에서 청중의 주의를 끈다. 둘째 단계에서 청중의 필요를 다룬다. 세 번째 단계, 인간의 필요를 채우는 만족의 단계를 다룬다. 네 번째 단계, 만족의 단계가 정말 사실이라는 확증을 보여준다. 이를 확증의 단계라 한다. 다섯째 단계, 만족스러운 답변과 확신을 주는 단계를 그림으로 보여주며 확신하게 만드는 시각단계(Visualization)를 다룬다. 여섯째 단계, 청중이 확신한 후에 결단을 위한 행동에 이르게 한다.

　이와 같은 스타일로 '주 예수를 영접하라'(롬 6:20-23)는 제목을 근거로 이렇게 설교개요를 만들 수 있다.

① **주의를 끄는 단계** : 당신을 포함한 모든 인간은 죄인이다(롬 3:23).
② **필요의 단계** : 죄인은 죽는다(롬 6:20-23).
③ **만족의 단계** : 그러나 믿는 자는 죽지 않는다(요 1:12).
④ **확증단계** : 예수님과 함께 십자가에 매달린 한 강도의 회개와 구원받은 사실을 언급한다(눅 23:39-43).
⑤ **시각단계** : 뒤늦게 예수 믿고 구원받은 확신 속에 행복을 누린 친구 아버님의 예를 든다.
⑥ **행동단계** : 그러므로 예수를 영접하고 죄 용서 받아 영생을 누리는 자가 되라.

'충성하라'(계 2:10)를 제목으로 만든 또 다른 예를 보자.

① **주목단계** : 신앙에서 가장 필요한 것은 충성이다. 충성도 실력이다.
② **필요단계** : 하지만 현대인은 충성하지 않는다. 충성하지 못해서 부정적인 결과가 나타난 예들을 들려준다.
③ **만족단계** : 그러나 하나님은 우리가 충성스러운 사람이 되길 원하신다. 충성을 강조하시는 말씀과 충성한 자를 향한 하나님의 축복을 예로 든다(잠 25:13; 28:20; 눅 16:10; 19:17; 고전 4:2; 계 2:10).
④ **확증단계** : 고통 속에서도 충성한 바울과 충성심으로 출애굽을 성사시킨 모세를 실례로 든다(민 12:7; 딤전 1:12)
⑤ **시각단계** : 죽기까지 충성한 스위스용병들 이야기를 예로 든다.
⑥ **행동단계** : 하나님과 교회를 향해 성도는 지금, 여기서 충성의 삶으로 결단하게 한다.

설교구성 실례 ①

본문 창세기 39:7-10
제목 24시간 하나님을 의식하라
주제 하나님을 의식하는 믿음은 유혹을 이긴다.
목적 하나님을 의식하는 믿음으로 살게 한다.
개요 ① **주의를 끄는 단계** : 사탄은 지금도 믿는 자를 유혹한다.
② **필요의 단계** : 사탄의 유혹은 매우 집요하여 사람들이 자주 넘어진다.
③ **만족의 단계** : 사탄의 유혹을 이기는 데에는 믿음이 필요하다.
④ **확정의 단계** : 유혹을 이기려면 하나님을 의식하라.
⑤ **시각의 단계** : 하나님을 의식하며 유혹을 이긴 실례를 든다.
⑥ **결단의 단계** : 24시간 하나님을 의식하며 유혹을 이기라.

① 주의를 끄는 단계

우리 주변을 보면 평탄하게 살다가 갑자기 무너지는 사람들이 있습니다. 특히 연예인, 정치인, 사업가들이 그렇습니다. 종교인도 예외는 아닙니다. 제가 잘 아는 선배 목사님 한 분은 후배들의 부러움을 살만큼 목회를 잘 했습니다. 그런데 어느 날 쾅 하고 무너졌습니다. 존경심을 잃었고 가족에게 엄청난 충격을 주었고 자기 인생을 망쳤습니다. 그 이유는 그 목사님이 유혹에 넘어갔기 때문입니다. 우리 주변에 유혹으로 인하여 인생을 망치는 사람들이 많습니다. 더 큰 문제는 이 무서운 유혹이 우리에게 다가오고 있다는 사실입니다.

② 필요의 단계

우리는 성공하고 싶은 유혹, 유명해지고 싶은 유혹, 성욕에 대한 유혹, 물질에 대한 유혹, 신앙의 열심을 버리고 싶은 유혹, 죄에 빠져 보았으면 하는 유혹을 받습니다. 특히 실망스럽거나 절망스러운 상황에 이를 때 죽고 싶은 유혹, 가족을 포기하고 싶은 유혹, 하던 일을 포기하고 싶은 유혹을 받습니다. 때론 평범함이 싫어서 평범함을 깨트려 보았으면 하는 유혹도 받습니다. 문제는 이런 유혹들에 넘어가면 한순간에 평안을 잃고 괴로움을 겪습니다. 평정이 깨지고 삶이 무너집니다. 그래서 유혹에 절대로 넘어가선 안 됩니다.

여러분, 아십니까? 사탄은 매우 섬세하기 때문에 우리를 맞춤형으로 유혹합니다. 가령 돈이 필요한 사람에게는 꼭 돈으로 유혹합니다. 성적인 것을 갈망하는 사람에게는 꼭 성적인 것으로 유혹을 합니다. 명예욕이 강한 사람에게는 꼭 명예에 관련된 일로 유혹합니다. 자존심이 강한 사람에게는 꼭 자존심을 건드리며 유혹합니다. 절망하거나 깊은 실망에 이르렀을 때 모든 것을 포기하라고 유혹하며 무너트립니다. 사탄은 얼마나 섬세한지 각 개인의 취약점을 집중 공략하여 시험합니다.

보세요. 하나님께서 아담과 하와에게 "다른 것은 얼마든지 먹어도 좋으나 동산 중앙의 선악을 알게 하는 실과만큼은 먹지 말라." 하셨습니다. 그런데 이후로 이 두 사람은 그 실과에만 관심을 집중했습니다. 바로 그때 사탄이 다가와 두 사람에게 "그 과일을 먹어라 그러면 하나님처럼 눈이 밝아질 것이다."고 말합니다. 결국 두 사람은 하나님처럼 높아지고 싶은 유혹에 넘어갔고 하나님의 진노를 사고 말았습니다. 사탄은 우리가 생각하는 것보다 훨씬 섬세하고 정교하고 집요하게 약점을 파고듭니다. 그래서 사람들이 사탄의 유혹에 넘어가는 것입니다.

유혹이란 처음엔 보암직하고 먹음직도 합니다. 한마디로 달콤해 보입니다. 그런데 달콤하다 하여 그 유혹을 덥석 물었다가는 큰 코 다칩니다. 유혹엔 누가 넘어가느냐? 마음이 약한 사람, 분별력이 뒤떨어지는 사람, 결과를 예측할 능력이 부족한 사람, 성령의 인도를 무시하고 내 멋대로 살며 자기 감정을 앞세우는 사람, 약점을 쉽게 노출하는 사람입니다.

③ 만족의 단계

오늘 본문은 요셉이 분노가 치밀어 오르고 마음이 캄캄해져 있을 때 사탄이 시험하는 장면입니다. 우리가 알다시피, 요셉은 착하고 정직한 사람이었습니다. 그런데 형들이 시기하여 요셉을 멀리 미디안 상인에게 팔아버렸습니다. 한 걸음 더 나아가 요셉은 보디발의 집에 영구 노예로서 비참한 삶을 시작했습니다.

귀한 집 도련님으로 자란 요셉이 형들에 의하여 노예가 되고 미래가 없는 캄캄한 인생이 되었으니 억울함과 분통함, 낙심과 절망이 얼마나 컸겠습니까? 이처럼 마음이 지옥 같은 상황일 때 요셉에게 무서운 유혹이 찾아왔습니다. 주인집 부인이 젊고 잘 생긴 요셉과 간통하자고 졸라대는 것이었습니다. 한두 번 제안한 것이 아니라 오늘 말씀 전후를 보면 지속적으로 유혹했습니다. 하지만 믿음의 사람 요셉은 무섭고도 달콤한 유혹을 믿음으로 물리쳤습니다. 참 다행이었습니다. 여러분 같으면 어떻게 하시겠습니까?

사람들은 이런 유혹이 닥칠 때 보통 몇 가지로 반응합니다. 첫째는 앞뒤 따지지 않고 자기만 생각하며 유혹을 받아들입니다. "외로운데 잘 됐다. 내 인생 망가졌는데 닥치는 대로 살자." 하며 유혹을 즉각 받아들입니다. 한술 더 떠서 하나님이 나의 외로움을 아시고 필요를 채워주신다고 착각하며 유혹을 받아들입니다. 간통이 하나님이 원치 않으시는 죄이며 그것이 자기 신앙과 인격을 망가트리는 유혹임을 추호도 생각하지 않습니다. 다만 나만 좋으면 그만이라며 유혹을 호의로 받아들였다가 훗날 쾅 하고 얻어맞습니다.

두 번째는, 유혹이 다가올 때 상대방, 즉 사람만을 의식하는 사람이 있습니다. 가령 요셉과 같은 유혹을 받을 때, "내가 이 여자와 즐기려면 남편에게 발각되지 않으면 돼." 하며 사람의 눈만을 피하려는 사람입니다. 조금은 머리를 쓰는 사람입니다. 하지만 사람만을 상대하는 수준이 낮은 사람입니다.

이런 사람은 마치 다윗과 같습니다. 다윗이 부하 아내인 밧세바와 간통을 하고 난 뒤에 배가 불러오자 밧세바의 남편 우리아를 속이려고 전장에 나간 그를 불러들였습니다. 그리고 "아내와 잠자리를 함께 하라" 했습니다. 하지만 충성심이 강한 우리아는 아내와 잠자리를 함께 하지 아니하고 다시 전쟁터로 나갔습니다. 우리아를 속이며 죄를 감추려 했지만 잘 되지 않자 다윗은 우리아를 최전방에 보내 결국 죽게 하였습니다. 결과적으로 간통죄, 가정 파괴 죄, 살인죄까지 저지른 꼴이 되고 말았습니다. 다윗은 "우리아만 속이면 내 죄는 묻힌다. 아무 일도 없는 것이다. 나는 여전히 훌륭한 왕인 것이다." 이런 생각이었던 것입니다. 지금도 사람만을 속이면 된다는 생각으로 유혹에 넘어가는 사람들이 많습니다. 이런 사람은 사람만을 상대하는 사람입니다.

우리는 사탄의 유혹을 자포자기로 받아선 안 됩니다. 또 사람의 눈만 속이면 된다는 얕은 생각으로 받아서도 안 됩니다. 유혹에 넘어가면 그동안 쌓았던 것이 한순간에 무너집니다. 따라서 하나님께 쓰임 받을 수도 없습니다. 그래서 우린 유혹을 이겨야 합니다.

그러면 어떻게 유혹을 이기느냐? 요셉처럼 하나님께 실망시키지 않으려는 믿음을 가지면 됩니다. 요셉이 주인집 부인이 간통하자고 했을 때 뭐라고 반응했나요? 조금도 머뭇거리지 않고 이렇게 말했습니다.

"이 집에는 나보다 큰 이가 없으며 주인이 아무것도 내게 금하지 아니하였어도 금한 것은 당신뿐이니 당신은 그의 아내임이라 그런즉 내가 어찌 이 큰 악을 행하여 하나님께 죄를 지으리이까?" 이 본문을 보면 요셉은 자신이 유혹에 넘어가면 보디발이 받을 상처를 생각했습니다. 그래서 유혹에 넘어가면 안 된다고 생각했습니다. 참 정직한 인격입니다. 두 번째로 자신을 지켜보시는 하나님을 실망시킬 수가 없다고 생각했습니다. 그래서 유혹에 넘어가지 않으려 했습니다.

유혹 받는 순간에 하나님을 먼저 생각하는 사람, 그리고 하나님을 실망시키지 않겠다는 믿음을 가진 사람은 참으로 보배롭고 믿음직한 사람입니다. 요셉은 선택의 기회가 많았습니다. "이왕 노예로 망가졌으니 그래 막 살아 보자." 하면서 인생을 스스로 망칠 수도 있었습니다. 혹은 "아무도 간통한 사실을 모르면 되는 거야." 하며 위선적인 모습으로 살 수도 있었습니다. 그러나 그는 자포자기를 택하지 않았고 위선적인 길도 택하지 않았습니다. 오직 진실한 길을 택했습니다. 자기를 믿어준 주인집 남편을 실망시키지 않겠다는 생각, 자기를 여전히 사랑하시는 하나님을 실망시키지 않겠다는 생각으로 유혹을 단호히 물리쳤습니다. 여기에 우리가 닮고 싶은 요셉의 훌륭한 인격, 훌륭한 믿음이 있습니다.

제럴드 맥스웰이란 아주 뛰어난 사업가는 갑자기 사업에 실패하고 거지가 되었을 때 이렇게 기도했습니다. "하나님 차라리 저를 데려가 주십시오." 삶을 포기한 채 눈물을 흘리며 죽게 해 달라 했습니다. 삶이 얼마나 실망스럽고 절망이 되었으면 오직 죽고 싶은 마음뿐이었을까요? 요셉이 바로 이런 상황이었습니다. 그럼에도 불구하고 요셉은 여전히 하나님을 실망시키지 않으려는 믿음을 보였습니다. 자신의 신앙을 지키고 인격을 지키고 삶을 지켰습니다. 그래서 흔들림이 없는 견고한 믿음을 보였습니다.

여러분, 이렇게 믿음으로 사는 요셉을 향해 하나님은 어떻게 하셨나요? 하나님은 그를 높이 들어 올리셨습니다. 벌떡 일으키셔서 애굽의 이 인자로 우뚝 세워 온 천하를 통치하게 만드셨습니다. 하나님은 하나님을 실망시키지 않는 사람을 또한 실망시키지 않으셨습니다. 유혹을 이겨낸 사람을 인정하시고 축복하셨습니다. 요셉의 믿음을 보면서 우린 중요한 사실을 깨닫습니다. 똑똑하지만 위선적인 사람보다 평범해도 진실한 사람이 훨씬 자랑스러운 사람입니다. 지식으로 교묘하게 사람을 속이는 사람보다 어리숙하지만 순수한 사람이 훨씬 귀한 사람입니다. 사람뿐만 아니라 하나님을 실망시키지 않으려는 믿음을 가진 사람은 정말로 믿을 수 있는 사람입니다.

우리는 신앙의 훈련을 통해서 겉과 속이 똑같은 사람이 되도록 기도해야 합니다. 그래야 내 속에서 진실의 힘이 커져서 믿을 만한 사람이 됩니다. 바로 그때 하나님도 인정하시는 사람이 되는 것입니다. 이렇게 되어야 신앙이 성장하고 하나님의 축복을 받을 수가 있습니다. 이렇게 신실한 성도로 세워지시길 바랍니다.

④ 확정의 단계

여러분 요셉이 유혹에 넘어가지 않고 믿음을 지켰던 힘은 무엇인가요? 그것은 오직 하나 자신은 하나님 눈동자 앞에서 살아가는 존재임을 의식했기 때문입니다. 그는 이렇게 말합니다. "내가 어찌 하나님께 죄를 지으리오. 사람이 아니라 어찌 하나님 앞에서 죄를 짓겠느냐?"는 것입니다. 그의 눈이 여전히 하나님을 응시하고 있습니다. 그의 마음, 그의 생각, 그의 감각은 오직 자기를 지켜보시는 하나님께 있습니다. 이것은 그가 하나님의 눈동자 앞에서 살아가고 있음을 의식하는 것입니다. 요셉 자신은 자신의 일거수일투족을 지켜보시는 하나님 앞에 있으며 그 하나님을 실망시킬 수 없다는 뜻입니다. 하나님을 의식하는 믿음, 바로 이 믿음이 유혹으로부터 그의 신앙, 인격을 지켜내고 있습니다.

하나님은 어떤 분입니까? 우리의 모든 것을 알고 계시는 분입니다. 시편 139:2은 말씀합니다. 하나님은 내가 앉고 일어섬을 아시고 멀리서도 나의 생각을 밝히 아신다. 우리의 행동거지 뿐 아니라 우리의 생각을 아신다 했어요. 사도행전 15:8은 하나님이 우리의 마음조차 다 아신다 했습니다. 사람은 우리가 어떤 생각을 하는지 말하지 않으면 알지 못합니다. 하지만 하나님은 우리의 생각하는 것도 우리의 마음에 들어있는 것도 다 아십니다.

CCTV로 일거수일투족을 살피듯 우리의 행동거지를 다 살피고 계십니다. 현미경 카메라로 우리의 내장 속을 살피듯 우리의 마음을 살피시는 분이 하나님이십니다. 이런 하나님 앞에서 우리가 살아가고 있음을 기억한다면 우린 정말 두렵습니다. 무서워서 죄를 짓지 않습니다. 유혹에 넘어가지도 않을 뿐만 아니라 생각과 마음이 한순간도 추한 것으로 얼룩지지 않습니다.

하나님을 의식하는 믿음으로 사는 것이 얼마나 귀한가를 깨달은 시편 저자는 69:5에서 이렇게 고백합니다. "하나님이여 주는 나의 우매함을 아시오니 나의 죄가 주 앞에서 숨김이 없나이다." "모든 것을 아시는 하나님 앞에서 그 어떤 죄도 숨길 수 없습니다." 하는 고백입니다. 시편 139 저자는 23절에서 "하나님이여 나를 살피사 내 마음을 아시며 나를 시험하사 내 뜻을 아옵소서." 하였습니다. 이것은 하나님 앞에서 사는 자신의 마음에 한시도 악한 생각이 찾아 들지 않도록 살펴달라는 간구인 것입니다. 행동도 마음도 생각도 모든 것을 아시는 앞에서 깨끗하게 살아가길 원하는 기도인 것입니다. 한마디로 하나님을 끊임없이 의식하는 믿음으로 살길 원하는 것입니다. 여기에 유혹을 이기는 경건한 믿음이 있습니다.

⑤ 시각의 단계

어느 개척교회 목사님이 새벽에 모인 성도들에게 광고했습니다. "건물 주인이 일주일 안으로 보증금 일천만 원을 올려 달라 하니 기도해 주세요." 했어요. 그런데 일주일이 다 되었는데도 누가 돕겠다든가, 주인이 취소하겠다든가 하는 소식이 없었습니다. 목사님은 큰일 났구나! 하며 마지막 날 새벽기도회를 마치고 집엘 가는데 웬 봉투가 길에 떨어져 있길래 주워보니 정확하게 일천만 원의 현금이 들어 있었습니다. 목사님은 순간 "아! 하나님의 축복이구나!" 하며 하나님께 감사했습니다. 그런데 시간이 흐르면서 마음에 걸리는 것이 있었습니다. 겉봉투에 무슨 공인 중개소 이름이 적혀 있었습니다. 곰곰이 생각했습니다. "이 돈을 잃은 사람은 얼마나 가슴이 아플까?" 게다가 자신의 마음과 행동을 지켜보시는 하나님의 눈동자를 의식했습니다. 그 순간 '아 내가 하나님 앞에서 지금 뭐하고 있지?' 정신이 번쩍 들었습니다. 하나님께 회개하고 부동산에 전화를 했더니 아니나 다를까 집 계약금을 잃어버린 사람이 안절부절 하고 있답니다. 목사님은 즉시 중개 사무실로 가서 주인을 만나 돈을 돌려주었습니다. 그런데 돈 주인이 500만원을 떼어 주면서 하는 말 "목사님, 이미 잃어버렸을 때는 제 돈이 아닙니다. 개척교회에 필요할 테니 쓰시지요." 목사님은 극구 사양했지만 결국 그 돈을 받아 건물 주인에게 갖다 주니 주인이 하는 말 "500만원이면 됐습니다." 하더랍니다. 목사님은 감동이 되어 "하나님 잠시라도 마음 아프게 해드려서 죄송했습니다. 떳떳한 길로 은혜를 베푸시는 하나님께 감사와 영광을 돌립니다." 하면서 찬양했습니다. 목사님도 하마터면 유혹에 넘어갈 뻔 했습니다. 하나님을 의식하는 믿음으로 돌아왔을 때 유혹을 깨닫고 믿음으로 이겨냈으며 하나님의 은혜를 체험했습니다. 할렐루야!

⑥ 결단의 단계

요셉은 캄캄한 상황에서도 하나님을 의식하고 있었습니다. 고통과 슬픔 중에도 하나님을 의식했습니다. 그 믿음으로 여전히 하나님 앞에서 당당한 삶을 살았습니다. 이런 사람은 어떤 유혹에도 넘어가지 않습니다. 이런 사람은 정말이지 믿을만한 사람이요, 진실한 사람입니다. 신앙이 진정 견고한 사람입니다. 여러분, 24시간 하나님을 의식하는 사람은 넘어지지 않습니다. 잘못된 길로 가지 않습니다. 믿음과 인격이 견고합니다. 이런 사람을 하나님이 책임지십니다. 다시 말씀드립니다. 24시간 하나님을 의식하며 사는 사람을 하나님이 책임지십니다. 오늘 이 아침 24시간 하나님을 의식하는 믿음으로 삶을 견고하게 만들어 가길 원하시는 분들은 "아멘!" 합시다. 다 같이 두 손 높이 들고 "하나님, 나를 향해 한시도 눈을 떼지 않으시는 하나님을 의식하며 살게 하소서! 그 눈동자 앞에서 하나님을 실망시키지 않는 믿음의 사람이 되게 하소서!" 주여 한번 부르며 기도합니다. 주여~

설교구성 실례 ②

본문 룻기 1:1-10
제목 행복을 만들어 가는 사람
주제 인간의 선택은 운명을 좌우한다.
목적 올바른 선택을 할 수 있는 능력과 믿음을 배양한다.
개요 ① **주의를 끄는 단계**
② **필요의 단계** : 믿음의 선택이 잘못되면 결과도 잘못된다.
③ **만족의 단계** : 믿음의 선택이 수정되면 결과도 달라진다.
④ **확증의 단계** : 믿음의 선택이 훌륭하면 복이 임한다.
⑤ **시각의 단계** : 하나님 품 안을 믿음으로 선택하면 결실이 맺혀진다.
⑥ **결단의 단계** : 믿음으로 항상 옳은 것을 선택하라.

① 주의를 끄는 단계

인간이 태어나서 죽을 때까지 가장 많이 하는 일은 선택하는 일입니다. 무슨 음식을 먹을까? 무슨 옷을 입을까? 어떤 직업을 가질까 누구와 결혼할까? 오늘 하루를 어떻게 보낼까 끊임없이 선택합니다. 그런데 선택을 잘 하는 사람은 행복하고 선택을 잘못한 사람은 불행합니다. 특히 하나님을 믿을 것이냐, 믿지 않을 것이냐의 선택여하에 따라서 운명이 달라지기도 합니다. 오늘 본문에는 한번의 선택으로 운명이 달라진 사람 엘리멜렉의 이야기가 나옵니다.

② 필요의 단계
믿음의 선택이 잘못되면 결과도 잘못된다

엘리멜렉은 자신의 고향 베들레헴에 흉년이 들자 아내와 두 아들을 데리고 모압 지방으로 이주했습니다. 신앙생활 잘하던 고향을 버리고 우상이 득실거리는 땅을 선택한 것입니다. 이유는 오직 한 가지 잘 살아 보려는 것이었습니다. 하지만 그곳에 내려갔을 때 본문 3절 이하는 이렇게 증언합니다. "엘리멜렉이 죽고 두 아들 말론과 기룐 두 사람이 죽고 여인만 남았더라." 엘리멜렉은 모압으로 이주하자 곧 죽었고 두 아들도 10년 만에 죽고 아내 나오미와 자부들만 남았습니다. 이 짧은 내용이 시사해 주는 바가 많습니다.

　엘리멜렉과 그의 가족이 정착한 모압 지방은 우상숭배가 강한 곳이었고 따라서 도덕적으로 문란했습니다. 믿음의 사람들이 신앙생활하기에는 최악의 장소였습니다. 결국 믿는 자가 물질만을 좇느라 신앙생활을 버렸을 때 결과는 불행해졌습니다. 하나님을 떠난 후에 처참해진 현실을 직시한 부인 나오미는 20절에서 며느리들에게 이렇게 고백했습니다. "내가 풍족한 가운데 이곳 모압으로 왔더니 하나님은 우리를 빈손이 되게 하셨고... 나를 징벌하셨다... (며느리들아) 나를 나오미라 부르지 말라. 마라라 부르라. 전능자가 나를 괴롭게 하셨도다."

이 고백은 하나님의 백성들이 신앙보다 먹고 사는 일을 우선적으로 선택할 때 결과가 비참해진다는 것을 보여줍니다. 창세기에 보면 하나님의 사람 롯이 선택한 곳은 화려하고 비옥해 보이는 소돔과 고모라 땅이었습니다. 그러나 죄악이 득실거릴 뿐 신앙생활하기가 어려운 곳이었습니다. 결국 소돔 땅은 하나님의 심판을 받아 완전히 멸망했습니다. 롯의 인생도 그곳에서 풍비박산이 나고 말았습니다. 이 이야기는 하나님의 백성이 신앙보다 물질을 좇을 때 결과가 행복하지 않음을 보여줍니다.

하나님의 백성은 선택의 기로에서 신앙생활을 잘 할 수 있는 환경을 먼저 살펴야 합니다. 아무리 돈을 많이 벌고 출세할 수 있어도 신앙생활이 어려우면 그 환경을 거부할 수 있어야 합니다. 큰돈을 못 벌더라도 신앙생활을 잘 할 수 있는 환경을 우선적으로 선택할 수 있어야 합니다.

가끔은 하나님의 사람들이 신앙생활을 잘 하다가도 갑자기 하나님과 멀어지는 길을 택하곤 합니다. 돈만 벌 수 있다면, 화려하고 재미있다 싶으면, 그리고 꿈을 이룰 수 있다면 하나님을 멀리하더라도 상관하지 않습니다. 이런 선택은 하나님을 슬프게 합니다.

또 하나님의 자녀가 환경을 잘못 선택하여 지속적으로 예배드리지 못하면 하나님과의 교제가 단절되고 영혼이 피폐해집니다. 영혼이 피폐해지면 감사와 평안이 사라지며 불평불만이 늘어납니다. 이런 상태에서는 꿈을 꾼들 하나님이 도우시지 않으며 평안을 원한들 안식이 주어지지 않습니다.

성 어거스틴이 하나님을 떠났을 때 뭐라고 고백했나요? "내게 안식이 없었나이다."고 했습니다. 미국의 김태현 집사님은 "하나님을 떠난 동안 평안은 사라졌고 불안뿐이었다."고 했습니다. 하나님은 말씀합니다. "너희가 나를 버리면 너희의 삶은 터진 웅덩이와 같다." 웅덩이는 물을 가둬놓는 것인데 하나님을 떠나면 물이 담기지 아니하고 다 빠져 나간다는 뜻입니다. 즉 열매가 없다는 뜻입니다.

주님이 말씀하셨습니다. "내 안에 거하라 나도 너희 안에 거하리라 가지가 포도나무에 붙어 있지 아니하면 스스로 열매를 맺을 수 없음 같이 너희도 내 안에 있지 아니하면 그러하리라." 여러분, 물질 때문에 하나님을 떠나며 환경 때문에 하나님을 외면하면 신앙이 변질되어 하나님을 등한히 하게 됩니다. 그러면 결과는 불행해지는 것입니다. 한번 따라해 봅시다. "물질 때문에 신앙을 버리지 않겠습니다."(아멘) 저와 여러분은 이런 믿음 없는 선택을 하지 않기를 바랍니다.

③ 만족의 단계
선택이 수정될 때 결과도 새로워집니다

그러면 어떻게 해야 합니까? 보세요. 하나님의 품 안을 떠난 엘리멜렉은 쓸쓸한 가운데 세상을 떠났지만 그의 아내 나오미는 달랐습니다. 그녀는 남편과 두 아들이 객지에서 죽고 빈털터리가 되자 뭔가 잘못된 것임을 깨달았습니다. 첫째, 하나님을 떠나 우상 숭배지역에 머무는 것은 하나님의 축복을 받을 수 없음을 알았습니다. 둘째, 하나님을 섬길 수 없는 곳 즉 하나님과 동떨어진 곳에 있는 것은 하나님을 기쁘시게 할 수도 없고 그로 인하여 기쁨과 행복, 풍족함이 사라진다는 사실을 알았습니다. 셋째, 하나님을 떠난 인생에 남은 것은 허전함과 결실 없는 결과뿐이란 사실을 알았습니다. 이런 깨달음을 통하여 이제 그녀는 풍요로운 하나님께 돌아가고 싶었습니다. 하나님 품 안에서 다시 시작하고 싶었습니다. 하나님을 멀리했던 삶에서 하나님을 가까이하는 삶으로, 하나님을 등졌던 삶에서 하나님을 바라보는 삶으로, 잃어버린 신앙에서 회복된 신앙으로 다시 시작하고 싶었습니다. 한마디로 하나님 품 안에 안기고 싶었습니다. 마침내 며느리들에게 "나는 고국으로 돌아가겠노라." 선언하였습니다.

나오미가 하나님을 잘 믿고 싶어서 자기 민족의 땅으로 돌아가고자 했을 때 놀라운 일이 생겼습니다. 나오미의 둘째 며느리 룻이 따라 가겠다했습니다. 젊은 며느리가 늙은 시어머니가 가는 곳에 나도 갈 것이며 어머니가 섬기시는 하나님을 나도 섬길 것이라며 어머니와 동행하였습니다. 시어머니에게 얼마나 큰 위로가 되었을까요? 세상에 이런 며느리가 없습니다. 정말 보기 드문 며느리였습니다. 나오미가 "하나님 품 안으로, 신앙생활 잘 할 수 있는 곳으로 가겠다."고 결단하니 하나님이 귀한 며느리를 허락하신 것입니다. 그런데 놀라운 사실은 나오미가 고국에 돌아오니 하나님의 축복이 기다리고 있었습니다. 효성이 깊은 며느리 룻이 마을에서 덕망 높은 유지 보아스와 결혼을 한 것입니다. 사위가 된 보아스는 늙은 나오미를 자기 어머니처럼 잘 살폈습니다. 나오미는 경제적 어려움에서 벗어났고 든든한 배경을 얻게 되었습니다. 자손들로부터 사랑과 존경을 받았습니다. 더 이상 외로움도 허전함도 없습니다. 가슴 뿌듯한 행복이 밀려 왔습니다. 더 큰 복은 룻이 아들을 낳아 나오미의 품 안에 안겨주었는데 그 아기가 이스라엘의 최고의 왕 다윗의 할아버지였습니다. 나오미는 자신의 후손이 이렇게 존귀하게 세워질 줄은 몰랐습니다. 자신도 주변 사람들도 아무도 몰랐습니다. 그의 삶에 반전도 이런 반전이 없습니다. 축복도 이런 축복이 없습니다. 나오미는 세월이 흐를수록 삶이 안정되었고 행복은 날로 더해갔습니다. 그녀의 인생은 이제 저주에서 축복으로 바뀌어 사람들의 부러움의 대상이 되었습니다.

결론을 말씀 드리면 나오미의 인생은 후반부로 갈수록 큰 복을 받았습니다. 인생의 전반부에는 재물, 기쁨, 행복, 축복을 잃었으나 하나님 품 안으로 돌아온 후에 그녀는 잃었던 모든 것을 회복했습니다. 이렇게 그녀의 삶이 저주에서 축복으로 바뀐 것은 단 하나의 이유 때문이었습니다. 그녀가 하나님 품 안으로 돌아왔기 때문이었습니다. 신앙을 회복하였기 때문이었습니다. 하나님을 사랑하고 하나님을 섬기는 것을 삶의 제일 우선순위에 두었기 때문입니다. 이런 믿음의 모습 때문에 그녀는 물질의 복, 평안의 복, 행복의 복, 위로의 복을 얻었습니다. 모든 것을 회복하며 풍성한 복을 누렸습니다.

④ 확증의 단계
선택이 훌륭하면 복이 임합니다

그렇습니다. 하나님의 품 안에 돌아올 때 우리는 많은 은혜를 경험합니다. 하나님은 환난 날에 피할 우리의 피난처입니다. 시편 4:7-8은 말씀합니다. "주께서 내 마음에 두신 기쁨은 그들의 곡식과 새 포도주가 풍성할 때보다 더하니이다 내가 평안히 눕고 자기도 하리니 나를 안전히 살게 하시는 이는 오직 여호와시니이다." 그렇습니다. 내 영혼을 평안히 눕게 하시고 안전히 살게 하시는 분이 우리 하나님이십니다.

성경에 보면 하나님께 돌아왔을 때 인생의 방향이 새로워져서 축복받은 사람들이 많습니다. 동네에서 소문난 죄인 사마리아 여인은 주님을 영접했는데 상처와 어둠을 벗어나 기쁨을 되찾는 새로운 영혼이 되었습니다. 삭개오가 주님 만나고 회개하자 죄의 짐이 가벼워졌고 행복한 삶을 회복했습니다. 교만했던 사도 바울이 주님 영접하고 회개하고 주님을 따르자 새로워져서 존귀하게 쓰임 받았습니다. 어려서부터 소망 없는 삶을 살던 에드워드 모트는 예수 영접하고 회개하고 새로워져서 삶이 얼마나 행복했는지 수많은 찬송시를 써서 하나님께 영광을 돌렸습니다. 그 대표적인 찬송이 '이 몸의 소망 무언가 우리 주 예수뿐일세.'였습니다. 성공한 변호사로 명성을 떨치던 영국의 윌리엄 카우퍼는 과거의 숨겨진 죄로 인해 고통이 조여 오고 있던 차에 주님을 영접하고 회개하자 마음이 새털처럼 가벼워지며 얼마나 행복했는지 '샘물과 같은 보혈은 임마누엘 피로다'의 찬송시로 하나님께 영광 돌렸습니다. 존 뉴턴(John Newton)은 평생 어둠 속에서 악한 일로 방황하다가 예수님 영접하고 회개하고 얼마나 풍요로워졌는지 '나 같은 죄인 살리신 주 은혜 놀라와' 찬송시를 써서 전 세계인을 감동시켰습니다. 손과 발이 없이 태어나 자신의 인생이 처참하다는 것을 깨달을 나이에 절망 속에서 세 번이나 자살을 시도했던 닉 부이치치, 그러나 예수 영접하고 회개하고 새로워져서 얼마나 행복해졌는지 전 세계를 다니며 수많은 사람에게 예수 믿어 행복한 감동과 영감을 주고 있습니다. 제가 잘 아는 성도님은 남편을 잃고 극심한 슬픔에 빠져 있던 중 예수님을 믿기 시작했는데 얼마나 기쁘고 행복한지 남편을 잃은 슬픔을 단숨에 극복하고 날마다. '주님이 주시는 기쁨으로 산다.'고 했습니다.

예수님을 멀리했거나 알지 못했던 인생들이 예수님 품 안으로 돌아와 그분을 영접하며 그분이 이끄는 대로 살기 시작했을 때 그들의 인생은 더할 나위 없는 행복을 덧입고 복된 삶을 누렸습니다. 복음송가에 이런 찬양이 있습니다.

당신은 지금 어디로 가나요. 발걸음 무겁게 이 세상 어디 쉴 곳 있나요. 머물 곳 있나요 예수 안에는 안식이 있어요. 평안이 넘쳐요. 십자가 보혈 믿는 자 마다 구원을 받아요. 당신은 오늘 누굴 만났나요. 위로 받았나요. 이 세상 누가 나를 대신하여 목숨버렸나요.

고통의 멍에 벗어버리세요. 예수이름으로 마음 문 열고 주님 맞으세요. 기쁨이 넘쳐요. 예수를 믿고 새롭게 되니 기쁨이 넘쳐요. 어둠 걷히고 새날이 되니 행복이 넘쳐요. 이 전에 없던 평안을 얻으니 찬송이 넘쳐요 샘솟는 기쁨 전해주어요. 예수 이름으로…

하나님 품 안에 거하는 복을 누리시길 바랍니다. 나와 내 집은 여호와만을 섬기겠노라 여호수아의 고백이 우리의 고백이 되길 바랍니다. 이 하나님을 평생 붙들고 찬양하고 감사하는 믿음으로 사시길 바랍니다.

⑤ 시각의 단계
하나님 품 안에서 복을 누리며 쓰임 받으라

이런 분이 있습니다. 젊은 시절 이런저런 사업을 하다가 65살이 되었을 때 완전히 망해서 가족들조차 실망하여 그의 곁을 떠났고 홀로 구제금을 받으며 사는 처지가 되었습니다. 여기 저기 걸식하다가 병원에 입원했습니다. 인생 최악의 상황을 맞아 자살을 생각할 때 병원직원이 부르는 찬송에 감동이 되었습니다. 퇴원 후에 교회를 찾아가 예배 속에서 찬양하고 기도하고 말씀을 듣는데 큰 위로가 되었습니다. 힘이 솟았습니다. 어느덧 황폐해진 마음이 사라졌고 기쁨과 소망이 차올랐습니다. 하나님이 주시는 꿈을 꾸며 사업을 시작했는데 크게 성공했습니다. 10년 만인 75세에 큰 부자가 되었습니다. 그의 인생에 이런 일이 생길 줄은 자신도 주변도 아무도 몰랐습니다. 하나님 앞에 돌아왔을 때 잃었던 모든 것을 회복하였고 큰 축복을 경험했습니다. 할렐루야!

그런데 돈을 많이 벌었는데도 허전합니다. 그 이유가 뭘까 기도하던 중에 자신의 기쁨과 행복을 나누지 않아서 그렇다는 것을 깨달았습니다. 그때부터 가난한 이웃을 구제하는 데에 교회를 짓고 병원과 학교를 짓고 하나님 영광을 나타내는 일에 재산을 다 쏟아 부었습니다. 그렇게 90세까지 화려한 인생을 살다가 하나님 품 안에 안겼습니다. 켄터키 후라이드 치킨의 사장 커넬 샌더스(Harland David Sanders)의 이야기입니다. 이분에게 한번은 기자가 물었습니다. "인생에서 최고로 행복했던 때가 언제였나요?" 그때 그분이 이렇게 말했습니다. "내 인생에 최고로 행복했던 때는 꿈이 이루어졌을 때도 아니고 가족이 돌아왔을 때도 아니야. 그분을 기쁘시게 해드리기로 결단했고 실행에 옮겼을 때가 최고로 행복했지."

지금까지 어떻게 살았든지 인생은 후반부로 갈수록 안정감이 있어야 진정으로 복 받은 사람입니다. 그리고 하나님을 기쁘시게 하는 믿음으로 쓰임 받을 때 진정으로 행복한 사람입니다.

⑥ 결단의 단계
옳은 것을 선택하라

여러분, 물질을 좇느라 하나님을 떠나지 마십시오. 세상을 좇느라 말씀을 버리지 마십시오. 썩어 없어질 허상의 껍데기를 붙들고 살지 마세요. 나를 영생 길로 인도하시며 지금 당장 나를 행복하게 만드시는 그분을 붙들고 그분을 기쁘게 해 드리는 데에 마음을 쏟으시길 바랍니다. 그것이 남은 생애를 축복으로 가는 길입니다. 그것이 내 인생을 뿌듯하게 만드는 길입니다. 그렇게 살길 원하시면 "아멘!" 합시다. 이 믿음, 이 복이 저와 여러분의 것이 되시기를 주님의 이름으로 축원합니다.

Step by Step 스타일 설교구성을 만들기 위한 원칙들

① 하나의 주제만을 깊고도 길게 끌어가야하기에 명쾌한 논리적인 사고가 요구된다. 따라서 논리로 먼저 뼈대를 만든다.
② 논리가 명쾌하게 점진적으로 발전되고 있는지를 확인한다.
③ 만족의 단계와 확증(복음을 경험하는 단계)의 단계에서 본문을 다루면 좋다. 그리고 시각 단계에서 꼭 긍정적인 예화를 사용한다.
④ 명쾌한 논리로 끌어가되 감성의 옷을 중간 중간에 입히고 있나를 점검한다.
⑤ 체인 스타일 설교, '긍정결과를 밝히고 이유를 찾고 해결책을 찾아라'의 설교구성

5
체인 스타일 설교

긍정결과를 밝히고 이유를 찾고 해결책을 찾으라

체인 스타일 설교에는 세 가지 종류를 다루고자 한다. 첫째는 '결과, 이유, 또 이유를 찾아라' 둘째는 '긍정결과, 이유, 방법을 찾아라' 셋째는 문제제기, 원인, 반대개념과 유익, 해결책을 찾아라'이다. 이 사실을 염두에 두고 다음 설명을 보자.

1 결과, 이유, 또 이유를 찾으라

체인 설교 스타일의 구성 개념은 논리를 발전시키는 것이 핵심이다. 가령 구슬이 세 개가 있다고 하자. 이 세 개를 연결시키는 것은 어떤 끈이 있어야 하는 것처럼 설교에서 세 개의 개념을 논리로 연결시키고 그 연결 속에서 주제를 계속 발전시켜 나가는 구성이다. 그러므로 이 체인 스타일 설교 구성은 논리적인 사고를 하지 않으면 설교를 만들어 나갈 수 없다. 물론 모든 설교는 논리성이 뒷받침 되어 있다. 하지만 이 설교구성은 논리로 세 개의 구슬을 연결시키는 것을 말한다. 그러므로 이 구성을 위하여 철저한 연결고리를 만들며 설교를 이어간다.

중요한 것은 논리로 연결을 진행시키기 위해서는 무엇보다 질문을 던져야 한다. 질문을 던지지 않으면 더 이상 설교를 진전시키기가 어렵다. 가령,

첫 번째 개요 : 삼손이 비참한 최후를 맞았다.
두 번째 개요 : 왜 비참해 졌느냐? 유혹에 넘어갔기 때문이다.
세 번째 개요 : 왜 유혹에 넘어갔느냐 영적으로 깨어있지 못했기 때문이다. 그러므로 성도는 영으로 깨어 있어 유혹을 이겨야 한다.

이 구조는 결국 체인 스타일 구성이다. 계속해서 '왜?'라는 질문을 던지며 논리를 연결한 것이다. 결국 이 설교에서는 영적으로 깨어 있어야 진정으로 신앙생활에서 승리하는 것임을 밝히는 것이다. 이와 같이 하나의 주제를 논리로 연결하며 발전시켜 나가면 이 또한 좋은 원 포인트 설교가 된다.

이 체인 구성의 출발은 삼손의 이야기처럼 부정색깔, 즉 슬프거나 충격적인 내용으로 시작할 수도 있고 아니면 긍정색깔, 즉 희망적이거나 승리하는 내용으로 시작할 수도 있다. 이 구성을 위하여 한 개의 본문도 가능하지만 각 개요마다 다른 본문이 필요할 수 있어 때론 세 개의 본문이 필요할 수도 있다. 우선 아래 두 개의 설교는 체인 스타일 즉 결

과, 이유, 또 이유를 질문하면서 답변을 찾는 구성이다. 자 이제 실제 예를 보자.

설교구성 실례 ①

본문 사무엘상 31:1-6; 10:6-7; 15:11
제목 세상에서 가장 큰 복
주제 세상에서 가장 큰 복은 하나님의 함께하심이다.
목적 하나님이 떠나지 않도록 신앙의 견고성을 유지하게 한다.
개요 ① 영적인 지도자도 때론 끝이 비참하다(삼상 31:1-6)
② 끝이 불행한 것은 하나님이 떠나시기 때문이다(삼상 10:6-7)
③ 하나님이 떠나시는 이유는 신자의 신앙이 변질되기 때문이다(삼상 15:11). 그러므로, 하나님의 축복 속에 신앙이 변질되지 말자.

① 훌륭한 지도자도 때론 무너질 수 있다

오늘 말씀에 보면 참 가슴 아픈 장면이 나옵니다. 40년 동안 이스라엘을 다스렸던 사울 왕이 최후를 맞는 장면입니다. 천하를 호령했던 그가 어느 날부턴가 점차 빛을 잃고 시들시들하더니 마침내 세 아들과 함께 전쟁터에서 몰살당했습니다. 참담한 비극이며 회복 불가능한 패배였습니다. 항상 승리를 염원하는 우리는 이런 장면을 볼 때 칼로 살을 도려내듯이 아픔을 느낍니다.

우리가 알다시피, 한때 그는 백성들의 사랑과 인기, 존경을 한 몸에 받았으며 두려움과 패배를 몰랐습니다. 잘 나가던 그의 인생이 언젠가부터 꺾이기 시작하더니 결국 처참하게 끝나고 말았습니다. 오늘 말씀 31:6은 그의 마지막 장면을 이렇게 증언합니다. "사울과 그의 세 아들과 무기를 든 자와 그의 모든 사람이 다 그 날에 함께 죽었더라." 한때 아름다운 장면을 보여주었던 그가 불행한 장면을 보여주었습니다. 상승 곡선을 긋던 그가 하강 곡선을 그었고 희망을 보였던 그가 절망의 사람이 되었습니다. 훌륭하게 쓰임 받던 지도자가 한순간에 무너졌습니다.

저는 이 본문을 묵상하면서 한가지 간절한 기도제목이 생겼습니다. "하나님, 우리 성도들은 사울 왕처럼 비극적으로 끝나는 사람이 없게 하소서. 상승 곡선을 타다가 하강 곡선을 타지 않게 하시고 사랑 받다가 버림받지 않게 하시며 복을 누리다가 불행으로 끝나지 않게 하소서!"(다 같이 아멘). 우리 하나님께서 이 기도에 응답하시길 기대합니다.

여러분의 꿈과 비전이 꺾이지 않기를 바라며 여러분의 행복이 꺾이지 않기를 바랍니다. 여러분의 자녀의 희망찬 앞날이 꺾이지 않기를 바라며 여러분의 사업과 직장이 꺾이지 않기를 바랍니다. 여러분의 성장하는 믿음과 하나님의 축복이 멈추지 않기를 바랍니다.

분명히 기억하세요. 하나님은 저와 여러분의 인생이 비극적으로 끝나길 원치 않습니다. 상승 곡선의 주인공, 행복과 축복의 주인공으로 살아가길 원하십니다. 저와 여러분이 하나님의 도우심으로 승리의 길로 나가시기를 기도합니다.

② 지도자의 끝이 비참해지는 것은 하나님이 떠나시기 때문이다

여러분, 사울 왕의 인생이 왜 꺾였는지 아십니까? 우연히 혹은 저절로 몰락한 것이 아닙니다. 이유가 있습니다. 사울의 인생을 든든하게 받쳐주시던 하나님이 사울을 떠나셨기 때문입니다.

사울이 승승장구하던 때가 있었습니다. 그때가 언제냐면 하나님이 늘 그와 함께하실 때였습니다. 사실 사울이 왕이 되기 전에 그의 가문은 이스라엘 지파 중에서 가장 작은 베냐민 지파였고, 베냐민 지파 중에서도 가장 볼품없는 가정이었습니다. 게다가 사울은 마음이 약하고 태도가 소극적이었습니다. 가령 집에 손님이 오면 무서워서 보따리 뒤로 숨을 만큼 겁이 많았습니다. 이런 그가 전쟁에서 맹장이 된다는 것은 상상도 할 수 없었습니다.

그런데 어느 날 그에게 하늘로부터 성령이 임하였습니다. 소위 하나님이 함께하시기 시작하신 겁니다. 사무엘상 10:6, 7은 증언합니다. "네게는 여호와의 영이 크게 임하리니 너도 그들과 함께 예언을 하고 변하여 새 사람이 되리라 이 징조가 네게 임하거든 너는 기회를 따라 행하라 하나님이 너와 함께하시느니라." 사울에게 성령이 임하고 난 뒤부터, 즉 하나님이 그와 함께하신 뒤부터 사울은 변하여 완전히 새사람이 되었습니다. 하나님이 함께하시면서 연약하고 소극적이던 모습에서 죽음을 두려워하지 않는 담대한 모습이 되었습니다. 그 이후에 사울은 모든 전투마다 승승장구했으며 그 덕에 나라는 더욱 강대해졌습니다. 그의 놀라운 승리의 소식에 대하여 사무엘상 14:47-48은 이렇게 증언합니다. "사울이 이스라엘 왕위에 오른 후에 사방에 있는 모든 대적 곧 모압과 암몬 자손과 에돔과 소바의 왕들과 블레셋 사람들을 쳤는데 향하는 곳마다 이겼고 용감하게 아말렉 사람들을 치고 이스라엘을 그 약탈하는 자들의 손에서 건졌더라." 하나님이 함께 하셨을 때 사울은 한마디로 천하무적이었습니다. 하나님의 함께하심, 그것은 사울에게 최고의 후원이었고 최고의 기쁨과 최고의 행복이었으며 최고의 전성기를 맞게 했습니다. 여기에 하나님의 함께하심의 복이 있습니다.

여러분, 인생의 승리는 하나님이 함께하실 때 나타납니다. 하나님이 함께하실 때 인생도 최고의 전성기를 맞습니다. 믿으시면 "아멘" 합시다. 그러므로 하나님의 백성에게 최고의 축복은 전능하신 하나님이 함께하시는 것입니다. 하나님이 함께하실 때 최상의 삶을 살게 되는 것입니다. 우리 인생에게 하나님의 함께하심보다 더 소중한 것은 없습니다.

보세요. 우상에게 절하지 않는다고 용광로 속에 던져진 사드락과 메삭과 아벳느고, 그들은 "죽을지언정 하나님을 배반할 수 없다."며 죽음의 길을 택했습니다. 그런데 그들이 용광로 속에 던져졌을 때 어떤 일이 일어났습니까? 다니엘 3:25에 "왕이 보니 결박되지 아니한 네 사람이 불 가운데로 다니는데 상하지도 아니하였고 그 넷째의 모양은 신들의 아들과 같도다." 할렐루야! 분명 결박 되어서 불 속에 던져진 사람은 세 명이었는데 불 속에서 걸어 다니는 사람은 네 명이었습니다. 성경은 다른 한 분이 바로 하나님의 아들이셨고 그분이 세 사람과 함께하며 보호하사 세 사람 모두 머리털 하나도 상하지 아니하고 구원을 받았던 것입니다. 함께 하신 하나님의 아들 예수는 결정적인 순간에 그들을 구원해 주셨던 것입니다.

여러분, 결정적인 위기 때에 하나님의 도움을 입는 사람이 누구입니까? 하나님이 함께하시는 사람입니다. 하나님이 함께하시면 사탄도 그 누구도 어쩌지 못합니다. 야곱도 요셉도 모세도 다윗도 바울도 수많은 성경의 인물들도 그들이 숱한 위기와 역경 속에서도 승리할 수 있었던 것은 함께하신 하나님 때문이었습니다.

그러고 보면 인간에게 최고의 복은 물질을 얻거나 소원을 성취하거나 장수하는 것도 아닙니다. 살아계신 하나님이 함께하시는 것입니다. 살아계신 하나님이 떠나지 않는 것입니다. 거룩하신 하나님, 전능하신 하나님, 신실하신 하나님이 연약한 인간, 우둔한 인간과 함께하실 때에 연약한 자는 강해지고 우둔한 자는 지혜로워지고 부족한 자는 그 부족이 채워지는 것입니다. 하나님이 함께하시는 사람은 넘어져도 일어나며 위기를 만나도 이겨내는 것입니다. 하나님이 함께하시는 사람은 환난이나 시험으로 휘청거릴 수 있습니다. 하지만 영원한 패배는 없습니다. 여기에 하나님의 함께하심의 축복이 있습니다.

여러분, 혼자 애쓰지 마세요. 우리에게는 우리와 함께하시는 하나님 한 분만으로 충분합니다. 그분을 의지하세요. 나와 함께 해 달라고, 내가 하나님을 붙들겠으니 나를 떠나지 말아달라고 간절히 기도하세요. 하나님이 나와 함께해 달라는 이 기도가 평생 동안 지속되길 바라며 하나님의 도움으로 결국에 승리하는 성도가 되시길 바랍니다.

③ 하나님이 지도자를 떠나시는 것은 지도자의 신앙이 변질되기 때문이다

그러면 어떻게 해야 하나님이 우리를 떠나시지 않게 할 수 있습니까? 사울을 보세요. 그는 한때 하나님과 함께 하며 행복한 삶을 살았고 하나님의 후원을 얻으며 승승장구할 때가 있었습니다. 그때가 언제냐 그가 하나님 말씀에 순종하며 살 때였습니다.

그런데 왕이 되고 권세가 커지자 교만이 싹텄고 하나님 말씀을 무시 내지는 거부하기 시작했습니다. 사무엘상 13장에 보면 블레셋과 전투를 앞두고서 사무엘은 사울 왕에게 예배를 드린 후에 전투에 나갈 것을 권면했습니다. 그런데 평소에는 사무엘의 말을 잘 듣더니 어쩐 일인지 사무엘의 지시를 따르지 않고 사울이 자기 마음대로 예배를 드렸습니다. 그리고 전투에 나가려 했습니다. 그때에 사무엘이 도착하여 말했습니다. "왕이 망령되이 행하였도다 왕이 왕의 하나님 여호와께서 왕에게 내리신 명령을 지키지 아니하였도다 하나님이 하나님 마음에 맞는 사람을 구하여 백성의 지도자로 삼으실 것이요." 하나님이 사무엘을 통하여 사울을 버리시겠다고 선포하시는 겁니다. 이때부터 그는 하나님과의 관계에 문제가 생기기 시작했고 그의 인생에도 문제가 생기기 시작했습니다.

그 뒤에 사울이 이와 유사한 불순종의 죄를 또 저지르자 마침내 하나님은 15:11에서 "내가 사울을 왕으로 세운 것을 후회하노라." 선언하셨습니다. 이 선언 후에 하나님은 사울을 완전히 떠나셨고 이후에 그는 하강 곡선의 인생이 되어 비극적인 종말을 맞았습니다.

하나님 말씀을 따르고 순종하였을 때 그는 하나님의 도우심으로 상승 곡선의 인생을 탔습니다. 하지만 그가 하나님 말씀을 우습게 여기고 9:21에서처럼 교만해지고 13장에서처럼 하나님께 불순종하며 15장에서처럼 하나님 말씀보다 자신을 앞세우는 어리석음을 보였을 때, 게다가 죄 없는 다윗을 죽이려고 하나님이 주신 왕권을 남용하였을 때 그의 신앙이 변질되었음을 보여줍니다. 그의 신앙의 변질이 하나님을 떠나시게 만드는 계기가 되었고 그때부터 인생의 패배를 불러왔습니다.

여러분, 하나님 말씀에 귀를 기울이던 사람이 어느 날부터 불순종한다면 그것은 그가 교만해졌단 뜻입니다. 교만하면 하나님 말씀보다 자기 생각을 앞세웁니다. 하나님을 의지하는 믿음을 버립니다. 하나님 중심의 생각을 버리고 자기중심으로 생각합니다. 여기에 신앙의 변질이 있습니다. 이런 변질을 하나님은 가장 싫어하십니다.

성도가 신앙이 변질되면 절대로 하나님의 축복을 받을 수가 없습니다. 지금도 많은 사람들이 신앙을 변질시킵니다. 제가 아는 부부 중에 이런 부부를 보았습니다. 가난할 때는 부부간에 서로 사랑했고 서로를 귀하게 여겼고 함께 꿈을 이루어가며 열심히 살았습니다. 그런데 먹고 살만하게 되자 남편이 다른 여자에게 관심을 가졌습니다. 사랑이 변질된 겁니다. 제가 아는 어느 성도는 가난할 때 "하나님 저에게 물질을 얻게 하시면 귀하게 쓰임 받겠습니다. 축복하소서!" 하고 열심히 충성하다가 축복을 받았습니다. 그런데 그때부터 신앙생활을 등한히 하더니 하나님으로부터 멀어졌습니다. 예배를 자주 빠지고 헌신도 중단했습니다. 결국 가난할 때 다짐했던 신실한 약속을 저버렸습니다. 신앙이 변질된 겁니다. 때때로 하나님의 백성들이 너무 쉽게 신앙이 변질됩니다.

여러분, 신앙의 변질이란 무엇인가요? 열심히 기도 생활하다가 중단하면 신앙이 변질된 것입니다. 십일조 생활하다가 멈추거나 가정예배 드리다가 멈추면 신앙이 변질된 것입니다. 날마다 성경 읽으며 하나님의 음성 듣다가 하나님 음성 듣기를 멈추면 신앙이 변질된 것입니다. 겸손하다가 교만해지고 순종하다가 불순종하고 하나님 영광을 위하여 살다가 자기 영광을 취합니다. 남을 배려하다가 자기 욕심을 챙깁니다. 처음 신혼의 삶을 살 때 두렵고 떨림으로 하나님만 의지하다가 살만하니 기도를 등한히 하고 하나님께 묻지도 않고 자기 경험, 자기 생각으로 가정을 이끌며 하나님과의 교감을 외면합니다. 문제가 발생해도 기도할 줄 모릅니다. 신앙이 변질된 것입니다.

이렇게 신앙이 변질되면 하나님의 축복을 기대하기 어렵습니다. 하나님의 축복의 수혜대상에서 제외되며 하나님의 사랑과 하나님의 인도하심에서 멀어집니다. 그러므로 우리의 신앙이 변질되지 말아야 합니다. 신앙이 변질되지 않게 해 달라고 기도해야 합니다. 한번 말씀에 순종하기로 하였으면 끝까지 순종해야 하고 한번 겸손하기로 하였으면 끝까지 겸손하며 한번 충성하기로 작정하였으면 끝까지 충성해야 합니다. 한번 신실하게 살기로 작정하고 하나님 영광을 위하여 살기로 결심했으면 끝까지 그렇게 살아야 합니다. 그래야 그런 사람을 하나님이 지속적으로 사용하시며 지속적으로 축복하십니다.

여러분, 하나님은 신실하신 분입니다. 얼마나 신실하신 분이신지 사무엘상 15:29에서 이렇게 말씀합니다. "하나님은 변개함이 없으시다." 즉 '변함이 없으신 분'이란 뜻입니다. 여기에 우리가 닮아가야 할 모습이 있습니다.

미국의 체신부 장관을 지냈으며 백화점 왕으로 유명하였던 세계적인 부자 존 워너메이커, 그는 벽돌 한 장으로 교회를 짓기 시작한 소년이었고, "장관은 부업이고 주일학교 교사가 본업입니다."라는 유명한 말을 남겼으며 세계에 수많은 교회, 병원, 학교를 지었으며 우리나라 종로에 선교 건물을 지어주기도 한 사람이었습니다. 그는 한 인터뷰에서 "훌륭한 삶을 산 기반이 무엇이냐?"는 기자 질문에 "자신에게 인생 최대의 투자는 하나님 말씀을 듣고 변함없이 하나님을 좇는 것이었다."고 고백했습니다.

초등학교도 제대로 다니지 못한 그가 오직 말씀만을 듣고 좇았을 때 그의 인생에 하나님이 늘 함께 하셨고 지속적으로 그를 사용하셨습니다. 사울은 말씀을 거부하였다가 하강 곡선을 그렸다면 존 워너메이커는 끝까지 말씀을 좇았습니다. 사울이 중도에 교만해졌다면 워너메이커는 끝까지 겸손했고 끝까지 하나님께 충성했으며 끝까지 하나님의 기뻐하시는 일에 쓰임 받았습니다. 여기에 그의 빛나는 모습이 있고 여기에 하나님이 함께하시게 만든 아름다운 믿음이 있습니다.

하나님이 함께하시는 성도가 되길 원하십니까? 겸손하세요. 말씨도 겸손, 태도도 겸손, 생각하는 것도 겸손하세요. 사람들 앞에서 겸손하시고 하나님 앞에서 겸손하시고 매사에 진실하며 말씀에 순종하십시오. 끝까지 선한 일에 쓰임 받으십시오. 한마디로 믿음이 변질 되지 않기를 바랍니다. 그래야 하나님이 저와 여러분의 인생을 책임져 주십니다.

하나님이 함께하시는 것이야 말로 최고의 복입니다. 이 사실을 기억하세요. 하나님이 나를 떠나지 않게 하는 것이 최상의 후원자를 얻는 길입니다. 하나님은 저와 여러분이 항상 하나님 편에 서서 일하길 원하십니다. 이 시간 신앙의 변질을 가져오지 않기를 원하며 하나님과 함께 하는 삶을 살겠다고 결단하시면 "아멘" 합시다. "하나님, 내 평생 하나님만 의지하며 신앙의 변질을 가져오지 않는 자로 하나님의 축복 속에 살아가길 원합니다." 하시는 분은 두 손 높이 듭시다. 그리고 변질되지 않는 신앙인이 되게 해 달라고 다 같이 주여 외치며 기도합니다.

설교구성 실례 ②

본문 갈라디아서 6:14, 3:13; 로마서 5:8
제목 자랑스러운 십자가
주제 우리의 자랑은 오직 주님의 십자가뿐이다.
목적 주님의 십자가의 가치를 알게 하고 주님을 사랑하게 한다.
개요 ① 십자가의 예수는 자랑스럽다(갈 6:14).
② 예수 십자가가 자랑스러운 것은 우리 죄를 대속하기 때문이다 (갈 3:13).
③ 주님이 우리 죄를 대속하신 것은 우리를 사랑하기 때문이다(롬 5:8).

① 십자가의 예수는 자랑스럽다

기독교 하면 십자가이고 십자가 하면 기독교입니다. 기독교는 십자가를 빼놓고 말할 수 없습니다. 십자가는 기독교의 핵심이며 기독교 신앙의 근간입니다.

오늘 여러분들이 이곳에 들어오면서 우리 교회 건물 밖에 세워진 십자가를 보았을 것입니다. 건물 입구에서 예배당으로 들어오는 계단과 예배당 밖 복도에 설치된 십자가의 그림들을 보았을 것입니다. 또 여기 강대상 뒤에 성의를 걸친 십자가의 모습을 보고 있습니다. 여기 강대상 앞면에도 십자가 모형이 있고 이 강대상에 있는 종에도 십자가가 있습니다. 우리 교회뿐만 아니라 예수를 따르는 모든 교회에는 십자가 모형을 내세우며 자랑하고 있습니다.

오래전에 미국 켄터키의 어느 교회를 방문했는데 교회 땅이 꽤 넓었습니다. 그런데 교회 건물은 마당 깊숙한 곳에 있고 교회 마당에는 공동묘지가 있습니다. 그 수백 개의 공동묘지 위에는 하얀색 십자가 줄이 가로 세로 대각선 어느 방향이든지 질서 있게 세워져 있었습니다. 성도들이 죽으면서까지 십자가를 귀하게 여기며 의존하고 있는 것입니다.

이렇게 죽어가면서까지 십자가를 드러내는 이유가 무엇입니까? 거기에는 뚜렷한 이유가 있습니다. 십자가는 우리의 자랑이요 면류관이기 때문입니다. 로마 시대에 십자가 처형은 가장 치욕스럽고 혐오스러운 사형이었고 가장 극악무도한 범죄인들을 사형시키는 것이었습니다. 그래서 십자가는 사람들에게 상상하기도 싫은, 끔찍한 흉물이었습니다. 집안에서 누군가 십자가형을 당했다면 그 집안은 극악무도한 범죄자 집안으로 소문나서 다른 곳으로 이사를 가야 하거나 조용히 죽어지내야 했습니다. 십자가 위에서의 죽음은 이 세상에서 가장 무섭고도 치욕스러운 것이었습니다.

　안타깝게도 예수님이 이 십자가에 매달려 죽으셨습니다. 주님의 십자가 지심은 침 뱉음, 채찍, 모욕과 멸시로 시작되었습니다. 얼마나 고통스러운지 십자가를 지다가 쓰러지고 또 쓰러졌습니다. 목이 마르고 다리가 부들부들 떨리고 정신은 가물거렸습니다. 그렇게 골고다 언덕에 이르자 광기로 가득 찬 백성들은 "예수를 못 박으라." 아우성이었습니다. 그들의 야유 속에 주님은 흉악한 죄인이 되어 짐승처럼 십자가 높이 매달렸습니다. 6시간 동안 주님은 뼈가 으스러지고 근육이 찢어지며 물과 피를 다 쏟으셨습니다. 얼마나 고통스러우셨는지 온몸을 비틀며 신음하셨습니다. 그렇게 버티시다가 마지막에 "아버지여 내 영혼을 맡기나이다." 하며 숨을 거두셨습니다. 피로 물든 주님 시신이 땅바닥에 내려졌을 때 주님을 사랑하던 사람들은 주님을 끌어안고 오열하였습니다. 그렇게 십자가의 사건은 막을 내리고 예수님을 따랐던 사람들은 벙어리 냉가슴 앓듯 숨을 죽이며 흩어지고 말았습니다.

　그런데, 며칠 후 보세요. 도망갔던 예수님의 제자들과 슬픔에 잠겼던 예수님의 가족들은 사람들 앞에서 십자가의 예수를 자랑하고 기뻐하며 하나님께 영광 돌리기 시작했습니다. 너도나도 입에서 입으로 십자가에 못 박히신 주님을 서로 자랑하기 시작했던 것입니다. "그 이유가 뭐냐?" 주님이 부활하셨기 때문입니다. 예수님께서 죽은 자 가운데서 다시 살아나신 것입니다. 무려 40일 동안 지상에서 그 모습을 보여주셨고 마침내 하늘로 오르셨습니다. 이 광경을 지켜본 제자들의 가슴은 뜨거워졌고 믿음이 완전히 열려 '예수 부활 나의 부활, 예수 생명 나의 생명'의 복음을 전하게 되었습니다. 부활과 승천의 예수를 증거 하였던 것입니다.

제자들은 주님이 하늘로 오르신 후에도 십자가의 주님을 자랑하는 사람들이 되었습니다. 한번은 베드로가 성전 미문에서 나면서 앉은뱅이 된지 40년 된 거지를 보자 도와주고 싶었습니다. 그래서 사람들이 지켜보는 앞에서 "은과 금은 내게 없지만 나에게 있는 것으로 네게 주노니 곧 나사렛 예수 그리스도의 이름으로 명하노니 일어나 걸으라!" 명령하니 거지는 베드로의 명령을 듣고 그 자리에서 발목에 힘을 얻어 걷기도 하며 뛰기도 하면서 하나님을 찬양했습니다. 이 광경을 본 수많은 사람이 하나님께 영광 돌렸습니다. 군중들의 마음이 활짝 열렸을 때 베드로는 외치길 "당신들은 내가 이 환자를 낫게 한 것처럼 왜 나를 주목하느냐 내가 고친 것이 아니라 너희가 십자가에 못 박은 예수가 그를 건강하게 한 것이라" 베드로는 '너희가 십자가에 못 박은 예수'가 이 능력을 행했다고 하였습니다. 보세요. 베드로는 치욕스러운 십자가에 못 박힌 예수를 부끄러워하지 않았으며 오히려 자랑하고 있습니다.

뒤늦게 주님을 믿었던 사도 바울, 그는 율법을 강조하는 갈라디아 교인들에게 6:14에서 이렇게 외칩니다. "나에게는 우리 주 예수 그리스도의 십자가 외에 결코 자랑할 것이 없도다." 주님의 부활 승천뿐 아니라 십자가의 주님이 자랑스럽다 하였습니다. 십자가의 주님이 얼마나 자랑스러웠는지 고린도 교인들에게 "내가 너희 중에서 예수 그리스도와 그가 십자가에 못 박히신 것 외에는 아무 것도 알지 아니하기로 작정하였도다."(고전 2:2)고 했습니다. 이 짧은 두 구절에서 바울을 포함한 초대교회 성도들은 십자가의 예수를 얼마나 자랑스러워했고 기뻐했고 감사했는지를 봅니다.

신은 죽었다고 외쳤던 독일의 철학자 니체는 십자가에 죽은 예수를 받아들이는 것은 나약한 행동이라 했고 어느 불신자는 범죄자로 십자가에 못 박힌 예수를 믿는 것은 치욕스러운 일이라 했습니다. 지금도 이와 같은 사람들이 많습니다.

그러나 초대교회 성도들은 십자가의 주님을 의지했습니다. 자랑스럽게 여겼습니다. 성도 여러분, 신앙생활의 연조와 상관없이 우리 모두는 십자가의 주님을 기뻐하며 자랑하고 감사하고 영광 돌리며 살아가시길 바랍니다.

② 십자가의 예수가 자랑스러운 이유는 우리 죄를 대속하시기 때문이다

그러면 초대교회 성도들에게 십자가의 주님이 왜 자랑스러웠을까요? 십자가의 주님이 우리를 대신하여 죽으셨기 때문입니다. 다시 말씀드립니다. 십자가의 주님이 자랑스러운 이유는 주님이 우리의 죄 값을 대신 치르셨기 때문입니다. 예수님이 십자가에 매달리실 때 제자들은 예수께서 연약한 줄 생각했습니다. 그러나 주님이 죽으신 후에 부활하시고 승천하시자 주님은 연약해서도 아니며 무기력해서도 아니었음을 깨달았습니다. 주님의 십자가의 죽음은 가룟 유다의 배반이나 빌라도의 우유부단함이나 유대 종교지도자들의 시기심 때문이 아니며 백성들의 무지 때문도 아니었습니다. 주님의 죽으심은 인간을 죽음으로부터 건지시려는 주님의 계획적이며 자발적이며 의도적인 순종 때문이었습니다.

우리가 알다시피, 오래전에 율법은 인간의 죄를 고발하였고 인간은 어느 누구도 율법으로부터 자유하지 못하며 하나님의 심판대에서 "정녕 죽으리라.", 혹은 "저주를 받으리라." 경고하신 대로 심판을 받아야 했습니다.

그래서 갈라디아서 3:10 말씀처럼 율법대로 살지 못하는 자들은 누구든지 저주 아래 놓였고 로마서 6:23 말씀처럼 죄의 대가는 사망이 되었습니다. 그러므로 누군가 율법의 저주 아래에 있는 인간을 구원해야 했는데 이를 위하여 예수께서 친히 이 땅에 오사 인간의 죄 값을 대신 치르신 것입니다.

구약의 양들은 종종 죄 값을 치르는 희생양으로 쓰이곤 했습니다. 이스라엘 사람들은 죄를 짓고 죄의 짐이 무거워 견딜 수 없을 때 양 한 마리를 사서 성소 혹은 성전으로 가져옵니다. 그리고 제사장이 보는 앞에서 양 머리에 손을 얹고 기도를 합니다. "하나님, 저의 모든 죄가 이 어린양에게 전가되게 하시고 저의 죄를 용서하소서!" 그렇게 기도한 후에 창으로 수차례 찔러 죽여서 가죽을 벗기고 내장을 도려낸 다음 다 태워 버리고 재를 주변에 뿌립니다. 그러면 제사장은 죄 용서 받았다고 선언합니다. 이렇게 구약의 성도들은 자기 죄 값을 양에게 전가했습니다. 양은 사람의 죄를 뒤집어쓰고 말없이 죽임을 당합니다. 그 순간 인간의 죄 값이 치러지는 것입니다. 양은 인간의 죄를 위한 희생재물이었습니다.

갈라디아서 3:13은 우리 주님이 우리를 위해 희생양이 되셨다고 증언합니다. "그리스도께서 우리를 위하여 저주를 받은바 되사 율법의 저주에서 우리를 속량하셨도다." 주님은 십자가 위에서 우리의 죄 값을 치르시므로 우리를 율법의 저주에서 구출하셨습니다. 친히 나무에 달려 우리가 받아야 할 저주를 대신 받으시며 우리가 받아야 할 심판을 대신 받아 죽으셨습니다. 로마서 4장은 보다 분명하게 강조하길 예수는 우리가 범죄한 것 때문에 자기 생명을 내어 주셨도다(롬 4:25)고 했습니다. 우리가 지은 죄 때문에 하나 밖에 없는 자신의 생명을 죽이신 것입니다. 언제 그렇게 죽으셨느냐? 로마서 5장은 증언합니다. "우리가 아직 연약할 때에 기약대로 그리스도께서 경건하지 않은 자를 위하여 죽으셨도다." 우리가 죄를 짓고 하나님 영광 가리며 무지하여 아무것도 모를 때 주님은 우리를 살리기 위하여 자신의 생명을 버리신 것입니다. "의인을 위하여 죽는 자가 쉽지 않고 선인을 위하여 용감히 죽는 자가 혹 있거니와 우리가 아직 죄인 되었을 때에 그리스도께서 우리를 위하여 죽으셨도다"(롬 5:6-8).

정말 놀라운 은혜입니다. 의롭거나 깨끗한 사람을 위해서가 아니라 타락한 죄인의 죄 값을 치르시려고 존귀한 주님의 생명을 사지로 내 던지셨습니다. 그것도 십자가 위에서 참혹한 죽음으로 말입니다. 일찍이 주님은 말씀하셨습니다. "인자가 온 것은 섬김을 받으려 함이 아니라 도리어 섬기려 하고 자기 목숨을 많은 사람의 대속물로 주려 함이니라"(막 10:45). 주님은 자신이 어떤 죽음으로 죽을지를 아셨고 자발적으로 십자가의 길을 가셨던 것입니다.

성경은 이 십자가의 죽음의 의미에 대하여 이렇게 증언합니다. "우리는 생각하기를 그는 징벌을 받아 하나님께 맞으며 고난을 당한다 하였노라. 그러나 그가 찔림은 우리의 허물 때문이요 그가 상함은 우리의 죄악 때문이라. 그가 징계를 받으므로 우리는 평화를 누리고 그가 채찍에 맞으므로 우리는 나음을 받았도다." 예수가 친히 우리를 대신하여 징계를 받으므로 우리가 나음을 얻었고 의로운 자로 인정받았고 죄로부터 자유해졌으며 하늘의 평화를 얻게 되었습니다. 주님이 십자가에 단 한번 매달려 죽으심으로 저와 여러분에게 이런 놀라운 축복이 일어났습니다. 할렐루야!

이 놀라운 십자가의 능력을 깨달은 바울은 고린도전서 1장에선 이렇게 선언합니다. "십자가에 못 박힌 그리스도가 유대인에게는 거리끼는 것이요 이방인에게는 미련한 것이로되 오직 부르심을 받은 자들에게는 하나님의 능력이라."

십자가의 주님이 내 죄를 위하여 친히 고난을 당하셨다고 믿는 순간

내 죄가 사라지며 의롭다 함을 얻으며 죄로 인한 모든 상처가 나음을 얻으며 하나님으로부터 평화를 얻습니다. 우리가 십자가의 주님을 믿음으로 바라볼 때 우리의 죄 값이 치러지며 우리에게 구원과 생명이 나타나는 것입니다.

이 십자가의 예수 때문에 내 죄가 용서받고 구원받았으며 하나님의 자녀가 되었음을 확신하는 분은 "아멘" 합시다. 이 확신, 이 믿음, 이 죄 사함의 은총이 저와 여러분의 것이 되시기를 주님의 이름으로 축원합니다.

③ 주님이 우리 죄를 대속하신 이유는 우리를 사랑하시기 때문이다

그러면 주님이 왜 우리의 죄를 대속하신 이유가 무엇입니까? 한마디로 우리를 사랑하기 때문이었습니다. 보세요. 로마서 5:8은 증언합니다. "우리가 아직 죄인 되었을 때에 그리스도께서 우리를 위하여 죽으심으로 하나님께서 우리에 대한 자기의 사랑을 확증하셨느니라." 그리스도의 대속적인 죽음은 오직 우리를 사랑하시기 때문이었습니다. 우리가 주님을 알기 전, 주님이 우리를 먼저 아셨고 우리가 주님께 다가가기 전에 주님이 먼저 우리에게 다가오셨으며 우리가 주님을 사랑하기 전에 주님이 먼저 우리를 사랑하셨습니다. 그 사랑으로 주님은 우리가 받을 치욕과 멸시 조롱과 형벌을 대신 받으셨습니다. 이 사랑 때문에 우리 대신 저주를 받으신 것이며 이 사랑 때문에 우리 대신 죽으신 것입니다. 여기에 주님의 놀라운 사랑이 있습니다. 할렐루야!

몇 년 전에 서울에서 광주 친정집에 가려고 어머니와 어린 두 딸이 택시를 타고 김포공항으로 향했습니다. 88올림픽 대로에서 질주하던 택시가 갑자기 나타나 옆을 스치는 대형트럭에 빨려 들어갔습니다. 미처 피할 틈도 없이 택시는 대형 트럭 밑으로 빨려 들어갔고 약 50미터를 가서야 트럭이 멈췄습니다. 택시는 형체를 알아볼 수 없을 정도로 완전히 박살 났고 운전기사는 그 자리에서 즉사했습니다. 뒷좌석에 타고 있던 엄마는 택시 파편에 온몸이 찔려 피투성이가 된 채 즉사했습니다. 그런데 어린 두 딸은 털끝 하나도 다치지 않았습니다. 위험을 직감한 어머니가 딸들을 바닥에 눕히고 그 위에 자기 몸으로 아이들을 감싸며 파편들을 막았던 것입니다. 어머니는 딸들을 보호하기 위하여 하나뿐인 자기 몸을 희생시켰던 것입니다. 딸들을 살리기 위하여 자기 생명을 버린 어머니의 희생, 그것은 정말 위대한 사랑이었습니다. 딸들을 사랑하기 때문에 자기 목숨을 기꺼이 내놓았던 것입니다.

여기 강대상에 주님의 십자가를 보세요. 이 십자가에서 주님의 사랑이 느껴지십니까? 우리를 위하여 목숨까지 내던지신 주님의 사랑이 느껴지는 여러분 되시기를 바랍니다.

90년대 희대의 살인마요, 인육을 먹었던 지존파 일당 중에 김현량은 감옥에 갇힌 후에 마치 짐승과 같은 모습을 보였다고 합니다. 아무도 만나지도 않고 벽에 똥을 바르고 눈빛은 살기가 등등했다고 합니다. 그러나 한 평신도 집사님의 끈질긴 편지를 만 2년 만에 마음을 열고 읽기 시작하면서 복음을 접했는데 십자가의 사랑이 크게 느껴지자 어느 날 집사님에게 물었습니다. "저 같은 사람도 죄 용서 받고 천국 갈 수 있을까요?" 집사님은 우리 사랑의 주님이 당신 같은 사람을 위하여 십자가에 못 박혀 죽으시며 죄 값을 치르셨다고 하자 뜨거운 눈물을 흘리며 사랑의 주님을 영접했다고 합니다. 그리고 사랑의 사람으로 변하여 감옥에서 약 70여 명에게 복음을 전하였고 사형집행이 이뤄지는 순간 매우 편안한 얼굴로 십자가의 사랑을 의지하였다고 합니다.

여러분, 십자가의 사랑을 믿을 때 아무리 큰 죄도 어린양 주님께로 전가되고 우리는 죄 없는 사람이 됩니다. 동시에 사랑의 주님이 주시는 평화, 사랑, 구원을 얻게 됨을 믿으시길 바랍니다.

옛날 로마 시대에는 노예를 사고파는 일이 흔했습니다. 전승에 의하면 병든 노예가 노예시장에 매물로 나왔습니다. 주인은 채찍으로 때리며 상인들 앞에서 "똑바로 서라!"며 혼을 냈습니다. 그때에 옆을 지나던 어진 마음을 가진 귀족이 노예를 불쌍히 여겨 그를 비싼 값을 지불하고 샀습니다. 그리고 노예에게 말합니다. "여기 치료비가 있으니 치료를 받으라. 그리고 이제 너는 자유다. 네가 가고 싶은 데로 가라!" 이 말을 들은 노예는 너무 기뻤습니다. 평생의 소원이 꿈처럼 이루어 졌으니까요. 그런데 가다가 다시 돌아와 귀족에게 이렇게 말합니다. "나를 자유하게 하신 당신을 나의 새 주인으로 모시겠습니다." 하며 스스로 종이 되어 주인을 따랐습니다. 자신을 자유하게 한 주인을 향해 스스로 종이 되었던 것입니다.

우리는 누구입니까? 주님의 피 값으로 생명을 얻은 주인공들입니다. 주님의 사랑으로 죄인에서 의인이 되었습니다. 주님의 사랑으로 죽음에서 살아났습니다. 주님의 사랑으로 십자가의 길을 가게 되었습니다. 이에 대하여 고린도전서 6:20은 말씀합니다. "너희는 값으로 산 것이 되었으니 그런즉 너희 몸으로 하나님께 영광을 돌리라." 주님의 피 값으로 살아났으니 사랑의 주님을 위하여 살아가야지요. 주님의 사랑으로 내가 죽어야 할 그 자리에 주님이 대신 죽으셨고 내가 지불해야 할 죄 값을 대신 치르셨으니 이제 그 사랑을 갚고자 우리를 사랑하신 예수를 위하여 살아야지요. 이 믿음, 이 사랑, 이 구원이 저와 여러분의 것이 되시기를 주님의 이름으로 축원합니다.

체인설교로 설교구성을 만드는 원칙들

① 위의 체인 스타일 설교구성은 결과를 밝히고 이유를 찾고 그 이유에 대한 또 다른 이유를 찾는 체인구성이다. 즉 이유에서 이유를 찾는 구성, 즉 꼬리에서 꼬리를 무는 체인 스타일의 설교이다. 이것을 기억하며 논리에 흐트러짐 없게 하라.

② 이 설교의 목적은 마지막 단계에 있는 '방법'이 설교의 주목적임을 기억하고 '방법' 순서에서 설교의 절정을 이루게 한다.

③ 상당히 정교한 논리를 요구하는 구성이므로 정확한 논리전개가 필수 조건임을 기억하라. 주제를 제외한 불필요한 아이디어는 언급하지 말아야 함을 기억하자.

2 긍정결과, 이유, 방법을 찾으라

개념

체인 스타일의 설교 구성의 또 다른 방법은 '결과, 이유, 방법'을 질문함으로써 하나의 주제를 발전시키는 것이다. 가령, '하나님의 영광을 위하여'라는 제목으로 설교를 만든다고 가정하자.

① 하나님은 인간을 창조하셨습니다. 우연히 만들어진 존재가 아니고 하나님이 지적인 설계를 통해 만드셨습니다. 그러므로 하나님의 창조 솜씨를 찬양하며 감사하며 삽시다.
② 그러면 왜 창조하셨지요? 하나님이 피조물을 통해서 영광 받으시기 위해서입니다. 그러므로 하나님의 백성인 우린 우리 자신을 위해서 살아가는 것이 아니고 하나님의 영광을 위해서 살아가야 합니다.
③ 그러면 어떻게 해야 하나님께 영광 돌리며 살 수 있을까요? 그것은 하나님이 기뻐하시는 일에 우리 자신의 힘을 쏟는 것입니다. 그러므로 하나님이 기뻐하시지 않으면 무조건 거부하고 하나님이 기뻐하시는 일에만 진력하며 사시길 바랍니다.

이렇게 만들면 체인 스타일 설교구성이다. 왜냐면 질문을 통해 논리를 체인처럼 연결시켜 나갔기 때문이다. 체인 스타일 설교 구성을 위해 중요한 논리전개는 '결과, 이유, 방법'을 찾기 위해 이 역시 질문을 던진다. 이 체인 스타일에서 설교의 목적은 마지막 부분 '어떻게'에 있다는 것을 기억하자. 한번 더 예를 보자(이 책의 앞부분에서 다룬 내용이다).

누가복음 5:1-11을 근거로 '실패의 인생을 찾으시는 주님'이란 제목으로 구성해 보자.

① 주님은 실패한 인생을 찾아오신다.
② 왜 찾아오시느냐 잃은 것을 회복하는 축복을 주시려고 찾아오신다.
③ 어떻게 축복하시느냐 말씀에 순종하면 회복의 은총을 베푸신다.

위와 같이 개요를 만들면 결과, 이유, 방법(해결책)을 따라 설교를 만드는 것이며 결국 설교 목적은 '순종하는 신앙생활'을 강조하는 데에 있다. 자 이제 설교 전문이 담긴 예문을 보자.

설교구성 실례 ①

본문 누가복음 15:3-7
제목 그대에게 이런 하나님의 마음이 있는가?
주제 하나님의 마음은 사랑이다.
목적 사랑을 품고 영혼 구원에 관심을 갖게 한다.
개요 ① **긍정결과** : 하나님은 잃은 자를 찾으시는 분이다.
　　　② **이유** : 잃은 자를 구원받게 하시려고 찾으신다.
　　　③ **방법** : 세상에서 가장 존귀한 사랑으로 구원하신다.

① 긍정결과
잃은 자를 찾으시는 하나님

한 소년이 나무로 장난감 보트를 만들었습니다. 얼마나 좋은지 그 보트를 가슴에 품고 자고 깨면 반갑다며 보트에 입을 맞추기도 하고 학교에 다녀오면 보트에게 말을 거는 등 지극정성으로 아꼈습니다. 그러던 어느 날 소년은 보트를 강물에 띄었는데 그만 물살이 빨라 보트가 시야에서 사라지고 말았습니다. 소년은 상심하여 밥도 못 먹고 잠도 못 자며 그리움으로 세월을 보냈습니다.

그러던 어느 날 시내의 한 중고품 장난감 가게를 들렀다가 자신이 만든 보트를 발견했습니다. 소년은 주인에게 자기 것이라 항변했지만 "돈을 내고 사 가라."는 주인의 말에 소년은 저금통을 깨서 대가를 지불하고 보트를 찾았습니다. 소년은 보트를 어루만지며 좋아서 어쩔 줄 몰랐습니다. 그제서야 소년은 밥도 잘 먹고 잠도 잘 자게 되었습니다.

  소년이 보트를 향해 그토록 애지중지한 이유가 뭘까요? 자기가 만들었기 때문입니다. 사람은 자기가 만든 작품에 대하여 애착을 갖게 마련입니다. 하나님도 인간을 만드신 후에 매우 기뻐하셨고 지속적으로 사랑하셨습니다. 그런데 인간은 하나님의 품 안을 벗어나 자기 멋대로 살았습니다. 성경은 증언합니다. "우리는 다 양 같아서 각기 그릇 행하여 제 갈 길로 갔도다." 그래요. 인간은 자기 맘대로 살았기에 죄에 빠졌고 하나님을 떠났고 하나님이 주시는 사랑, 행복, 영생을 잃었습니다. 하나님은 이런 인간을 보며 마음이 아팠습니다. 그래서 인간과 교제를 회복하고 싶어 그들을 찾아 나섰습니다. 여기에 하나님의 마음이 있습니다. 하나님의 마음은 죄인을 찾아가는 마음입니다.

  누가복음 15:8 이하에서 주님은 하나님의 마음을 보여줍니다. 어떤 여자가 잃어버린 은전 열 드라크마를 찾고자 등불을 켜고 찾았습니다. 여인은 바닥을 쓸고 또 쓸면서 마침내 은전을 찾았습니다. 얼마나 기쁜지 이웃을 불러 잔치를 벌였습니다. 여기서 잃어버린 은전은 바로 하나님을 잃어버린 사람을 말합니다. 하나님은 잃어버린 자를 찾으시고 기뻐하시는 분입니다.

  어느 성도님이 최근에 교회를 오셨는데 "목사님 죄송합니다. 교회에 와서도 아무런 도움도 안 되네요."라고 얘기합니다. 그래서 제가 "아니 왜요?" 했더니 "헌금도 못하고…." 저는 깜짝 놀랐습니다. 하나님은 우리가 헌금 못한다고 우습게 여기시지 않습니다. 하나님의 관심은 돈이 아니라 영혼입니다.

어느 성도님이 인터넷에 "저도 잃어버린 자를 찾아가는 하나님의 마음을 닮고 싶습니다." 고백하더니 "이제 제 핸드폰에 적혀 있는 수많은 불신자 친구들, 그리고 번호는 있으나 오랫동안 연락을 안 했던 지인들에게 안부도 묻고 교회는 다니느냐고 묻고 하나님을 믿자고 말하겠습니다."고 했습니다. 저는 그 글을 읽는데 가슴이 뭉클했습니다. 평범한 크리스천 청년이지만 하나님의 마음을 실천하였습니다.

어떤 성도님은 신앙생활을 중단한 사람을 2년 동안이나 찾아가는 것을 보았습니다. 찾아갈 때마다 계란도 사가고 음료수도 사갔습니다. 그리고 교회 이야기를 들려주며 손을 붙잡고 기도해 주었습니다. 주변에서 하나님을 떠난 사람에게 뭘 그리 열심히 찾아가느냐며 말립니다만 이 분의 생각은 확고했습니다. 하나님은 잃어버린 자를 찾아가신다. 이 믿음을 따라 열매가 맺혀지길 기대하면서 찾아가고 또 찾아갔던 것입니다.

하나님의 마음이 있는 곳에 우리의 마음이 있고 하나님의 눈이 가는 곳에 우리의 눈이 갈 수 있기를 바랍니다. 하나님의 관심과 사랑이 가는 곳에 우리의 관심과 사랑이 갈 수 있기를 바랍니다. 오늘 이 아침 하나님의 마음이 우리의 것이 되기를 바랍니다.

② 잃은 자를 찾으시는 이유
구원 받게 하려고

그러면 하나님은 왜 잃은 자를 찾으시나요? 누가복음 19:10을 보세요. "인자가 온 것은 잃어버린 자를 찾아 구원하려 함이니라." 주님이 인간을 찾으시는 목적은 구원을 베풀기 위해서였습니다. 한 영혼이라도 더 구원하기 위해서 잃어버린 자를 찾으십니다.

기독교 성화 중에 이런 그림들이 있습니다. 한 마리의 양이 수십 미터나 되는 절벽 중간의 낭떠러지에 갇혀 올라오지도 내려가지도 못한 채 오들오들 떨고 있었습니다. 목자는 이 잃어버린 양의 울음소리를 듣고 조심스럽게 내려갔습니다. 그래도 팔이 닿지 않자 목자는 겉옷을 벗어 나무에 묶고 지팡이를 연결하여 몸을 최대한 양에게 뻗어 다가갔습니다. 목자가 위험했습니다. 하지만 두려워하지 아니하고 손을 뻗어 결국 끌어 올려 마침내 양을 구했습니다. 목자는 벌벌 떠는 양을 가슴에 품고 어루만져 주었습니다. 양은 안정을 취했습니다. 다시 목자는 양을 어깨에 메고 집으로 돌아왔습니다.

오늘 우리가 읽은 본문을 연계해 보면 목자는 얼마나 기쁜지 이웃들을 불러 모으고 "나와 함께 즐기자 나의 잃었던 양을 찾았노라." 했습니다. 한 영혼이 구원받음으로 인하여 하나님은 얼마나 기쁘신지 잔치를 벌이셨습니다. 하나님은 회개할 것이 없는 의인 99명 보다 한 영혼의 회개와 구원을 더 기쁘게 여기셨습니다.

요나서에도 보면 하나님의 마음을 볼 수 있습니다. 하나님께서 요나에게 "니느웨로 가서 말씀을 외치라!"고 하셨습니다. 니느웨 사람을 구원하기 위함이었습니다. 그러나 요나는 니느웨의 정반대 방향인 다시스로 도망갔습니다. 하나님은 포기하지 않으시고 요나를 끝까지 깨우치고 설득하여 다시 니느웨로 가서 말씀을 전하게 하셨습니다. 이유는 니느웨 사람들이 회개하고 하나님 품 안으로 돌아오길 원하셨기 때문입니다.

주님은 하늘로 오르시며 제자들에게 마지막으로 말씀하셨습니다. "너희는 가서 모든 족속으로 제자를 삼아 아버지와 아들과 성령의 이름으로 침례(세례)를 주고 내가 너희에게 분부한 모든 것을 가르쳐 지키게 하라." 주님은 제자들에게 "영혼을 찾아가서 회개하고 구원받게 하여 하나님의 자녀 삼으라."고 명령하셨습니다. 주님도 역시 하나님처럼 잃어버린 영혼들을 찾아가 구원받길 원하셨습니다.

주님은 한 영혼의 구원에 대하여 얼마나 중하게 생각하는지 이렇게 말씀하셨습니다. "누구든지 나를 믿는 이 작은 자 중 하나를 실족케 하면 차라리 연자맷돌을 그 목에 달리 우고 깊은 바다에 빠뜨리는 것이 나으니라… 실족케 하는 일이 없을 수는 없으나 실족케 하는 그 사람에게는 화가 있도다." 주님은 한 영혼이라도 구원의 길로 인도하되 영혼구원에 방해하는 사람을 향해서는 진노하시겠다고 말씀하셨습니다.

잃어버린 영혼을 구원하려고 최선을 다하는 것이 바로 하나님의 마음이요 예수 그리스도의 마음입니다.

저는 젊을 때에 한 젊은이가 광대 옷을 입고 등에는 북을 달고 전도하는 사람을 보았습니다. 그분이 한발 한 발 내 디딜 때마다 북에서 둥- 둥- 하고 소리가 납니다. 그러면 사람들이 쳐다봅니다. 그때 "예수 믿고 천국가세요."라고 외치곤 했습니다. 지금 생각해 보면 그 전도 방식은 시끄러워서 사람들의 이맛살을 찌푸리게 하였지만 그 당시에는 잘 먹혔던 방식이었습니다. 그분에게 "몇 년이나 이렇게 전도할 것이냐?"고 물었더니 건강이 허락할 때까지 하고 싶다 했습니다. 죽을 때까지 하겠다는 것이었습니다. 이름도 빛도 없이 오직 영혼 구원에 혼신을 쏟는 그의 마음에서 하나님의 영혼 구원의 마음을 봅니다.

어느 주일학교 여교사는 주일만 되면 이른 아침에 교회에 와서 주일학교 모임실을 깨끗하게 청소하고 방석 펴 놓고 예배드릴 준비를 합니다. 그리고 기도를 합니다. 그리고 때가 되자 자기 반 아이들을 데리러 나갑니다. 이곳저곳 방문하여 돌아올 때는 십여 명의 아이들의 손을 잡고 들어옵니다. 눈보라 치는 겨울에도 장대비가 쏟아지는 여름에도 빠진 적이 없습니다. 이렇게 지속적으로 열정을 쏟는 이유는 무엇입니까? 한 영혼이라도 더 구원받길 원하는 하나님의 마음을 가졌기 때문이었습니다.

어느 구역 강사는 새벽마다 자기 구역 식구들을 놓고 한 사람 한 사람 이름을 불러가며 기도하는데 기도를 건너뛰는 법이 없습니다. 특히 신앙이 시들한 성도를 향해서는 더 뜨겁게 지속적으로 기도하였습니다. 그 구역 강사의 마음에는 한 영혼이라도 더 구원받길 원하는 마음이 간절했습니다. 참 귀한 마음입니다.

구령의 열정, 그것은 하나님의 마음입니다. 하나님이 주시는 마음입니다. 여러분, 친구를 사귀더라도 전도하기 위하여 사귀세요. 동호회나 단체 모임에 가더라도 전도하기 위하여 가십시오. 시골을 방문하여 고향 사람을 찾아뵙더라도 전도하기 위하여 찾아뵙십시오. 동창회를 가더라도 친척을 만나더라도 무엇을 하든지 전도하기 위하여 관계를 발전시키십시오. 여기에 영혼을 구원하려는 하나님의 마음이 있습니다. 이 마음을 잊지 마십시오. 이 마음을 불타오르게 하십시오. 전도하다가 상대가 반응이 없다 하여 쉽게 포기하지 마십시오. 지속적으로 기도하십시오. 영혼을 구원하려는 하나님의 마음을 소유하십시오. 이 마음이 저와 여러분의 마음이 되시기를 바랍니다.

③ 해결책
어떻게 구원하시나? 사랑으로 구원하신다

여러분, 영혼 구원은 어떻게 하나요? 오늘 말씀 마지막 절을 봅니다. 죄인 한 사람의 구원을 기뻐하신다 했는데 그 기뻐하시는 근본 이유는 한마디로 하나님의 사랑 때문입니다. 하나님은 우리를 구원하시되 사랑으로 구원하셨습니다.

인간은 인간이 지은 죄 때문에 구원의 길로 갈 수 없음을 아시자 하나님은 하나님과 인간 사이를 가로막는 죄의 담을 허시고자 아들 예수를 십자가에 죽게 하셨습니다. 주님의 십자가는 독생자 예수를 십자가에 못 박게 하시는 아버지의 사랑이요 예수 그리스도의 자발적인 순종이었습니다. 이 자발적인 순종 역시 주님의 사랑이었습니다.

하나님이 주님을 십자가에 매달려 죽게 하신 것도, 주님이 자발적으로 십자가에서 죽으신 것도, 인간의 구원을 위한 하나님과 예수 그리스도의 사랑하심이었습니다. 예수께서 하늘 보좌를 버리시고 이 땅에 오신 것도, 십자가 위에서 생명을 버리신 것도 인간을 향한 사랑이었습니다. 하나님은 우리를 구원하는데 있어서 말씀 한마디로 구원의 길을 여실 수도 있었습니다. 하지만 하나님은 우리 인간의 구원을 사랑을 통해 이루길 원하셨습니다. 성경은 증언합니다. "우리가 아직 죄인 되었을 때에 그리스도께서 우리를 위하여 한번 죽으심으로 말미암아 우리에 대한 자기의 사랑을 확증하셨느니라." 하나님은 아들의 십자가 사랑을 통해 인간을 구원하길 원하셨습니다. 여기에 인간을 구원하시는 하나님의 방법, 사랑이 있습니다.

여러분, 하나님이 왜 우리를 그토록 사랑하시는지 아십니까? 우리 속에 하나님의 형상이 담겨있기 때문입니다. 저는 몇 년 전에 이사할 때 쓰레기통에 버려진 한 장의 사진을 꺼냈습니다. 왜냐면 그 사진은 저의 어린 시절의 추억을 담고 있는 너무도 아름답고 사랑스러운 사진이었기 때문입니다. 다른 사진은 버렸지만, 그 사진 만큼은 버릴 수가 없었습니다. 왜냐면 제 형상을 담고 있었기 때문입니다. 하나님이 우리를 버리시지 못하는 것도 우리 영혼 속에 하나님의 형상이 들어 있기 때문입니다. 일찍이 하나님은 우리를 만드시되 하나님의 형상을 따라 만드셨습니다. 그래서 하나님은 자기 형상을 닮은 우리를 사랑하셨고 우리를 구원하길 원하셨습니다.

하나님은 우리를 구원하시되 사랑의 방법으로 구원하길 원하십니다. 여기에 하나님의 마음이 있습니다. 이 하나님의 마음으로 영혼을 구원하는 것이 바로 저와 여러분이 가져야 할 마음입니다.

어느 권사님은 시장에서 물건을 살 때 항상 부르는 값을 다 주고 산답니다. 이유가 있습니다. 권사가 후덕한 사람이 되어야 상인이 하나님께로 나오는 데에 걸림돌이 되지 않기 때문입니다. 어느 집사님은 집에 수도가 터져서 수도공을 불렀습니다. 그리고 약속된 금액보다 더 주면서 자신이 교회 다니는 것을 밝혔습니다. 그 수도공이 교회 다니길 바라기 때문이었습니다. 어느 젊은이는 직장에서 허드렛일을 도맡아 청소하고, 쓰레기도 치우며, 동료의 필요를 보면 기꺼이 돕는다고 합니다. 동료들이 하나님을 믿길 원하기 때문입니다. 어느 집사님은 직장 생활하면서 원망이나 불평은 전혀 하지 않는다고 합니다. 왜냐면 자신 때문에 직장 동료들이 하나님을 믿는 데에 방해가 될까 염려되기 때문입니다. 조그마한 가게를 운영하는 어느 사장님은 종업원들에게 봉급 주는 것을 인색하지 않게 한답니다. 종업원들이 예수께로 돌아오길 원하기 때문입니다.

영혼 구원을 최우선으로 생각하여 조심스럽게 말하고 행동하고 결정하는 사람, 사랑의 마음을 듬뿍 전달하는 사람이 하나님 마음을 소유한 사람입니다. 성숙한 그리스도인일수록 세상의 마음보다 하나님의 마음을 소유합니다. 그래서 자신에 대해서는 절제하고 타인에 대해서는 배려와 관심과 사랑과 하나님의 은혜를 실천합니다.

잃어버린 자를 찾아 구원 얻게 하시는 하나님의 마음을 소유하는 우리가 되길 바랍니다. 하나님이 필요한 사람들에게 예수를 알리며 구원의 길로 인도하고자 사랑으로 사는 성도가 되시기를 바랍니다.

12월은 구세주 예수께서 아기 예수로 이 땅에 오신 계절입니다. 하늘 보좌를 버리시고 낮고 천한 이 땅에 오신 계절입니다. 잃어버린 영혼을 찾아 구원하기 위하여 십자가의 사랑을 실천하기 위하여 이 땅에 오신 계절이에요. 그래서 12월을 사랑의 계절이라고도 합니다. 이 사랑의 계절에 그리스도의 마음을 본받아 사랑의 폭을 넓히고 영혼에 대한 관심을 넓히며 사랑을 실천하는 모두가 되시기를 바랍니다. 잃어버린 영혼에 관심을 갖고 찾아가고 문안하고 그들을 위하여 기도하고 복음을 전하며 예수 사랑을 실천하는 12월, 저와 여러분이 되시기를 주님의 이름으로 축원합니다.

설교구성 실례 ②

본문 요한복음 21:2-15

제목 부활, 그 이후

주제 주님은 사랑으로 우리를 회복시키신다.

목적 지금도 회복시키는 주님의 사랑에 힘입어 다시 일어서게 한다.

개요 ① 주님은 실패한 자에게 사랑으로 찾아오신다.

② **왜** : 주님은 잃어버린 사명, 믿음을 회복시키고자 하신다.

③ **어떻게** : 회개하게 하시며 다시 사랑하게 하시며 주님을 바라보게 하시며 믿음을 회복시키신다.

① 긍정결과
베드로를 찾아가신 주님

예수님이 부활하셨단 반가운 소식을 듣고도 서먹서먹한 관계를 유지하다가 주님 곁을 영영 떠난 제자가 있습니다. 다름 아닌 수제자 베드로였습니다. 그는 주님의 부활 직후에 주님을 떠나 아예 세상으로 가버렸습니다.

거기에는 이유가 있습니다. 주님께 큰 죄를 저질렀기 때문입니다. 주님이 대제사장의 앞뜰에 끌려가서 심문을 받을 때 베드로가 그 광경을 구경하는데 한 군중이 "너도 예수와 한패지?" 했습니다. 그때 베드로는 모른다고 부인했습니다. 베드로가 자리를 옮겼는데 또 베드로를 알아본 사람이 "너도 그와 한패지?" 했습니다. 베드로는 또다시 "아니오. 나는 모르오." 했습니다. 그리고 또 다른 곳으로 갔는데 어떤 사람이 "당신은 예수와 함께 있었던 사람이라."고 하였습니다. 베드로는 다시 한 번 주님을 모른다며 주님을 저주까지 했습니다. 세 번씩이나 주님을 부인했던 것입니다. 이 부인하는 광경을 주님이 보셨습니다. 바로 그때에 닭이 울자 주님이 하신 말씀이 생각나서 그는 밖에 나가 심히 통곡했습니다. 주님이 십자가에 죽으시자 제자들은 두려움과 실망 속에 흩어졌습니다. 그런데 주님이 사흘 만에 기적으로 부활하셨습니다. 제자들이 다시 모여들었습니다. 베드로는 제자들 틈바구니 속에서 부활하신 주님을 잠시 뵙기는 했지만, 일대일로 대면한 적이 없습니다. 아마도 부끄러워서 그랬겠지요. 하지만 베드로는 고민하다가 결국 주님 곁을 떠났습니다.

심리학자들은 사람이 죄의식을 가지면 수치심을 느끼고 숨고 싶은 심리가 생긴다 했습니다. 베드로가 그런 마음이었을 것입니다. 하지만 주님은 이런 베드로를 그냥 내버려두지 않았습니다. 마태·마가·누가·요한 이 네 복음서는 베드로의 죄짓는 장면을 언급하고 있는데 이는 베드로의 약점을 드러내려는 데에 목적이 있는 것이 아닙니다. 실패한 인생을 찾아가시는 주님의 사랑을 드러내는 데에 목적이 있습니다.

보세요. 이른 새벽 주님이 집을 나서 쌀쌀한 기운을 마다 않고 광야를 가로질러 갈릴리 바닷가로 가셨습니다. 그곳에서 나무 조각을 모아 불씨를 만드느라 입으로 훅훅 불었습니다. 연기에 눈물이 나지만 참아가며 불씨를 만들어 숯불을 만들고 그 위에 떡과 생선을 구우며 베드로를 기다리셨습니다. 여러분, 자기를 저주하고 배반한 죄인을 찾아 숯불을 피우며 죄인을 기다리시는 주님을 보세요. 주의 사랑이 느껴지지 않습니까?

주님이 베드로를 사랑하지 않으면 이른 새벽에 바닷가에까지 오질 않지요? 베드로는 주님을 만나고 싶지 않았습니다. 사실 껄끄러운 관계는 안 보는 것이 서로 편합니다. 제가 아는 어느 형제가 심각하게 다투었고 형제들은 서로 원수가 되었습니다. 동생은 형님을 다시는 보지 않겠다고 선언했습니다. 세월이 흘렀습니다. 형이 시골에서 농사지은 각 가지 열매들을 가지고 서울의 동생을 찾아왔습니다. 형을 보는 순간 동생의 굳었던 마음이 눈 녹듯 녹아버렸습니다. 주님의 마음이 바로 이와 같습니다. 죄를 짓고 주님을 볼 낯이 없어 주님 곁을 떠난 베드로, 마음 아파서 괴로워 울었던 베드로, 제자 될 자격이 없다며 자책하던 베드로를 주님이 찾아오신 것입니다. 한마디로 그것은 사랑이었습니다.

사람은 포기를 잘 합니다. 어제, "사랑한다." 맹세하고서 오늘 포기합니다. "주님을 따르겠습니다." 결단하고서 금방 주님 곁을 떠납니다. 맹세하고선 금방 그 마음을 바꿉니다. 믿을 수가 없는 것이 사람입니다. 그러나 우리 주님의 사랑은 한번 사랑하면 포기하는 법이 없습니다. 요한복음 13:1은 증언합니다. "주님이 제자들을 사랑하시되 끝까지 사랑하시더라." 우리 주님은 한번 사랑하면 잃어버린 자를 지구 끝까지라도 찾아가시며 구원하시는 분입니다. 주님이 말씀하셨어요. "보라 내가 세상 끝 날까지 너희와 항상 함께 하리라." 할렐루야! 여기에 주님의 놀랍고도 신실한 사랑이 있습니다.

- **이유**

여러분, 주님이 베드로를 찾아가신 이유가 뭘까요? 꿀꿀한 베드로의 마음을 치료하시기 위해서였습니다. 더 정확히 말하면 무너진 베드로의 신앙을 회복하길 원하셨습니다. 더 정확하게 말하면 실패한 베드로를 다시 일으켜 세우기 위함이었습니다. "나 같은 사람이 무슨 제자가 될 수 있으며 부활의 주님을 전할 수 있단 말인가?" 하면서 예수 곁을 떠난 베드로를 "갈 테면 가라." 하지 않으시고 그를 다시 일으켜 세우길 원하셨습니다. 옛날의 당당한 모습으로, 자신감 넘치는 제자로, 여전히 너는 나의 존귀한 제자야 하는 마음으로 그를 세우길 원하셨습니다. 누구보다도 열정과 사명이 충만했던 베드로의 잃어버린 열정, 사명을 되찾아 주길 원하셨습니다. 그래서 자신이 사랑했던 제자를 찾아가 만나셨고 용기를 주셨습니다. 이 은혜로 베드로는 예수님 이후에 기독교를 이끌어가는 최고의 지도자로 다시 세워졌습니다. 여러분, 기억하세요. 우리 주님은 넘어진 자를 반드시 다시 일으키시는 분입니다. 우리를 사랑하시되 끝까지 사랑하시는 분입니다. 믿으시면 "아멘" 합시다.

가끔 우리는 넘어질 때가 있습니다. 뒷걸음칠 때가 있고 자포자기할 때가 있습니다. 그때 우리 주님은 우리를 홀로 내버려 두지 않습니다. 찾아오십니다. 일어서라고 말씀하시며 나를 붙들라며 손을 내미십니다. 여러분, 넘어져 마음이 허탈할 때, 모든 것을 포기하고 싶을 때, 주님이 찾아오셔서 손을 내미신다는 사실을 기억하세요. 그리고 내민 손을 믿음으로 잡으시길 바랍니다. 두 번째 기회를 주시는 주님과 더불어 삶을 탄탄하게 회복하는 성도가 되시길 바랍니다.

● 해결책

주님이 어떻게 회복시키시는지 보세요. 본문에서 주님이 갈릴리 해변의 베드로에게 찾아와 물었습니다. 요한의 아들 시몬아, 네가 나를 사랑하느냐? 한번도 아니고 세 번씩 똑같은 질문을 하십니다. 베드로에겐 매우 의미 있는 질문이었습니다. 베드로가 예수님을 모른다고 부인한 것이 세 번이었습니다. 이 세 번의 질문은 베드로에게 자신이 정말로 주님을 사랑했다면 주님을 부인하지 않았을 것임을 상기시켜 주었습니다. 베드로의 마음이 주님 사랑으로 가득 차 있지 못했기에 그가 넘어졌음을 알게 하시고 회개하길 원하셨습니다.

여러분 우리가 새롭게 주님께 붙잡힌 바 되려면 먼저 해야 할 일이 있습니다. 그것은 자기를 돌아보는 회개입니다. "내가 부족해서 지금 이렇게 되었다."고 고백하는 회개를 할 수 있어야 합니다. 그럴 때에 주님이 회복시켜 주시는 것입니다.

하나님의 사랑 속에 성공적으로 목회하였던 고든 맥도날드(Gordon McDonald) 목사님은 어느 날 성적인 죄를 지었습니다. 그 죄는 무려 6개월간 지속된 죄였고 이를 숨기려 하였으나 그 죄가 드러났고 결국 그는 담임목사직을 사임하였습니다. 성도들이 크게 실망하였습니다. 미국 매스컴이 연일 그의 도덕적인 실패를 보도하며 그를 더욱 비참하게 만들었습니다. 그는 중도에 무너진 실패한 인생이 되었습니다. 하지만 그는 일 년 이상의 치료 기간을 가지면서 회개하고 또 회개하였습니다. 다시 용서받고 거듭난 고든 맥도날드는 다시 교회의 부름에 힘을 냈고 다시는 흔들리지 않는 견고한 믿음으로 섰습니다. 그때부터 쓴 저서들이 베스트셀러들을 만들며 오히려 더 존귀하게 세워졌습니다. 마치 다윗이 죄를 짓고 밤마다 눈물을 흘리며 회개하며 죄용서 받은 후에 믿음이 회복되어 하나님의 사랑 속에 역대 이스라엘 왕 중에 가장 신실한 사람이 되었던 것 같이 맥도날드 목사님은 실패 후에 삶이 더욱 빛났습니다.

우리가 어떤 이유로 주님과 서먹한 관계가 되었다면 그래서 다시 붙들리기 원한다면 먼저 회개의 마음이 생겨야 합니다. 그동안 하나님을 거부했던 것, 내 맘대로 살았던 것, 알면서도 불순종했던 것, 마음은 원이로되 몸이 약하여 죄를 선택했던 것을 회개하는 것이 중요합니다. 그럴 때 새롭게 하시는 은혜를 베푸십니다. 누가복음 15:7에서 주님은 죄인 하나가 회개하고 돌아오면 의인 아흔아홉을 보고 기뻐하는 것보다 더 기뻐하리라고 하셨습니다.

여러분, 지은 죄가 있으면 믿음으로 회개하세요. 그리고 나서 주님께서 찾아와 내민 손 붙들고 다윗처럼 믿음으로 승리의 길을 걸어가시길 바랍니다.

주님은 회개하는 영혼을 받아주시며 이제 주님을 더욱 사랑하라 말씀하십니다. 사랑해야 진정으로 주님께 붙들리기 때문입니다. 가끔 보면 하나님의 백성이 죄를 지을 때가 있지요? 그때가 언제냐? 하나님을 사랑하는 믿음이 약해졌을 때입니다. 그런데 다시 하나님을 사랑하면 죄를 멀리하며 믿음의 길을 온전하게 걸어가게 됩니다. 주님은 베드로에게 물었습니다. "요한의 아들 시몬아, 네가 이 사람들보다 나를 더 사랑하느냐?" 이 질문은 다른 사람들보다 다른 그 무엇보다 주님을 더 사랑하느냐는 것입니다. 한마디로 그 무엇보다 주님을 사랑해야 주님께 붙들려 쓰임 받을 수 있음을 말씀합니다.

주님을 떠난 베드로를 향하여 "네가 나를 사랑하느냐?" 하고 물으신 것은 베드로가 한때 주님에 대한 사랑으로 가득 찼던 그의 마음이 현재 텅 비었음을 알길 원하셨습니다. 베드로의 비어진 마음에 주님 사랑으로 채우지 않으면 주님께 쓰임 받을 수가 없습니다. 그래서 식어진 그의 가슴에 주님에 대한 사랑을 불러일으키려고 "네가 나를 사랑하느냐?"고 물으셨습니다.

만약 베드로가 주님을 사랑하는 흉내만 내면 또 쓰러집니다. 주님을 사랑함이 없이 말로만 맹세하면 또 쓰러집니다. 주님보다 자기를 더 사랑하거나 세상을 더 사랑하거나 자신의 욕심을 더 사랑하면 또 쓰러집니다. 또 주님을 사랑하는 믿음이 없이 주의 길을 가면 또 넘어집니다.

　우리도 마찬가지입니다. 주님을 사랑하지 않고 신앙생활하면 넘어질 수 있습니다. 어떤 사람은 봉사를 하다가 남들이 알아주지 않는다고 봉사를 중단하였습니다. 어떤 분이 교회에 예배드리러 왔다가 옆에 앉은 사람이 불친절하게 반응을 보였다고 더 이상 나오지 않습니다. 어떤 부부는 남편이 실직하고 난 뒤에 창피하다 하여 교회오기를 거부했습니다. 이유가 뭔가요? 주님에 대한 사랑이 부족하기 때문입니다. 하지만 이런 부부를 보았어요. 남편이 실직하자 오히려 시간이 많아 좋다며 교회에 봉사와 기도회에 열심히 나옵니다. "어떻게 이럴 수가 있느냐?"고 묻자 하는 말 "사랑하는 하나님께서 더 충성할 기회를 주시니 얼마나 감사합니까?" 하였습니다. 그렇게 여러 달 부부가 함께 교회를 열심히 섬기더니 또 괜찮은 직장에 취직하는 것을 보았습니다. 그러고서도 여전히 충성합니다. 힘들 때나 어려울 때 상관없이 그분들의 가슴에는 하나님을 향한 충성심이 식지 않았습니다. 이유가 무엇인가요? 그들의 마음에는 하나님에 대한 사랑이 가득했기 때문입니다.

　어느 부부는 심각하게 싸운 후에 헤어지겠다고 마음을 모았습니다. 그래서 제가 "우리 성경대로만 합시다." 했더니 그 얘길 듣고 며칠 만에 와서 "목사님, 우리 생각이 짧았습니다. 우리가 화를 붉히고 가정을 지옥처럼 만들 때 우리 하나님이 얼마나 서운해하셨을까요? 말씀대로 따르겠습니다." 하더니 위기를 넘겼습니다. 가만히 보니 두 부부가 하나님을 참 많이 사랑합니다. 여러분, 우리가 주님을 정말로 사랑한다면 말씀을 따릅니다. 말씀을 높입니다. 믿으시면 "아멘" 합시다.

주님을 사랑하지 않고 봉사하면 쉽게 중단할 수가 있고 주님을 사랑하지 않고 기도하면 기도가 지루하고 주님을 사랑하지 않고 헌신하면 헌신이 오래가지 못합니다. 또 주님을 사랑함이 없이 신앙생활하면 믿음이 성장하지 않으며 어려움이 닥칠 때 믿음을 팔아먹기 쉽습니다.

베드로가 이러했습니다. 그가 주를 위하여 목숨을 버리겠다고 호언장담하였으나 정작 주님에 대한 사랑은 약했습니다. 그래서 결정적일 때에 주님을 부인한 것입니다. 이제 주님은 갈릴리에 찾아 오사 말씀하십니다. "네가 나를 사랑하느냐?" 그 말씀에 베드로가 믿음으로 "내가 주를 사랑하는 줄을 주께서 아시나이다."라고 했습니다. 그러자 주님이 말씀합니다. "내 양을 먹이라 내 양을 치라." 주를 위하여 다시 일하라는 것입니다. 이 주님의 초청에 그는 믿음으로 반응하여 주님을 진정으로 사랑하는 일꾼으로 거듭났습니다. 베드로는 이 세상에서 누구보다도, 그 무엇보다도 주님을 가장 사랑하게 되었습니다. 심지어 자기 목숨보다 주님을 더 사랑하는 사람이 되었습니다. 그 결과 주를 위하여 목숨을 던지며 쓰임 받았습니다. 2000년이 지나는 동안 그의 이름이 찬란히 빛나는 이유가 여기에 있습니다. 그가 주님을 진정으로 사랑하였기에 다시 주님께 붙들렸던 것입니다. 우리의 신앙이 실패에서 성공으로 바뀌고, 믿음이 회복되는 것은 우리가 다시 주님을 사랑하느냐, 사랑하지 않느냐에 달려있습니다.

주님께 쓰임 받는 데에 가장 중요한 것은 재능이 아닙니다. 지식이

나 능력이 아닙니다. 주님을 얼마나 진심으로 사랑하느냐에 달려 있습니다. 그래서 주님은 말씀합니다. "너는 마음을 다하고 목숨을 다하고 뜻을 다하고 힘을 다하여 주 너의 하나님을 사랑하라. 이보다 더 큰 계명이 없느니라"(막 12:30). 봉사하겠다고 작심하기 전에 주님을 먼저 사랑하시길 바랍니다. 사명의 길을 가겠다고 다짐하기 전에 먼저 주님을 뜨겁게 사랑하는지를 확인해 보시길 바랍니다. 내게 생명주신 주님, 소망을 주신 주님, 나를 사랑하사 목숨까지 버리신 주님을 진심으로 사랑한 후에 무엇을 해도 하시길 바랍니다. 그래야 믿음이 흔들리지 않으며 주님께 붙들려 지속적으로 쓰임 받을 수 있습니다. 이 믿음, 이 사랑이 여러분의 것이 되시길 바랍니다.

주님이 베드로를 향해 "네가 나를 사랑하느냐?"고 물으신 것은 신앙의 대상인 주님을 바라보고 신앙생활 해야지 자신을 바라보아선 안 된다는 것을 보여주십니다. 주님을 사랑하란 말은 주님을 바라보란 말입니다. 베드로는 넘어진 후에 모자란 자신, 어리석은 자신, 망신시켰던 자신만을 생각했고 따라서 창피했습니다. 그래서 "나 같은 사람이 무슨 제자가 된다고"라며 자책하며 제자의 길, 주님이 부르시는 길을 포기하였던 겁니다. 사람이 연약하고 부족한 자기만을 바라보게 되면 실망하여 넘어지게 됩니다. 그리고 다시 일어서기가 쉽지 않습니다.

그러나 자기를 바라보지 않고 전능하신 하나님, 실수가 없으신 하나님, 신실하신 주님, 기회를 주시는 주님을 바라보면 다릅니다. 일어설 용기가 생깁니다.

제가 미국에서 유학하던 시절 경제적으로 어려워 빌딩청소를 하였어요. 두 살짜리 큰아들, 막내를 임신한 채 아내도 저를 돕겠다며 청소를 따라 나섰습니다. 그 빌딩이 예비군 훈련장이었기에 화장실이며 복도에 흙이 얼마나 많은지 저와 아내는 내일이 시험 치는 날이라도 오늘 그것을 깨끗이 청소해야 했습니다. 한번은 2층 청소를 끝내고 1층으로 가보니 아내는 남자 변기를 닦다 말고 울고 있었습니다. 한국에서 편하게 살았던 아내가 꿈을 안고 유학 왔는데 만삭으로 힘들게 남자 변기를 닦는 자신이 초라하게 느껴졌나 봅니다. 고국의 부모는 "우리 딸 미국 가서 금의환향할거요." 하는 기대를 하고 있는데 정작 자신은 가난한 유학생 만나 이게 뭔가 싶었나 봅니다. 그래서 닭똥 같은 눈물을 펑펑 흘렸습니다. 저는 그 장면을 보며 마음이 매우 아팠습니다. 무능한 남편 만나서 아내가 얼마나 화가 나고 슬프고 마음이 아플까? 생각했습니다. 일을 마치고 돌아오는 길에 아무 소리 않고 카세트 테이프를 틀어주었습니다. "괴로울 때 주님의 얼굴 보라. 평화의 주님 안식 주리라. 세상에서 시달린 친구들아 위로의 주님 바라보아라. 눈을 들어 주를 보라 네 모든 염려 주께 맡겨라 슬플 때에 주님의 얼굴 보라. 사랑의 주님, 안식주리라." 집에 오는 동안 찬양을 들었습니다. 도착해서 아내의 얼굴을 봤더니 언제 그랬냐는 듯이 밝아졌습니다. 아내가 주를 바라본 겁니다. 용기를 얻고 자신감을 얻은 듯 했습니다. 시원찮은 남편을 보면 신경질이 나지만 전능하신 주님을 보면 힘이 나고 자신감이 생깁니다. 믿으시면 아멘!

오늘도 힘듭니까? 사방을 봐도 길이 없어 보입니까? 나를 보니 실망입니까? 나를 지키시고 선한 길로 이끄시는 주님을 믿음으로 보세요. 그러면 용기가 생깁니다. 여러분, 우리가 힘들 때 부활의 주님은 나를 바라보라며 사랑의 손을 내미십니다. 그 손 붙들고 일어나십시오. 자신감이 생깁니다. 주님 사랑이 식었거나 사명을 잃었을 때 사랑의 주님을 바라보십시오. 찾아오사 사랑으로 내미시는 손을 붙들고 일어나십시오. 이 믿음으로 신앙이 회복되며 승리의 삶을 사시길 주님의 이름으로 축원합니다.

체인 스타일로 설교구성을 만드는 원칙들

① 본문이 긍정결과를 지니고 있는지를 먼저 살핀다.
② 그리고 긍정결과가 나타난 이유를 찾는다.
③ 긍정결과의 이유가 어떻게 해결됐는지를 밝힌다.
④ 이 설교구성은 본문에 질문을 던질 뿐만 아니라 '긍정결과' '이유' '해결책'에 관한 질문을 계속 던진다. 그러면 본문은 우리에게 답을 보여준다. 만약 질문을 던지지 않으면 본문은 답변하지 않는다. 그러므로 반드시 질문을 던질 필요가 있다.
⑤ 해결책이 항상 설교의 주(main)가 되게 한다. 본문도 해결책을 다루고 있는 본문으로 택한다.

3 문제제기, 원인, 반대 개념 및 유익들, 해결책을 찾으라

개념

이제 체인 스타일 설교의 마지막 구성을 보자. 이 구성은 다른 어떤 설교구성보다 치밀한 논리를 요구한다. 그래서 논리 사고가 명쾌하지 않은 설교자는 이 설교를 만들기가 쉽지 않다. 하지만 이미 만들어진 설교를 읽으면 오히려 쉽게 만들 수 있다는 자신감을 갖게 될 것이다. 마치 콜럼버스가 계란 끝을 깨서 계란을 수직으로 세우니 모든 사람이 '그것은 쉽다.'라고 깨달은 것과 같다. 이 구성의 장점은 논리가 치밀하여 청중에게 긴장감을 유발한다. 또한, 동시에 흥미를 끄는 장점이 있다. 출발은 부정적인 내용으로 시작 하나 시간이 갈수록 통쾌함을 주는 구성이다. 그래서 설교에 힘이 나타남을 볼 수 있다.

가령 누가복음 17:11-19을 근거로 '감사의 안경을 끼고 세상을 보라.'란 제목으로 설교를 구성해 보자.

① **문제제기** : 인간은 행복하지 못하다. 인간의 불행한 모습을 열거한다.
② **원인** : 근본 원인은 감사가 없기 때문이다. 감사하지 못해 불행한 모습을 열거한다.
③ **반대개념 및 유익** :
- 그러나 감사가 있는 곳은 다르다. 감사의 마음을 가지면 세상이 달리 보인다.
- 우울증이 발을 붙이지 못한다.
- 기적이 일어난다.
- 마음이 따뜻해진다. 그래서 감사하는 자는 행복하다.

④ **해결책** : 어떻게 해야 감사의 마음을 지닐 수 있을까?: 잃은 것보다 얻고 누리는 것을 기억할 때 감사할 수 있다. 그리고 남과 비교하지 않고 자신에게 주어진 축복을 인식할 때 감사할 수 있다. 그리고 은혜를 베푸신 하나님을 깊이 새길 때 감사할 수 있다.

위와 같이 설교를 만들면 훌륭한 설교구성이 된다. 여기서 본문을 해결책에서 적극적으로 활용하면 된다. 그리고 문제제기, 원인, 반대개념 및 유익들은 성경의 다른 본문을 적극적으로 활용하거나 현실의 삶에서 얻는 교훈을 사용하면 된다. 해결책에서 세 가지 개요를 전하는 것 같으나 부드럽게 만들면 하나의 개요처럼 할 수 있다.

설교구성 실례 ①

본문 에스겔 36:26-28
제목 새 마음을 받자
주제 새 마음은 삶의 변화를 가져온다
목적 성령을 통하여 새 마음을 갖게 한다.
개요 ① **문제제기** : 인간은 새 마음이 필요하다.
　　② **원인** : 그러나 인간은 새 마음을 갖기가 어렵다. 원인은 완전히 타락했기 때문이다.
　　③ **반대개념 및 유익들** : 그러나 하나님이 새 마음을 주시면 새로워지며 축복의 영혼이 된다.
　　④ **방법** : 어떻게 새 마음을 갖는가? 회개하며 새로워짐을 사모하면 성령님이 새롭게 변화시키신다.

① 문제제기
새 마음을 필요로 하는 인간

지난 3월에 베트남에 신학교 강의하러 갔다가 선교사님에게서 들은 이야기입니다. 분당에 사는 중년 사업가가 월남에 사업하러 왔다며 방을 하나 빌려 달래서 빌려줬더니 저녁마다 여성들을 바꿔가며 집으로 데려오더라는 겁니다. 선교사님이 몇 번이나 혼을 냈지만 도저히 절제를 하지 못하더랍니다. 선교사님이 보다 못해 쫓아냈는데 숙소를 옮긴 후에도 월남 여성들을 계속 가까이하였답니다. 그래서 선교사님이 볼 때마다 말렸는데도 듣지 않았답니다. 그러길 몇 년 후 다시 만났는데 선교사님이 깜짝 놀랐답니다. 그분이 에이즈에 걸려서 얼굴이 새까맣고 가죽만 남아 다 죽어가더랍니다. 여러분, 파멸에 이르면서까지도 그릇된 습관을 고치지 못하는 것이 인간입니다.

② 새 마음을 갖기 어려운 원인

인간이 스스로 변화되기가 참 어렵습니다. 왜 그럴까요? 뇌 의학자들은 사람의 뇌 속에 감정을 조절하는 편두체가 변화보다는 일정하고 반복된 일을 하게 만든답니다. 그래서 인간은 변화보다는 같은 것을 반복하려는 습성이 있다는 것입니다. 그래서 변화가 어려운 겁니다.

또 성경에선 변화가 어려운 이유를 인간의 마음이 근본적으로 타락하였기 때문이라고 말씀합니다. 성경은 증언합니다. 인간은 한번 타락하여 굳어져서 "모든 불의 추악, 탐욕, 악의가 가득한 자요… 수군수군하는 자요 비방하는 자요 하나님의 미워하시는 자요… 교만한 자요… 악을 도모하는 자요 부모를 거역하는 자요… 무자비한 자라"(롬 1:29-31). 왜 이런 모습으로 사느냐? 악한 쪽으로 마음이 굳어져서 그렇습니다.

어떤 분은 행복하게 살고 싶답니다. 행복하게 살기 위하여 어떻게 해야 하는지 방법도 안답니다. 그래서 사람을 만나면 활짝 웃는데 웃고 나면 뒤돌아선 우울하답니다. 행복해지고 싶은데 어느 순간에 다시 씁쓸한 마음을 하고 있답니다. 어떤 사람은 따뜻한 마음을 가져야지 결심하는데도 다시 금방 냉정해진답니다. 또 겸손해야지 하는데 어느덧 교만한 모습으로 돌아와 있습니다. 자기도 모르게 옛 모습으로 돌아가는 것입니다. 나는 왜 마음이 돌같이 굳어져 있을까? 왜 남을 부드럽게 받아들이지 못할까? 왜 부드러운 사람이 될 수 없을까? 고민해도 쉽게 안 고쳐집니다.

사람이 늘 착하고 부드러운 마음을 소유하면 얼마나 좋습니까? 늘 기쁘고 행복한 모습으로 살면 얼마나 좋습니까? 이런 사람이 되려면 마음 깊숙한 곳으로부터 기쁨과 행복의 원천이 샘물처럼 솟아나야 합니다. 그래야 지속적으로 기쁜 마음을 나눌 수가 있습니다. 문제는 이것이 쉽지 않다는 것입니다. 다시 외롭고 다시 슬퍼집니다. 이대로 놔두면 우울증에 빠지기도 하고 가족 간에 문제도 발생합니다. 이대로 방치해 두면 신앙이 성장하지 않고 영혼이 메말라 버립니다. 여기에 문제가 있습니다.

이러한 인간을 향하여 칼뱅은 말합니다. "인간은 전적으로 타락하여 하나님이 도와주지 않으면 어느 누구도 죄와 고통으로부터 스스로를 구원할 수 없다. 인간은 본질적으로 타락한 존재, 어느 것 하나 선한 것 없는 존재이다." 옳은 말입니다. 성경이 말씀합니다. "모든 사람이 죄를 범하였으매 하나님의 영광에 이르지 못하더니." 이사야 42:20를 보세요. "너는 눈이 있어도 보지 못하며 귀가 있어도 듣지 못하며… 열심히 신앙 생활하면서도 깨닫는 것도 없고 느끼는 것도 없고 들려지는 것도 없다." 인간이 근본적으로 타락했기에 이렇게 변화가 어렵습니다. 새로워지고 싶지만 잘 안됩니다. 여기에 고민과 갈등이 있습니다. 그래서 오죽하면 바울은 "오호라 나는 곤고한 사람이로다 누가 나를 이 사망의 몸에서 건져내랴." 하며 탄식했습니까?

③ 반대개념 및 유익
새 마음의 유익

그러나 하나님이 새 마음을 주시면 다릅니다. 오늘 말씀을 보세요. 26절에서 "또 새 영을 너희 속에 두고 새 마음을 너희에게 주되 너희 육신에서 굳은 마음을 제거하고 부드러운 마음을 줄 것이라. 내 영을 너희 속에 두어 너희가 내 규례를 지켜 행할지라."고 했습니다. 굳은 마음을 제거하고 부드러운 마음을 주시고 새롭게 만드시는 분이 하나님이십니다.

   사마리아 여인은 평생 죄로 뒤범벅이 되어 살아온 사람이었고 그로 인하여 사람들을 기피하며 살던 사람이었습니다. 그런데 이 여인이 야곱의 우물에서 주님을 만난 후에 새롭게 바뀌었습니다. 밝고 환한 얼굴, 기쁨이 가득한 사람이 되었습니다. 그리고 물동이를 내 던지고 사람들이 모인 곳으로 달려가 복음을 전했습니다. 더 이상 사람을 피하지도 두려워하지도 않았습니다. 주님을 만나 몇 마디 말씀을 듣고 인격적인 접촉을 이루었을 뿐인데 그녀는 완전히 달라졌습니다. 주님으로부터 새 마음을 부여 받았기 때문입니다.

촌에서 양을 치던 목자 사울에게 하나님께서 기름 부어 이스라엘의 왕이 되게 하시겠다고 말씀하시자 사울은 무능하고 심약한 사람인지라 자신이 왕이 될 자격이 없다며 거부했습니다. 하지만 하나님이 그에게 말씀하기를 "너에게 여호와의 신이 크게 임하리니 너도 그들과 함께 예언을 하고 변하여 새사람이 되리라." 할렐루야! 그리고 얼마 있지 않아서 하나님이 사울에게 새 마음을 주셨고 사울은 담대해졌고 능력 받아 왕이 될 그릇으로 세워졌습니다. 하나님이 그에게 새 마음을 부어 주심으로 그가 완전히 새로워졌던 것입니다. 여기에 새 마음의 은혜가 있습니다. 혼자서는 죽었다가 깨어나도 새 마음을 가질 수가 없는 것이 인간인데 위에서 부어 주시니 저절로 새 마음을 얻게 되었습니다. 여기에 하나님의 축복이 있습니다.

우리 지방회 목사님 가운데 김 목사님이란 분이 있는데 이 분이 한번은 40일 금식기도 하였는데 하다 보니 50일이 되었답니다. 탈진되어 죽게 되어 병원으로 옮겼는데 장례식을 준비하라고 했답니다. 그런데 죽질 않고 극적으로 살아났습니다. 하지만 워낙 탈진이 커서 목회도 못하고 회복하는 데에만 몇 년을 보내야 했습니다. 그런데 놀라운 사실은 김 목사님의 회복단계에서 하나님이 계속해서 목사님께 말씀을 주시며 깨달음을 주시는 겁니다. 이전에 깨닫지 못했던 진리들을 계속해서 깨닫게 하시고 새롭게 느끼게 하시는데 말씀이 얼마나 꿀송이처럼 달고 새로운지 말씀을 받아 적으며 울고 또 울고 감격 또 감격하였습니다. 그런데 말씀을 들으면서 마음이 점점 새로워지더랍니다. 세속적인 것들이 자기 영혼 속에서 빠져 나가는데 인간의 욕심, 인간적인 미련, 세상 유혹, 땅에 대한 집착, 나약한 본성, 수시로 찾아오는 죄성, 이 모든 것들이 목사님의 생각과 마음속에서 다 빠져 나갔습니다. 그 대신 거룩하고 깨끗한 생각과 마음을 갖게 되었습니다. 악한 생각이 전혀 찾아오질 않고 다만 하늘나라가 아주 가깝고 뚜렷하게 보이더랍니다. 아 진작 왜 이런 믿음으로 목회하지 못하였나 탄식하며 매일 매일 주시는 말씀과 깨달음에 감사하게 되었답니다. 지금껏 목회하는 동안 자기의 영혼이 이렇게 맑고 깨끗하기는 처음이랍니다. 하나님이 새 마음을 주신 것입니다.

하나님으로부터 새 마음을 부여받으면 영혼이 아름답게 변합니다. 새 언어를 말합니다. 새 꿈을 꿉니다. 새로운 세계를 봅니다. 마음에 평안과 기쁨, 위로와 행복이 영혼 속에 차오릅니다. 이렇게 한 영혼이 아름답게 변하고 새로워질 때 가족들도 주변 사람들도 모두가 함께 은혜를 받고 행복해집니다. 이렇게 새 마음을 받으면 영혼이 새로워져서 능력 있게 쓰임 받습니다. 여러분, 하나님으로부터 새 영을 부여받는 저와 여러분 되시기를 바랍니다.

② 새 마음을 받는 방법

여러분, 새 마음이란 무엇입니까? 하나님이 위로부터 부어 주시는 것입니다. 내가 스스로 노력해서 얻는 것이 아니라 하나님이 위로부터 부어 주시는 선물입니다. 새로운 생각, 새로운 느낌, 새로운 시각, 새로운 감정을 갖는 것입니다. 새로운 자세, 새로운 습관, 새로운 삶의 목표, 새로운 능력 등을 부여 받는 것입니다. 굳은 마음이 아니라 부드러운 마음, 진리와 거룩의 마음, 겸손하고 남을 배려하는 따뜻한 마음, 이 세상을 초월하여 하늘나라를 바라보는 마음을 갖는 것입니다. 이렇게 바뀌면 얼마나 멋집니까? 하나님이 쓰시기에 부족함이 없는 사람이 됩니다.

하나님의 부어주시는 새 마음을 소유하려면 어떻게 해야 합니까? 나를 잘 알고 계시는 하나님 앞에 나의 현재의 모습을 있는 그대로 다 고백하는 것입니다. 상처받은 마음, 우울한 마음, 연약한 마음, 이런저런 일로 실망한 마음 등을 하나님 앞에 다 내어놓는 것입니다. 솔직하게 고백하세요. 하나님, 내 마음은 이렇습니다. 내 마음은 좁아터졌습니다. 오해를 잘 합니다. 저도 제 마음을 잘 다스리지 못해서 문제를 일으킵니다. 하나님, 내 마음을 이 대로 두시면 또 넘어집니다. 내버려 두지 마소서. 새롭게 하소서. 새 마음을 주소서. 사울과 다윗에게 새 마음 주시고 예수님의 제자들에게 새 마음을 주셔서 놀랍게 쓰셨듯이 저를 불쌍히 여겨 새 마음을 주십시오. 하고 자신의 마음을 다 내어놓으시며 울부짖으시길 바랍니다. 그러면 하나님은 우리의 상처 난 마음을 새롭게 하시고 우리의 빈 마음에 깨끗하고 새로운 마음을 부어 주십니다. 새 에너지를 부어 주십니다.

한번 새로워지는 것만으로는 중요하지 않습니다. 새 마음이 지속되어야 합니다. 언제 그것이 가능 하냐 오늘 말씀 27절처럼 성령이 내 속에 들어와 좌정하사 나를 이끌어갈 때 가능한 것입니다. 성령이 인간의 마음속에 들어오사 완전히 새로운 마음을 갖게 한 베드로를 보세요. 예수님께서 대제사장의 군대에 잡혀가사 십자가에서 죽으실 것이라는 소식을 듣자 베드로를 비롯한 제자들은 실망하여 도망갔거나 삼삼오오 모여 문을 걸어 잠그고 숨을 죽이고 있었습니다. 예수님이 이스라엘의 왕이 되면 높은 벼슬을 꿈꾸었던 그들의 소망은 물거품처럼 사라졌습니다. 다만 실망, 탄식 죽음의 공포 앞에 두려워 떨고 있었습니다. 그런데 놀랍게도 주님이 죽은 자 가운데서 살아나셨다는 충격적인 사실을 접하자 그들은 뒤통수를 맞은 듯 큰 충격을 받았습니다. 주님의 부활과 승천을 목격한 그들은 부활과 영생의 소망을 갖고 마가의 다락방에 돌아와 기도하였습니다. 기도하는 동안 주님처럼 죽어도 죽지 않고 부활과 영생에 참여하게 된다는 사실에 흥분하였고, 주님 부활, 나의 부활, 주님의 승리, 나의 승리란 확신 속에 생명의 복음을 전파하는 기쁨, 소망으로 충만하였습니다.

대제사장의 군대와 로마 정부의 탄압과 그로 인한 죽음에 대한 위협은 변한 것이 없지만, 그들은 더 이상 두렵거나 실망하지 않습니다. 더 이상 옛 모습이 아니었습니다. 오직 부활의 기쁨과 영생에 대한 소망,

그리고 하나님과 영원히 함께할 것이란 믿음의 확신으로 충만하였습니다. 그리고 이 놀라운 소식을 세상에 전하고 싶은 용기와 담대함으로 충만했습니다. 완전히 새사람이 되었습니다. 새 마음이 되었습니다. 하나님이 그들을 새롭게 하셨습니다. 두려움, 탄식, 실망, 절망의 옛 마음은 사라지고 기쁨, 소망, 믿음의 확신, 용기와 담대함으로 충만한 사람들이 되었습니다.

어떻게 해서 이렇게 되었습니까? 믿음으로 기도하였을 때 마음속에 새로운 에너지, 새로운 마음 새로운 뜻이 생겼습니다. 지속적으로 기도할 때 새로운 열정이 솟았습니다. 가장 훌륭하고 진실한 마음과 생각을 갖게 되었습니다. 누가 그렇게 하셨느냐? 하나님이십니다. 하나님이 위로부터 부어주셨습니다. 하나님이 위로부터 부어주셨을 때 새로워지는 은혜가 임한 것입니다.

우리가 행복하게 살고자 한다면, 불행하게 만드는 옛 모습을 걷어내고 행복한 미래를 열어가길 원한다면, 효율적인 직분자로 쓰임 받길 원한다면, 우리는 위로부터 부어주시는 새 마음을 부여 받아야 합니다.

이를 위하여 지금도 우리에게 새 마음을 부어주시는 하나님께 있는 그대로의 연약한 모습을 하나님께 내어 놓으세요. 새 마음을 부어 달라고 기도하세요. 기도하되 지속적으로 기도하며 지속적으로 성령의 충만을 사모하세요. 성령이 충만해질 때 하나님이 주시는 새로운 마음이 임합니다. 사도행전은 성령의 장인데 기쁨의 장이기도 합니다. 성령이 충만하니 기쁨이 충만하더라. 할렐루야! 우울하고 슬프고 불행하게 느껴지고 무기력하게 여기지는 것은 옛 마음입니다. 이 옛 마음을 새 마음으로 바꾸시는 분이 하나님입니다. 새 마음을 부어주시는 하나님의 은혜를 사모하며 성령의 충만을 덧입으시길 바랍니다. 성령 충만할 때 하나님이 부어주시는 새로운 마음이 우리 속에 지속적으로 역사하는 것입니다. 우리 다 같이 주여~ 부르며 새 마음을 주십사 기도합시다. 주여~

설교구성 실례 ②

본문 창세기 3:1-11
제목 비전을 품은 인생
주제 비전을 품은 인생은 결실을 맺는다.
목적 비전을 품어 결실을 맺는 삶을 살게 한다.
개요 ① **문제제기 :** 인생을 낭비하는 사람이 많다.
② **원인 :** 비전이 없기 때문이다.
③ **반대개념 및 유익 :** 그러나 비전을 품으면 세월을 낭비하지 않고 알차게 산다.
④ **해결책 :** 어떻게 비전을 품고 성취하는가? 더 멀리보라. 그리고 고난이 올 때 반드시 인내하며 도우시는 하나님의 손길을 믿음으로 바라보라. 그러면 하나님의 도우심을 체험하며 비전을 성취한다.

① 문제제기
인생을 낭비하는 사람이 많다

한 젊은이가 가난한 환경에서 자라나 이것저것 해 보려고 했지만 제대로 되는 일이 없었습니다. 이에 자주 절망하더니 한 걸음 더 나아가 가진 자에 대한 분노가 생겼고 세상을 부정적인 눈으로 보게 되었습니다.

감옥에 들어갔을 때 아내가 이혼을 요구하자 여자에 대한 증오심도 생겼습니다. 세상에 대한 적개심으로 가득하여 출소한 후에 그는 무작위로 20여 명의 부자와 여자를 죽였습니다. 경찰에 체포된 직후 그의 첫 반응은 살고 싶지 않으니 빨리 죽여 달라는 것이었습니다. 반성도 없는 냉정함뿐이었습니다. 짐승과 같이 변한 그에게 아무도 접근할 수 없었던 2년이 지난 뒤, 어느 날 그는 심경의 변화를 일으켰습니다. "저는 20여 명의 희생자와 가족들에게 씻을 수 없는 상처와 고통을 안겼습니다. 지옥에 가서라도 대가를 달게 받겠습니다." 자신의 행동의 본질을 깨달은 것입니다. 그리고 "아버지가 연쇄 살인범이라는 무거운 짐을 아들에게 떠맡긴 것이 가슴이 찢어지도록 고통스럽다."고 했습니다. 그의 최근 고백은 더 진실합니다. "나는 왜 닥치는 대로 살았나, 왜 타락의 길을 선택했나, 내게 주어진 시간, 생명을 왜 불행하게 보냈나... 후회스럽다."고 했습니다. 연쇄 살인범 유영철의 이야기입니다.

② 인생낭비의 원인
비전이 없기 때문이다

유영철이 인생을 포기한 이유가 무엇입니까? 경제적인 고난이나 가정 문제 때문이 아니라 행복하게 잘살아 보려는 인생에 대한 꿈이 없었기 때문입니다. 그는 고백하길 "지금껏 어떤 꿈을 꾸며 살아야 하는지 아니 꿈이 무엇인지조차 모른 채 살았다."고 했습니다. 비전이 없을 때 사람은 세월을 낭비하며 그릇된 길로 갑니다.

말도 못하고 듣지도 못하고 보지도 못하는 헬렌 켈러, 하지만 세상에 가장 큰 감화력을 끼친 그녀에게 누군가 물었습니다. "보지 못하는 맹인과 듣지 못하는 농인 중 누가 더 불쌍한 사람입니까?" 그때 헬렌 켈러가 답했습니다. "맹인도, 농인도 아닌, 시력과 청력은 있으되 비전이 없는 사람입니다." 그렇습니다. 비전이 없으면 불쌍한 사람입니다. 비전이 없으면 살아갈 의욕도 용기도 발휘하기 어렵습니다.

불행한 과거를 자주 말하는 사람을 보세요. 과거에만 집착하며 불행의 원인을 남의 탓으로 돌리는 사람을 보세요. 그들에게 미래에 대한 비전이 없습니다. 그래서 과거에만 집착했습니다. 삼손은 재능이 있었으나 과거의 여자에만 집착하느라 비전이 없었고 사울 왕은 비전을 펼칠 수 있는 위치에 있었으나 다윗에 대한 시기심에 갇혀 비전이 무엇인지 조차 몰랐습니다. 그래서 그들은 재능과 능력을 낭비했고 인생의 끝을 불행하게 만들었습니다.

③ 반대개념 및 유익
그러나 비전을 품을 때 유익이 많다

여러분, 비전이란 무엇입니까? 인생의 분명한 계획이나 꿈을 향해 전진하는 것을 말합니다. 하나님의 사람인 경우 하나님이 나를 통하여 이루길 원하시는 하나님이 주신 꿈과 계획을 말합니다.

저와 함께 신학교를 다녔던 한 친구는 자신은 신학교를 졸업한 후 필리핀 선교사로 일하는 것이 하나님이 주신 비전이라고 했습니다. 그러더니 30년 가까이 지금껏 필리핀 선교사로 살아가고 있습니다. 제 신학교 후배 한 분은 졸업 후에 미국에 가서 교수하면서 전 세계를 돌아다니며 빌리 그레이엄처럼 복음을 전하는 비전을 받았다 했습니다. 그러더니 지금까지 수십 년 동안 전 세계를 다니며 복음을 전하고 있습니다. 제 친구는 어릴 때부터 목회자를 돕고 교회를 세우는 비전을 하나님이 주셨다며 그렇게 살도록 기도해 달라 했습니다. 그러더니 정말 물질적으로 성공했는데 성공 이후부터 지금까지 하나님의 일에 얼마나 귀하게 쓰임 받는지 모릅니다. 제 친구 아버님은 "내 평생 동안 10개의 교회를 개척하는 것이 하나님이 내게 주신 비전이란다." 하시더니 정말 10개의 교회를 개척하고 세상을 떠났습니다. 어느 집사님들은 평생 동안 주일학교 교사로, 성가대로, 심지어 새벽종을 치는 일로, 교회 안내로 하나님이 내게 비전을 주셨다며 충실하게 그 일을 감당하며 하나님께 영광을 돌렸습니다.

비전은 하나님이 주신 꿈과 계획을 향해 전진하는 것을 말합니다. 자기 욕심이 아닌 하나님이 주신 꿈을 말합니다. 이 계획, 이 소망을 이루기 위하여 더 멀리 보고 더 깊이 보는 것이 비전입니다. 남이 생각하지 못하고 남이 계획하지 못하는 것을 하나님의 인도하심 속에 더 분명하게 세워가는 것이 비전입니다. 이런 비전이 저와 여러분의 가슴속에서 살아있기를 바랍니다.

A. 비전을 품은 사람은 생각이 다릅니다

비전을 품은 사람은 미래 지향적이며 의욕적이며 적극적입니다. 제가 대학에 다니던 시절 중고등학생 과외를 한 적이 있습니다. 한 학생은 열심히 공부를 하는데 한 학생은 도통 공부를 하지 않습니다. 그래서 "커서 뭐가 될 거냐?"고 물으니 공부 열심히 하는 학생은 "저는 커서 이런, 이런 사람이 될래요." 비전을 말했습니다. 그런데 공부하지 않는 학생은 "글쎄요. 잘 모르겠어요." 하였습니다. 30여 년이 지난 지금 비전을 품었던 학생은 고급 공무원이 되었고 꿈이 없었던 학생은 지금도 부모에게 용돈을 타 쓰고 있습니다. 비전을 품은 사람과 그렇지 않은 사람의 차이가 현격했습니다. 비전의 사람은 세월을 낭비하지 않습니다. 꿈을 좇아갑니다. 열매를 맺습니다.

보세요. 아브라함은 75세나 되었지만 고향을 떠나 하나님의 인도하심을 받으며 하나님이 주신 비전을 따라 살았습니다. 그 결과 민족의 조상이 되는 복을 누렸습니다. 여러분, 비전 없는 사람은 시간을 낭비하지만, 비전의 사람은 하나님 영광을 위하여 알차게 살아갑니다. 그래서 큰일을 이루어 가며 복된 삶을 살기도 합니다. 여기에 비전을 품은 자의 축복이 있습니다. 이런 비전의 사람이 되시길 바랍니다.

B. 비전을 품은 사람의 또 다른 유익은 능력이 개발된다는 사실입니다

비전을 따라 살면 자신의 능력뿐 아니라 성품도 개발되고 비전을 수행할 능력과 에너지를 갖추게 됩니다. 일제강점기 시대에 전라북도 청웅에서 태어난 한 소년은 어린 시절 머슴살이를 할 만큼 가난하였습니다. 소년은 온갖 고생 끝에 18살에 중학교를 졸업하고 무작정 상경하여 신문팔이 구두닦이를 하면서도 고향에서처럼 교회를 열심히 다녔습니다. 예배드리는 중에 가난한 한국을 농업혁명으로 살리겠다는 비전을 품었습니다. 청년은 농업으로 발달한 덴마크에서 공부하고 싶어 덴마크 국왕에게 무작정 편지를 보냈습니다. 무모한 도전 같았으나 놀랍게도 덴마크 국왕으로부터 모든 유학비용을 대겠다는 답장을 받았습니다. 그는 홀로 덴마크로 건너가 유학을 마쳤고 그 뒤 농업으로 유명한 이스라엘로 건너가 박사학위를 받았습니다. 결국 가난한 농부의 아들이 한국 학계의 거두가 되었습니다. 건국 대학교 부총장이었던 유태영 박사 이야기입니다.

그에게 비전이 없었더라면 그의 삶은 머슴살이로 끝났을지도 모릅니다. 비전을 품었기에 그의 능력과 재능이 발전했고 성장했습니다. 찰스 알렌이 지은 『변화』라는 책을 보면 이 세상에서 가장 위대한 삶이란 비전을 품는 삶이라고 하였습니다. 비전이 사람의 능력을 개발하고 성장하게 만듭니다. 비전을 품어 자신을 개발시키세요. 비전을 품고 하나님이 사용하시는 사람으로 성장하시길 바랍니다.

C. 또 비전을 품은 사람은 이루어야 할 목표가 가슴에서 불타고 있기에 쉽게 지치지 않습니다

불행하게도 노인처럼 쉽게 지치는 젊은이가 있습니다. 비전이 없기 때문입니다. 그러나 젊은이처럼 지치지 않는 노인이 있습니다. 비전을 품고 있기 때문입니다. 비전이 있으면 나이가 많아도 젊은이가 되고 비전이 없으면 젊은이라도 노인이 됩니다.

여호수아가 이스라엘을 가나안에 정착시킬 때는 나이가 많았습니다. 하지만 그는 그 어려운 가나안 정착을 이루어내는 데에 보란 듯이 성공했습니다. 사람들의 방해가 있었고 어려움들이 지속적으로 발생했지만, 그는 지치거나 포기하지 아니하였습니다. 젊은이 못지않은 지구력과 인내심으로 하나님이 주신 사명을 끝까지 감당하여 마침내 가나안 정착을 완수했습니다. 그 이유가 뭐였느냐? 그에게 남에게 없는 하나님이 주신 비전이 있었기 때문입니다. 그의 눈은 하나님이 주신 비전을 보았고 그의 가슴은 하나님의 꿈으로 불타고 있었습니다. 그 비전이 가슴에서 불타고 있었기에 목표가 분명했고 행동이 뒤따랐고 따라서 피곤할 겨를이 없습니다. 여기에 비전을 품은 사람의 축복이 있습니다. 여러분 자주 피곤을 느끼나요? 자주 포기하고 싶은 생각이 드나요? 비전이 없어서 그렇습니다. 하나님이 주시는 비전을 다시 회복하여 가슴에 품으시길 바랍니다. 하나님께 엎드려 비전을 달라고 기도하시길 바랍니다. 그래서 지치지 않는 삶의 열정이 저와 여러분의 가슴에서 불타오르길 바랍니다.

D. 비전을 품으면 또 다른 축복이 있습니다

신나는 인생이 됩니다. 지금도 선명합니다. 제가 대전의 모 교회에서 전도사로 있을 때 친구 아버님이 65세에 교회에 처음 출석하기 시작했는데 그분은 자주 "이대로 살다가 죽으면 그만이지." 하셨던 분이었습니다. 그런데 이 분이 어느 날 은혜를 받더니 비전을 받았습니다. "하나님이 전도하도록 부르셨다."며 사람들에게 얼마나 열심히 전도하는지 전도 열매를 풍성히 맺었습니다. 그리고 주변 사람들에게 큰 도전을 주었습니다. 그뿐만 아니라 이 분은 신앙생활을 아주 즐겼습니다. 그분은 종종 "신앙생활이 이렇게 좋은 줄 몰랐다."고 강조하셨습니다. 가끔 함께 식탁에 앉을 때면 교회사랑 얘기, 하나님 사랑 얘기로 이야기꽃을 피웠습니다. "죽을 때까지 전도하는 것이 내가 가진 비전"이라며 소천 직전까지 전도하며 살았습니다. 그분의 노후의 삶이 참 아름다웠습니다. 여러분, 비전이 없으면 의미 없이 삽니다. 하지만 비전이 충만하면 마지막 순간까지 신나는 삶, 아름다운 인생을 삽니다. 비전을 품으면 삶이 의욕적입니다. 지치지 않습니다. 재능과 능력이 개발됩니다. 신나는 삶이 이어집니다. 여러분이 이렇게 비전을 품은 인생으로 살길 바랍니다.

문제는 하나님이 기뻐하시는 비전을 어떻게 이루느냐는 것입니다. 많은 사람이 비전을 품기만 하고 성취하지 못할 때가 있습니다. 소위 성령으로 시작하였다가 육체로 마치고 은혜로 시작하였다가 후회로 마칠 수 있습니다. 그 이유는 자신의 욕심을 이루려고 하기 때문입니다. 하나님은 우리가 내 뜻이 아닌 하나님의 뜻이 담긴 비전을 성취하길 원하십니다. 믿으시면 "아멘!" 합시다.

④ 비전을 성취하는 방법

본문을 보면 요셉은 사람들을 이롭게 하는 지도자의 비전을 하나님으로부터 받았습니다. 6절 이하를 보세요. "우리가 밭에서 곡식을 묶더니 내 단은 일어서고 당신들의 단은 내 단을 둘러서서 절하더이다." 9절에 보니 "요셉이 다시 꿈을 꾸고 그 형들에게 고하여 가로되 내가 또 꿈을 꾼즉 해와 달과 열한 별이 내게 절하더이다."

12형제 중에 11번째로 태어난 요셉은 지도자가 되기에는 너무도 어리고 열약한 환경이었습니다. 하지만 하나님으로부터 지도자가 되어 민족을 구원하는 비전을 받았습니다. 그는 비전을 성취하는 과정에서 온갖 고난을 받았습니다. 그러나 믿음으로 잘 참고 견뎠습니다. 오늘 본문에 나오는 요셉은 비전을 품은 후에 유영철보다 훨씬 심한 고난을 겪었습니다. 길고도 깊고 큰 고난과 역경을 겪었습니다. 적어도 13년 이상이나 죽을 뻔 했던 위기들을 겪었고 억울한 누명을 쓰기도 하였고 한 번 들어가면 빠져 나오기 힘든 지하 감옥에 갇혀서 온갖 슬픔, 외로움, 실망, 좌절, 역경, 시험과 유혹을 겪었습니다. 사람이 이쯤 되면 삶을 포기하지 않겠습니까? 하나님을 원망하며 비전을 버리지 않겠습니까?

그러나 요셉은 그 깊고도 큰 고통 속에서도 비전을 포기하지 않았습니다. 고통이 닥칠 때 참았고 길이 막히면 열릴 때까지 기다렸으며 인내가 필요할 때 하나님을 바라보며 참고 견뎠습니다. 그러자 하나님은 때가 되었을 때 요셉을 노예의 신분에서 애굽의 이인자로 만드셨습니다. 극적인 반전을 이루며 비전을 성취하게 하셨습니다.

많은 사람들이 비전을 받았으나 비전 성취를 위하여 아무런 노력도 하지 않습니다. 고난이 오면 쉽게 쓰러집니다. 쉽게 포기합니다. 이런 사람은 절대로 비전을 성취할 수 없습니다. 여러분에게 하나님이 주신 비전이 있습니까? 비전을 성취하길 원하신다면, 먼저 인내심을 키우십시오. 고난을 이기려는 믿음으로 충만 하십시오. 비전을 이룰 때까지 어떤 고난도 견딜 줄 아는 믿음의 사람이 되십시오. 이런 사람이 비전을 이루도록 하나님은 축복하십니다. 이 믿음으로 승리하는 저와 여러분 되시기를 바랍니다.

비전성취를 위해서는 인내뿐만 아니라 하나님의 은혜에 전적으로 의지하는 겸손함이 있어야 합니다. 보세요. 요셉이 비전을 성취하는 데에는 그의 믿음의 노력뿐만 아니라 하나님의 은혜 또한 필요하였습니다. 요셉은 비전을 성취하고 난 뒤에 형들에게 이렇게 고백했습니다.

"당신들은 나를 해하려 하였으나 하나님은 그것을 선으로 바꾸사 오늘과 같이 많은 백성의 생명을 구원하게 하시려 하셨도다"(창 50:20). 여기서의 주어는 하나님입니다. "하나님이 도우셨다… 하나님이 하셨다."고 했습니다. 요셉을 만민의 생명을 구원하는 일꾼으로 세우시기까지 하나님의 절대적인 인도하심과 도우심이 있었습니다. 형들이 그를 흙구덩이에 던졌으나 유다를 통해서 하나님이 구해주셨고 보디발의 집에 노예로 팔려갔으나 그곳에서 유혹을 이기게 하셨고 한번 들어가면 빠져나올 수 없는 지하 감옥에 던져졌으나 그곳에서 건져주셨습니다. 요셉이 고통스러운 과정을 견디고 이기게 하신 분은 바로 하나님이셨습니다. 성경은 증언합니다. 요셉이 고통 속에 있을 때 "하나님이 간수장에게 은혜를 받게 하시매"(창 39:21). 요셉의 인생을 쥐고 있던 간수장에게 하나님이 은혜를 베푸사 결국 요셉을 높이 들어 올리게 하셨습니다. 요셉은 하나님 은혜를 따라 믿음으로 승리하였던 것입니다.

여러분, 어떤 비전도 쉽게 이뤄지는 것은 없으며 어떤 비전도 저절로 이뤄지는 것은 없습니다. 비전이 클수록 고난도 비례합니다. 그러므로 비전을 성취하려면 반드시 고난을 견디는 믿음과 은혜를 베푸시는 하나님을 의지하는 겸손이 필요합니다. 우리가 비전을 이루려고 고난의 터널을 통과하는 동안 하나님은 침묵하시지 않으십니다. 비전이 성취되도록 도와주십니다. 요셉에게 그러하셨고 모세에게 그러하셨던 하나님이 비전에 붙들린 저와 여러분에게도 그렇게 도와주실 것입니다.

사랑하는 성도 여러분, 지금 하나님이 주신 비전속에 있나요? 그 비전은 가정을 위한 것일 수도 있고 나 자신의 꿈을 이루기 위한 것일 수 있고, 하나님의 영광을 위한 것일 수도 있습니다. 그 비전을 품고 여기까지 왔나요? 그런데 그 비전 때문에 고난을 겪고 있습니까? 비전성취가 어려워보이나요? 고난을 피하거나 고난 앞에서 포기하지 마시고 정면으로 부딪쳐서 이겨 내시길 바랍니다. 더 많이 인내하시고 더 많이 기도하시길 바랍니다. 하나님이 우리의 비전이 이뤄지도록 도우실 것임을 믿으며 나아가시길 바랍니다. 하나님이 주신 비전에 붙들려 행복하고 값지게 살면서 비전을 아름답게 성취하며 하나님께 영광 돌리시길 주님의 이름으로 축원합니다.

체인스타일로 설교구성을 만드는 원칙들

① 이 스타일은 다른 어떤 구성법보다 치밀한 구성임을 기억하고 논리적으로 어긋나지 않게 한다.
② '반대개념'이나 '유익'을 다룰 때에도 적절한 성경구절을 인용하면 더 좋다.
③ 본문을 다루는 곳은 주로 '해결책'의 위치여야 한다. '해결책'이 가장 중요한 부분임을 인식하고 가장 많은 시간을 할애해야 함을 기억하라

6
내러티브 스타일
Narrative

이제 마지막 장인 내러티브 스타일 설교를 생각해 보자. 내러티브(Narrative)란 한글로 서사라고 번역하기도 하고 이야기라고 번역하기도 한다. 하지만 내러티브와 이야기에는 분명한 차이가 있다. 이야기는 여러 가지 사건을 시간의 순서에 따라 열거한 것을 말한다. 가령 '왕이 죽고 왕비도 죽었다.'고 하면 이는 시간의 순서에 따라 발생한 사건을 기록한 것이며 따라서 이야기라고 할 수 있다. 하지만 이 이야기에 해설이 들어가면 약간 달라진다. 가령 '왕이 죽고 나자 왕비가 너무 슬퍼서 뒤따라 죽었다.'고 하면 이 문장 안에 서술자의 해석, 즉 왕비가 죽은 이유가 들어가 있다. 이 해석을 삽입한 것이 내러티브이다. 이야기는 사건을 시간의 순서와 사건의 순서에 따라 기술한 것이라면 내러티브는 이야기 안에 서술자의 해석이 첨가된 사건을 다룬 것을 말한다. 즉 내러티브는 이야기형식을 취하되 서술자의 해석이 가미된 이야기이다. 드라마를 진행할 때 해설 즉 내레이션(Narration)을 읽는 사람을 나레이터(Narrater)라고 한다. 이처럼 해석이 가미된 이야기를 내러티브라고 말하고 내러티브로 만든 설교를 이야기 설교라고 하기 보다는 내러티브 프리칭(Narrative Preaching)이라고 한다. 그러므로, 이야기와 내러티브는 비숫하면서도 조금 다르다. 물론 이야기와 내러티브의 공통점도 있다. 가령 둘은 딱딱한 설명이 아니라 재미있는 이야기로 진행한다. 그래서 일반 강연이나 뉴스 보도보다 훨씬 재미있고 관중이나 청중의 관심을 끈다. 그래서 요즘 방송에서는 드라마는 물론이고 오락 프로그램이나 심지어 뉴스 보도 등 모든 영역에 까지 내러티브 스타일로 사실이나 메시지를 전하는 경향이 늘어나고 있다. 그만큼 내러티브가 시청자에게 도움을 주는 효율적인 전달방식인 것이다.

설교에서 이야기 설교와 내러티브 설교로 나누어 설명된다. 이야기 설교는 설교자의 해석이 들어가 있지 않고 스토리(본문) 내용을 있는 그대로만 전하는 것이다. 가령 다윗이 골리앗과의 싸움에서 승리한 사건을 있는 그대로 살을 붙여 재미있게 전하며 마지막 부분에 적용을 가미한 이야기로 끝을 낸다. 그러나 내러티브 설교는 설교자가 중심인물의 행동이나 심리, 태도 등을 설교자의 관점에서 해석하며 이야기를 전개한다. 가령 다윗이 골리앗을 상대할 때 다윗의 심리를 묘사하며 그의 마음이나 신앙 상태 등을 설교자의 관점에서 설명한다. 형식은 이야기의 흐름을 따르되 내용면에서는 설교자의 관점이 들어간 해석을 가미한 것이 내러티브 설교인 것이다.

내러티브 설교는 이야기에서 사용하는 구성을 그대로 사용할 수 있다. 이야기 구성에서 사용하는 '발단, 갈등, 절정, 대단원'의 구성을 그대로 따르며 설교할 수 있다. 이 구성을 '발단, 갈등, 절정, 대단원으로 향하라.'의 구성법이라고 한다. 내러티브 설교의 두 번째 구성은 이 이야기 구성을 좀 더 단순화시킨 '문제제기, 원인분석, 해결책(복음제시), 확신(경험)을 찾아라.'의 구성이다. 이 두 번째 구성법은 유진 라우리(Eugene L. Lowry)가 창안한 구성이기도 하다.

1 발단, 갈등, 절정, 대단원으로 나아가라

이 내러티브 구성은 발단, 전개, 갈등, 절정, 대단원으로 나눈다. 하지만 전개와 갈등을 하나로 묶어서 4단계로 축약하기도 한다. 어쨌든 이야기 구성의 4단계는 각 단계마다 특성과 기능 요소를 가지고 있다. 자 이제 이 내러티브 설교를 위한 개념을 살펴보자.

개념

성경의 10분의 9는 이야기 본문이며 이 본문들은 내러티브 설교라 할 수 있다. 이 본문들 속에는 항상 구성(Plot)이 담겨있다. 설교자는 본문으로부터 이야기 속의 구성이 무엇인지를 발견한다. 앞서 말했듯이, 이야기 구성은 발단(Exposition), 갈등(Complication), 절정(Climax), 대단원(Denouement)의 단계로 되어 있다. 이 구성을 활용하여 내러티브 설교를 만들 수 있다. 즉 위의 구성법을 따르면서도 설교자의 해석과 적용을 중간 중간에 가미하면 그것이 내러티브 설교가 된다. 만약 설교자의 해석의 관점과 적용이 설명되지 않으면 그것은 내러티브 설교로서 가치가 떨어진다. 그러므로 이야기 구성법을 따르면서도 설교자의 의도가 담긴 해석과 날카로운 삶의 적용이 가미될 때 내러티브 설교가 된다.

이제 이야기 구성법을 활용한 내러티브 설교 기능을 살펴보자. 발단은 이야기가 처음 시작되는 부분으로 사건의 윤곽이 드러나고 등장인물이 소개되며 배경이 제시된다. 발단은 독자들의 호기심을 유발시키는 과정이다. 김동인의 작품『감자』의 경우 복녀의 신분과 경제적 전락과 칠성문 밖 생활을 서술한 부분이 이에 해당된다. 성경에 나오는 요셉의 경우 그가 거의 막내(야곱의 12 아들 중 11번째 아들)로 태어나 꿈을 이루기 어려운 환경에 놓였다는 사실이 이에 해당된다. 또 '탕자의 비유'에서는 둘째 아들이 아버지와 더불어 남부럽지 않게 사는 것이 감사한 일인지를 모르는 경우가 발단에 해당된다.

갈등은 발단이 발전하여 분규를 일으키는 부분이다. 사건과 사건이 복잡하게 얽히거나 등장인물의 내적 또는 외적 갈등이 일어나면서 대립하는 양상이 전개된다.『감자』의 경우 송충이 잡이 감독과 복녀가 관계를 맺으면서 복녀의 경제적 양상이 바뀌고 끝내는 왕 서방과의 관계가 형성되는 부분이 여기에 해당한다. 요셉이 형들에게 자기를 섬기게 될 것이라고 말하여 형들이 요셉을 미워하여 노예로 팔고 요셉은 노예의 삶에서 더 비참한 지하 감옥에 갇혀 처절한 삶을 보낸다. 이것이 요셉의 생애 가운데 나타난 갈등이다. 탕자의 비유에서 둘째 아들이 자신에게 돌아올 분깃을 아버지로부터 얻어 세상으로 나가 온갖 고생을 다하며 모든 재산을 탕진하자 아버지는 근심에 휩싸인다는 것이 갈등 부분이다.

절정은 고조되어 최고점에 이른 순간이다. 갈등에서는 대립되는 요소들이 어느 정도 평형을 유지 하지만, 절정에서는 그 대립이 첨예화하여 균형이 와해되고 분규가 해결되는 조짐을 보인다. 그리하여 그 결말이 필연적으로 나오게 되는 순간이다.『감자』의 경우 복녀가 신혼 초야를 맞은 왕 서방에게 갔다가 살해되는 부분인데, 이 장면에서 복녀와 왕 서방과의 관계가 분명해지며 균형 잡혀 있던 빈민과 매음의 생활 윤리가 거부되었을 때 발생하는 비극을 보여주고 있다. 요셉은 지하 감옥으로부터 극적으로 구출되어 일약 애굽의 국무총리가 되어 형제들과 가족들을 불러들인다. 탕자는 마침내 세상을 버리고 아버지가 있는 집으로 돌아와 아버지는 애타게 기다리던 아들과 극적인 상봉을 한다. 여기까지가 절정이다.

대단원은 스토리의 결말이다. 주인공의 운명이 분명해지고 문제가 해결되는 부분이다. 따라서 작가가 가장 심혈을 기울이는 부분이며, 독자로서는 가장 깊은 감동과 인상을 받는 부분이다.『감자』의 경우 복녀의 시신을 놓고 흥정하여 허위 사망진단을 받아 공동묘지에 매장하는 부분으로 이는 작가가 의도적으로 돈이 지배하는 빈민굴 사회를 보여줌으로써 주제를 드러내려 한 것으로 해석된다. 요셉은 형제들을 용서하고 온 가족들을 애굽으로 불러들여 함께 행복하게 살아간다. 그리고 요셉이 애굽까지 오게 된 것은 하나님의 섭리였음을 밝히며 형들과 화해한다. 결국, 하나님이 요셉과 이스라엘을 인도하셨음을 나타낸다. 탕자의 비유에서 아버지는 돌아온 아들의 발에 신을 신기고, 새 옷을 입히며 손에 가락지를 끼우며 소를 잡게 한다. 아버지가 아들로 인정한다는 표시이다.

성경은 대부분이 이야기인데 그 이야기 속에는 구성이 있다. 길고 짧은 이야기들이 성경 대부분에 산재해 있다. 그 이야기의 구성을 살펴보면서 발단이 무엇이고 갈등이 어디이고 절정과 대단원이 어디인가를 알 수 있다. 그리고 갈등의 부분에서는 왜, 무엇이 갈등요인이었는지를 분석하면 본문은 답을 알려준다. 그 답들이 설교를 위한 호재가 된다. 예를 들면, 요셉이 왜 형들로부터 미움을 받았나? 하는 생각을 해볼 때, 형들은 요셉의 꿈을 이해하지 못했다는 것이다. 결국, 요셉은 하나님이 주신 고귀한 꿈을 꾸었지만, 그 꿈을 이해하지 못하는 형제들에 의해서 방해를 받은 것이다. 설교자는 이것을 설교에 적용할 수 있다.

탕자의 비유에서 둘째 아들이 아버지 품을 떠난다. 갈등의 시작이다. 설교자는 아버지와의 갈등을 일으키는 요소인, 아들의 가출을 보면서 왜 그는 떠나는가? 란 질문을 한다. 그 이유를 생각해 보면 여러 갈래의 답변을 알 수 있다. 아버지 품 안의 귀중함을 모르기 때문에, 세상에 대한 동경 때문에, 자기 스스로 인생을 경영하고자 하는 모험심 내지는 욕심 때문에 등을 들 수 있다.

절정의 단계에서도 왜? 혹은 어떻게? 란 질문을 던짐으로 해서 갈등이 평정으로 바뀌게 된 이유나 방법 등을 파악해 낼 수 있다. 이야기 본문을 읽어가면서 설교자가 갈등의 원인을 밝혀내고, 절정에 가서 그 갈등이 어떻게 평정을 이루었는지를 파악할 때 설교 깊이가 더 해질 수 있다. 예를 들면, 하나님이 마라의 쓴 물을 달게 만드신 것은 하나님이 모세에게 나무를 물에 넣으라고 가르쳐 주셨기 때문인데 이 응답은 모세가 기도를 드렸을 때이다. 이스라엘 백성이 원망하는 동안 응답은 없었다. 즉 물이 달게 된 것, 즉 해결의 방법은 하나님이 기도하는 모세에게 답을 가르쳐 주신 것이었다. 여기가 절정이다.

    내러티브 설교에서 문학 구성법 혹은 이야기 구성법에서 빌려온 이 4단계를 활용하면 훌륭한 설교가 될 수 있다. 물론 이 구성법에 살을 붙이되 본문해석, 긍정 및 부정 예화, 날카로운 적용 등이 동반 되어야 한다. 이제 이야기 구성으로 만든 내러티브 설교의 실례를 보자.

설교구성 실례 ①

본문 누가복음 15:11-24
제목 하나님 품으로 돌아오라
주제 하나님 품 안은 이 세상에서 가장 안전한 곳이다.
목적 성도들이 하나님 품 안의 소중함을 알고 하나님 품에서 풍성한 삶을 누리게 한다.
개요 ① **발단(전개)** : 탕자가 집을 떠나다.
② **갈등** : 기대했던 것과는 달리 세상은 삭막한 곳임을 체험하고 몸도 마음도 지친다.
③ **절정** : 곤고 속에서 돌아오는 아들을 아버지는 기쁨 속에 받아준다.
④ **대단원** : 아버지 품 안에서 원래의 행복과 지위를 회복한다.

① 발단

얼마 전에 차 열쇠를 찾으려고 1층에서 2층으로, 서재에서 안방으로 사방을 헤맸습니다. 심지어 아이들 방까지 샅샅이 뒤졌지만 찾을 수가 없었습니다. 약속 시각이 다가오자 열이 확 달아올랐어요. "어찌하면 좋을꼬!" 낙심하며 책상 위의 쌓인 책 위에 손을 턱 올렸는데 볼록하게 만져지는 것이 키가 책 사이에 끼어 있었습니다. 그것도 약속 시각 직전에. 얼마나 기뻤는지 그런데 놀라운 사실은 키를 잃어버렸을 때의 안타까움보다 찾았을 때의 기쁨이 훨씬 컸습니다.

오늘 말씀에도 잃었다가 다시 찾은 아들 이야기가 나옵니다. 그래서 탕자 이야기는 언제 들어도 감동입니다. 오늘 말씀 11-12절, 그리고 13 상반절을 보세요. "또 가라사대 어떤 사람이 두 아들이 있는데 그 둘째가 아비에게 말하되 아버지여 재산 중에서 내게 돌아올 분깃을 내게 주소서 하는지라 아비가 그 살림을 각각 나눠주었더니, 그 후 며칠이 못되어 둘째 아들이 재물을 다 모아 가지고 먼 나라에 가 거기서…."

아버지와 함께 살던 둘째 아들이 집을 떠나고 싶어 아버지에게 유산을 달라고 했습니다. 아버지는 아들의 요구에 내키지 않았지만 유산을 내주었습니다. 아들이 세상으로 가고 싶어 하는 것은 아버지에 대해 서운하거나 화가 나서가 아니었습니다. 아버지와 함께 사는 동안 아버지의 지시를 따르거나 아버지의 눈치를 보며 살아가는 것이 답답하였을지 모릅니다. 아버지 품 안에서 안주하는 것보다 남자라면 한번쯤 세상을 향해 도전하는 것이 매력적인 것으로 보였을지 모릅니다. 그래서 세상으로 향하고 싶었을 겁니다. 아담과 하와가 "먹지 말라."는 선악과를 보았을 때 그 과일이 얼마나 먹음직하고 보암직해 보였습니까? 탕자 또한 세상이 매우 매력적으로 보였던 것입니다.

며칠 전에 성경을 공부하던 한 여자 성도님이 충격적인 고백을 털어놓았습니다. 하나님을 깊이 알고 싶으면서도 다른 한편으론 세상 쾌락에 빠져 보고 싶은 유혹을 받는다고 했습니다.

하나님의 자녀들이 때때로 몸은 교회에 와있는데 마음은 세상을 동경할 때가 많습니다. 어떤 분은 예배나 성경공부, 교회 활동에도 열심히 참여하면서도 세상에 대한 미련을 버리지 못합니다. 어떤 분은 세상 사람들이 더 재밌게 사는 것을 보면서 '내가 왜 여기에 와있나? 차라리 세상으로 가볼까?'하고 생각하기도 합니다. 교회생활에 집중하다가 혼기를 놓친 어느 여 청년은 '내가 혼기를 놓친 이유가 교회생활에 너무 얽매였기 때문 아닌가? 교회는 나한테 뭘 해주었나!' 불평하면서 '지금이라도 세상으로 가볼까' 하는 생각을 갖기도 합니다. 어느 젊은이는 부모와 성도의 눈초리 때문에 자유를 마음대로 누리지 못한다며 불평을 토로합니다.

② 갈등

이렇게 세상을 갈망할 때 어떻게 됩니까? 본문 13-16절에서 말씀합니다. "그 후 며칠이 못 되어 둘째 아들이 재물을 모아 먼 나라에 가 거기서 허랑방탕하여 그 재산을 허비하더니 그 나라에 크게 흉년이 들어 저가 비로소 궁핍한지라. 가서 그 나라 백성 중 하나에게 붙여 사니 그가 저를 들로 보내어 돼지를 치게 하였는데 저가 돼지 먹는 쥐엄 열매로 배를 채우고자 하되 주는 자가 없는지라."

돈을 낭비하며 세상에 빠진 탕자는 세상의 달콤함은 오래 가지 못한다는 것을 알았습니다. 빈털터리가 되었고 친구가 떨어져 나갔으며 남은 것은 외로움뿐이었습니다. 마음껏 자유를 누려보려 했지만 자유를 잃었으며 과감한 모험을 시도해 보려 했으나 시도조차 할 수 없었습니다. 결국 유대인이 가장 혐오스러워하는 돼지우리 안에서 먹고사는 신세가 되었습니다. 자신의 힘으로 성공해 보겠다는 꿈이 산산 조각 났고 살아갈 용기마저 잃고 말았습니다.

얼마 전에 오랜만에 옛 친구들을 만났는데 한 친구가 자유스런 삶을 살고 싶다며 하나님을 떠난 사실을 알았습니다. "하나님을 떠난 삶이 어떠냐?"고 물으니 하나님을 열심히 믿을 때보다 외로움이 컸고 하나님에 대한 그리움만 짙어졌다고 했습니다. 그리고 언젠가 하나님께 돌아갈 것이라고 말했습니다. 전 그 말을 듣는 순간 예레미야 2:13의 말씀이 생각났습니다. "내 백성이 두 가지 악을 행하였나니 곧 그들이 생수의 근원되는 나를 버린 것과 스스로 웅덩이를 판 것인데 그것은 그 물을 가두지 못할 터진 웅덩이들이니라." 하나님의 백성이 생수의 근원이신 하나님을 떠나면 물을 저축하지 못할 터진 웅덩이가 되고 맙니다. 기쁨도 행복도 담을 수 없는 것입니다.

여러분, 세상이 매력적으로 보일 때가 있지요? 세상으로 가면 자유할 것 같지요? 그러나 세상으로 향하면 그 자유는 방종이 되고 호기심은 상처가 됩니다. 하나님과의 단절로 인해 영적 기쁨이 상실되고 괴리감과 고독감만 더 커집니다. 결국 훨씬 많은 것을 잃게 됩니다. 탕자가 그러했습니다.

17절을 보세요. "이에 스스로 돌이켜 이르되 내 아버지에게는 양식이 풍족한 품꾼이 얼마나 많은가 나는 여기서 주려 죽는구나." 본문에서 "스스로 돌이켰다."고 했습니다. 누가 가르쳐 준 것이 아닙니다. 탕자는 세상은 자기가 가졌던 것, 삶의 의욕, 기쁨, 자유, 행복, 물질을 다 빼앗아 갔음을 알았습니다. 가난해졌습니다. 그때 아버지 품 안이 얼마나 풍요로운가를 깨달았습니다. 탕자는 고백합니다. "내 아버지에게는 양식이 풍족한 품꾼이 얼마나 많은고…." 다 잃고 보니 비로소 아버지 품 안이 상대적으로 풍성했음을 깨달았습니다.

대전에서 열심히 신앙생활 했던 여대생이 있었어요. 똑똑하고 예쁘고 성격도 쾌활해서 사람들이 좋아했고 신앙생활도 얼마나 열심히 하는지 성도들로부터 칭찬이 자자했습니다. 대학을 졸업하고 서울에서 직장생활을 시작했습니다. 아무도 교회 가란 사람도 없고 자기를 지켜보는 사람이 없으니 갑자기 자유해졌습니다. 아예 교회를 잊었습니다. 세상 사람들과 어울렸습니다. 그럴 즈음 남자 청년을 사귀기 시작했습니다. 술과 마약 남자에게 빠졌습니다. 그런데 얼마 되지 않아 그 청년이 이 여 청년에게 단물만 빼먹고 떠나버렸습니다. 여 청년은 몸도 마음도 망가졌습니다. 허탈하여 견딜 수가 없었습니다. 직장생활을 이어갈 의욕을 잃었습니다. 그제서야 하나님 품 안이 생각났습니다. '아! 하나님을 열심히 믿고 신앙생활 할 때가 좋았구나! 나를 지켜보는 성도들의 눈동자 속에서 교회를 섬길 때가 행복했구나.' 대전에 있었던 제게 와서 엉엉 울며 후회하던 모습이 아직도 눈에 선합니다.

여러분, 사람은 언제 깨닫습니까? 소중한 것을 잃고 나서야 소중한 것을 깨닫습니다. 신앙을 잃고 나서 신앙의 중요성을 깨닫고 행복을 잃고 나서 행복의 소중함을 깨닫습니다. 직장을 뛰쳐나왔으나 알고 보니 좋은 직장이었음을 깨닫습니다. 자신을 규제하고 제약하는 말씀이 싫어서 떠났으나 하나님 말씀에 순종하던 그때가 나를 지켜주던 행복한 때였음을 깨닫습니다.

탕자는 아버지와 함께 당당하게 살았던 그때가 좋았음을 깨달았습니다. 아버지 품 안에서 입을 것과 먹을 것이 풍부하고 아들로서 인정받고 사랑받으며 살 때가 좋았습니다. "옳은 것을 따라 살아야 한다."는 아버지의 음성이 자신의 방종을 제한했던 그때가 참 좋았습니다. 제약을 가하는 아버지의 음성이 자신의 삶을 절제하게 만들며 위험한 모험을 피해 가게 만들던 그때가 좋았습니다. 바른길을 가야 한다는 아버지의 압력이, 잔소리가, 혹은 아버지와의 긴장 관계가 자신의 삶을 도덕적으로 영적으로 든든하게 만들었던 그때가 좋았음을 알았습니다. 아버지와 함께하던 삶이 자신의 인생에 최고의 행복한 순간이었음을 알았습니다.

그렇습니다. 우리가 신앙생활을 하는 동안 때때로 말씀이 우리를 제어하기에 불편함을 느낍니다. 하지만, 그 제어가 나를 지키는 힘입니다. 교회 성도들의 부담스러운 눈초리가 나를 유혹으로부터 지켜주는 힘입니다. 나를 향한 목사님의 사랑과 관심이 나를 세워주는 힘입니다. 하나님 말씀을 정기적으로 들으며 예배 생활하는 것이 내 삶을 반듯하게 세워가는 에너지입니다. 자녀들과 함께 교회에서 봉사하고 하나님을 섬길 때가 정말이지 가장 행복한 때인 것입니다. 하나님과 풍성하게 교제하며 사는 것이 죄를 피하고 유혹을 물리치며, 영적 싸움에서 승리하는 데에 도움을 줍니다. 하나님 아버지 품 안에 거할 때가 내 인생이 가장 안정된 삶을 살고 있는 것입니다.

③ 절정

아버지 품속이 자신의 삶을 풍족하게 만드는 자원임을 안 아들은 18절에서 이렇게 고백합니다. "내가 하늘과 아버지께 죄를 얻었사오니 지금부터는 아버지의 아들이라 일컬음을 감당치 못하겠나이다. 나를 품꾼의 하나로 보소서 하리라 하고 이에 일어나서 아버지께로 돌아 가니라."

늦었지만 얼마나 귀한 깨달음입니까? 탕자는 아버지 품 안을 떠난 것이 죄란 사실을 알고 회개했습니다. 그리고 늦었지만 발걸음을 아버지께로 향했습니다. 아버지 품 안의 가치를 깨달았기 때문입니다. 이제 하나님 품 안으로 돌아가려합니다. 용기가 필요합니다. 또 하나님 아버지께서 받아주실 것이라는 믿음이 있어야합니다. 탕자는 마침내 용기를 냈고 아버지께로 돌아갑니다. 물론 과연 아버지가 자신을 받아 주실까 하는 두려움과 걱정, 혹시 쫓겨나지는 않을까 염려도 했습니다.

그러나 아버지 집에 자신의 삶의 모든 자원이 있고 그곳만이 살길임을 알기에 용기를 냈습니다. 아들로서가 아니라 단지 종으로만 받아주어도 감사할 뿐입니다. 그 심정으로 아버지께로 향했습니다. 맨발에 누더기 옷, 쳐진 눈동자와 시무룩한 표정, 착잡한 마음과 기진맥진한 몸, 무거운 발걸음, 전쟁의 패잔병과 다를 바 없는 모습이었습니다. 놀라운 사실은 동네 어귀에 이르자 아버지가 먼저 탕자를 알아보았고 달려와 끌어안고 얼굴을 비비며 기뻐 운 것입니다. 아들도 울었습니다. 마침내 아버지가 입을 열었습니다. "아들아 내가 얼마나 너를 기다린 줄 아니…" 이 말을 들은 아들은 복받치는 설움이 한꺼번에 몰려와 엉엉 소리 내며 "아버지 죄송합니다. 용서해 주세요." 그때 아버지가 "용서가 어딨니? 네가 돌아온 것만으로 충분하단다." 탕자의 불안과 염려가 눈 녹듯 녹아버렸습니다. 모든 피곤과 상처와 아픔이 아버지 품 안에서 녹아내렸습니다. 연로하신 아버지의 품 안은 정말이지, 따뜻하고 포근했습니다. 얼마 만에 맛보는 행복인지요.

98년 봄 15살에 아버지를 저주하며 집을 나갔던 아들이 43세가 되어 아버지를 찾는다고 아침마당의 KBS TV방송국에 나왔습니다. 자신의 이름을 밝히며 나오게 된 사연을 밝혔습니다. 발전한 고향을 30여 년 만에 찾으려니 엄두도 나지 않고 또 아버지를 직접 찾아볼 용기가 없어서 이렇게 나왔노라 했습니다. 그리고 가족의 이름을 막 밝히려는데 전화가 왔습니다. TV 화면에 얼굴이 비친지 불과 2-3분 만에 전화가 온 것입니다. "니 아무게 아이가?" "맞습니다." "나 아부지다." 아버지의 목매인 음성을 듣자 아들은 "아버지요! 아버지 저 아무갭니다." 흑흑 거리며, "용서해 주세요. 아버지! 제가 많이 미우셨지요?" 그 말이 떨어지자, 다른 목소리가 나옵니다. "아무개야. 나, 형이다. 아버지가 널 제일 먼저 알아보셨다. 네가 집을 나간 후 아버지는 너 때문에 개발지역이라 이사해야 하는데도 지금껏 이사 안가고 이 집을 지키고 있다. 너 나간 후 한번도 대문을 닫아 본적이 없다! 니 아나!" 그 순간 아들은 어깨를 들먹이며 "아버지!"하며 전국의 시청자 앞에서 엉엉 소리 내어 울었습니다. 그 광경을 보던 저도 울었습니다.

여러분! 하나님 아버지의 사랑이 이와 같습니다. 하나님은 자녀가 하나님 품 안을 떠났다고 버리지 않으시며 외면하시지도 않으십니다. 하나님은 끝까지 기다리시는 분입니다. 아무리 세상이 좋아서 하나님을 떠난 자식이라도 하나님은 기다리십니다. 여러분 가운데 하나님을 떠난 분은 없나요? 몸은 이곳에 와 있지만 마음은 세상에 있는 분은 없나요? 하나님에 대한 생각은 여벌이고 여전히 세상이 더 좋다고 생각하지는 않나요? 그렇게 세상에 관심을 쏟다가 세상에서 마음이 찢기고 기쁨을 잃고 곤고한 가운데 있는 분은 없나요? 그런 분이 있다면 내 삶에 풍성함을 채우시는 하나님의 품 안으로 완벽하게 돌아오세요. 하나님은 기다리십니다. 여러분이 돌아올 때에 하나님은 여러분 곁으로 먼저 달려갈 것입니다. 책망하지 않으시고 우리의 상처를 싸매 주시며 받아주시는 분이십니다. 상처를 싸매주시고 새롭게 하시는 하나님 품 안으로 돌아오세요. 여기에 행복이 있습니다.

④ 대단원

아버지는 돌아온 아들을 부둥켜안고 모든 상처를 어루만졌습니다. 신발도 없이 부르튼 발, 떨어진 옷, 냄새 나는 모습을 보면서 아버지는 하인들에게 명령했습니다. "살진 송아지를 잡고 잔치를 베풀라. 죽었던 아들이 살아 돌아 왔도다." 얼마나 기뻤으면 잔치를 베풀었을까요? 그것만이 아닙니다. 또 아들의 누더기 옷을 벗기고 비단옷을 입혀 주었습니다. 이것은 가장 귀한 사람에게 입혀주는 옷으로서 아들을 세상에서 가장 귀하게 여긴다는 뜻입니다. 또 맨손에 반지를 끼워주었습니다. 이것은 아들로서 유산 상속의 자격을 부여하는 것입니다. 맨발의 아들에게 신을 신겨주었습니다. 이것은 아버지께서 아들을 종으로 받아만 줘도 감사했으나 아버지는 진정한 아들로서 자유를 인정한다는 뜻입니다.

사랑하는 성도 여러분, 아버지가 탕자에게 옷을 입혀주고 반지를 끼워주고 신을 신기듯이 하나님도 우리가 돌아오면 잃었던 기쁨과 감사를, 평안과 자유 그리고 행복을 회복시켜주실 것입니다. 우리가 하나님 품 안에 돌아올 때에 하나님은 구원의 감격을 되찾게 하시고 하나님 품 안의 포근함을 누리게 하실 것입니다. 하나님의 자녀로서의 모든 축복을 얻고 누리게 하실 것입니다.

한번 더 묻겠습니다. 몸은 교회에 있지만, 세상을 동경하는 분은 없습니까? 하나님의 말씀이 늘 부담으로 느껴지고 신앙생활이 거추장스럽게 느껴지는 분은 없습니까? 신앙생활을 접고 세상에 나가서 내 힘으로 뭔가를 해보고 싶은 생각을 품는 분은 없습니까? 아직도 몸은 이곳에 와 있지만 마음은 하나님 품 안으로 돌아오지 못하고 세상에서 머뭇거리는 분은 없습니까? 이제 그 생각을 거두십시오. 하나님 품 안에서 안식하십시오. 하나님 품이야말로 우리에게 가장 안전한 곳입니다. 삶의 원천을 공급하는 곳입니다. 하나님 품 안에 안식할 때 비로소 하나님이 주시는 힘을 공급받을 수 있습니다. 하나님 안에 있어야 세상을 이기고 유혹을 이기며 사탄을 이길 수 있는 삶의 지혜, 능력을 덧입을 수 있습니다. 하나님 품 안에 있을 때 하나님의 말씀이 부담이 아니라 나를 보호하는 방패임을 알 수 있습니다. 하나님 품 안에 거할 때 교회 생활이 내 삶을 제약하는 것이 아니라 오히려 나를 세상으로부터 지켜주는 힘이 됨을 알 수 있습니다. 저와 여러분은 오직 하나님 품 안에서 하나님이 주시는 기쁨과 자유, 평안과 행복을 마음껏 누리며 승리의 삶을 사시길 주님의 이름으로 축원합니다.

위의 설교를 위한 본문은 앞서 PNS 스타일에서 사용한 본문이다. 그러나 구성법이 다를 때 설교는 확연히 달라진다. 비교해 보라는 의미에서 같은 본문을 두 번 사용하여 다른 스타일의 설교를 만들었다.

설교구성 실례 ②

본문 누가복음 7:11-17
제목 청년아 일어나라
주제 주님은 생명의 주인이시다.
목적 생명의 주인이신 주님께 소망을 두게 한다.
개요 ① **발단** : 과부가 아들을 잃고 절망에 빠진다.
② **갈등** : 절망이 극대화된 과부가 소망의 예수를 만난다.
③ **절정** : 소망의 예수는 아들에게 생명을 회복시킨다.
④ **대단원** : 예수는 절망을 소망으로 바꾸신다.

① 발단
마지막 소망을 잃은 인생

● **삶의 정황**

〔감성터치〕 얼마 전에 한 잡지에서 일생을 기구하게 살아온 어느 여성에 대한 인터뷰를 보았습니다. 남편을 일찍 잃고 숱한 유혹과 극심한 가난을 겪는 동안 죽고 싶을 때가 한 두 번이 아니었다고 했습니다. 그럼에도 불구하고 역경을 이겨낼 수 있었던 것은 자기 곁을 지켜준 아들 때문이었다고 했습니다. 그래요. 부모에게 자식의 존

재는 얼마나 큰 힘이 되는지요. 아무리 힘들어도 자식만 생각하면 힘이 솟는 것이 부모입니다. 자식은 부모에게 전부이니까요.

● **본문설명**

오늘 본문에 나오는 나인성 과부는 천하보다 귀하고 누구보다 사랑스러운 독자가 있었는데 그가 갑자기 죽었습니다. 어머니의 비통함과 절망이 얼마나 컸을까요? 이 여인은 일찍 남편을 잃고 오직 아들만을 의지하며 외로움과 고난을 견뎌왔었습니다.

● **적용**

감성터치 때때로 아들과 함께 손을 잡고 회당에 갈 때마다 사람들에게, "제 아들이 어떻게 컸습니다. 이렇게 착하고 훌륭합니다." 하면서 아들을 자랑하곤 했습니다. 일터에서 돌아오는 아들을 위해 식사 준비하는 것이 기뻤고 아들과 식사하며 그 날에 있었던 일들로 대화를 나누는 것이 행복했습니다. '며느리 얻어서 나도 손자, 손녀를 보며 오순도순 살겠구나.' 생각했을 때, 행복은 극에 달했습니다. 그런데 이젠 더 이상 그런 꿈을 꿀 수 없게 되었습니다. 더 이상 아들에게 밥을 지어 줄 수도 없고 더 이상 아들과 다정한 대화를 나눌 수 없으며 꿈과 미래를 나눌 수가 없게 되었습니다. 희망과 행복은 따가운 햇볕 속의 아침 이슬처럼 완전히 말라버리고 말았습니다.

② 갈등

● **본문설명**

인생의 전부였던 아들의 생명이 꺼졌어요. 어머니는 절망과 슬픔 비탄 속에서 아들 시신의 장례행렬을 따라나섰습니다. 앞에는 시신이, 뒤에는 소복을 입은 어머니가, 그리고 그 뒤에는 곡하는 여인들이 줄을 이었습니다. "아이고, 아이고~" 슬픈 곡소리가 사방으로 퍼져나갔습니다. 마치 모든 인간이 소망을 잃고 한번은 가야 할 죽음의 길을 예행 연습하는 행렬 같았습니다. 그런데 성 밖으로 향하는 슬픈 장례행렬의 맞은편에서 나인성 안으로 들어오는 한 행렬이 있었습니다. 뿌연 먼지를 일으키며 왁자지껄, 시끌벅적한 그룹들이 다가오는데 다름 아닌 예수와 그의 제자들이었습니다.

주님은 나인 성으로 들어오기 전 이미 많은 병자를 고치셨지요. 백부장의 죽어가는 종을 고치셨고 몸이 굽어진 사람을 펴주셨으며 귀신들린 자를 온전케 하셨고 눈먼 자의 눈을 뜨게 하셨으며 한센병자를 온전케 하셨고 각양각색의 병든 자를 완치하셨습니다. 또 바다에서는 물고기가 어디에 많은지를 아시고 어부들에게 단 한번 배를 출항시켜 많은 물고기를 잡게 하셨습니다. 이 놀라운 기적을 보거나 체험한 사람들은 주님이 하나님의 아들이시며 예수 안에 기적이 있고 예수 안에 생명이 있으며 예수가 모든 인생의 해결임을 알았습니다. 그래서 이 놀라운 사건을 체험한 사람들은 장사하던 것, 의사 생활하던 것, 그리고 어부 생활하던 것들을 내 팽개치고 예수를 따랐습니다. 예수와 그의 제자들은 예수로 인해 소망과 기쁨으로 충만했습니다. 그래서 그들은 왁자지껄 시끄러웠던 것입니다. 여기에 예수 믿는 자의 행복이 있습니다.

◉ 적용

이제 막 예수를 알기 시작한 성도님들은 들으세요. 또 신앙에 대하여 아직도 의심의 드는 성도들, 여러 고난으로 잠시 기쁨을 잃은 성도들은 들으세요. 예수 없는 곳엔 절망뿐이지만 예수 안에는 기쁨, 소망이 있고 생명이 있습니다. 그래서 예수 안에 있으면 기쁘고 즐거운 것입니다. 그러므로 예수님을 가까이 하십시오. 주님 발밑까지 가까이 오십시오. 그러면 주님이 주시는 기쁨, 행복, 영생의 소망의 즐거움을 누리며 살게 됩니다.

◉ 본문설명

본문으로 돌아가 봅시다. 기쁨과 즐거움의 예수 행렬은 맞은편에서 다가오는 슬픈 장례행렬을 알아챘습니다. 이윽고 다가오자 모두들 장례행렬에 예의를 갖추기 위해서 숙연해졌습니다. 그런데 제자들은 '예수님이 장례행렬에 뭔가를 행하시지 않을까?' 하는 기대로 충만했습니다. 아니나 다를까 예수님은 장례행렬 쪽으로 천천히 발걸음을 돌리셨습니다. 사랑과 권능의 주님이 슬픔에 싸인 불쌍한 영혼을 향해 다가가셨습니다.

성경에 보면 우리 주님은 언제나 마음이 허전하고 슬픈 영혼들을 찾아가셨습니다. 축복의 주님이 상처 입은 사마리아 여인에게 찾아가셨고, 치유의 왕이신 주님이 38년 동안 질병으로 고통 받던 환자를 찾아가셨고, 권세의 주인이신 주님이 귀신에게 사로잡힌 자에게 찾아가셨고, 위로의 전문가이신 주님이 버림받고 절망 속에 있던 한센 병 환자들을 찾아가셨습니다. 병들고 약하고 버림받은 사람들, 위로와 사랑을 필요로 하는 사람들에게 주님은 언제나 먼저 찾아 가셨습니다. 하지만 학식이나 돈을 믿고 자만하거나 오만하여 하나님을 거부하는 사람을 찾아가시지 않았습니다. 아니 정확히 말씀 드리면, 그들이 찾아오신 주님을 영접하지 않았습니다. 그러나 상한 심령을 가진 자들은 다가오시는 주님을 환영했습니다.

● 권면 적용

감성 터치

지금도 주님은 "주여, 나는 당신의 도움이 필요합니다." 하고 고백하며 주님께 마음 문을 여는 자, 육체의 연약함과 마음의 상함 때문에 주님께 나아오길 원하는 자를 우리 주님은 기쁨으로 다가가십니다. 여러분, 찾아오시는 주님께 항상 마음을 여시길 바랍니다. "나는 부족하고 죄 많은 존재요, 내 문제를 내 힘으로 해결할 수 없는 연약한 존재입니다. 스스로 구원할 수 없으며 주님의 은총이 필요한 존재입니다."라고 인정하며 나오시길 바랍니다. 그럴 때에 만왕의 왕 주님을 만나는 복을 얻게 되는 것입니다. 이 복이 저와 여러분의 것이 되시길 바랍니다.

③ 절정

● 본문설명

오늘 말씀에 보니 사랑의 목자 예수는 장례행렬 앞에서 멈춘 후에 가련한 여인을 보셨습니다. 그리고 말씀하시길 "울지 말라."고 하셨어요. 주님은 동정심으로 울지 말라 하신 것이 아니었어요. 단지 위로하려고 말씀하신 것도 아니었습니다. 또 "죽었으니 이제 울어봤자 소용없지 않느냐? 그러니 아들을 포기하며 울지 말라." 하신 것도 아니었습니다. "울지 말라."고 하신 말씀에는 분명한 이유가 있습니다. 그것은 "이제 곧 죽은 네 아들이 살아날 터이니 울지 말라."는 것이었습니다. "뻣뻣해진 시체가 온 몸에 생기를 얻고, 오장 육부 모두가 제 기능을 발휘하며 그 속에 뜨거운 피가 흐르며 감았던 눈이 떠서 살아 날 터이니, 사망에서 생명으로 살아나는 아들을 보게 될 테니 울지 말라." 하신 것입니다. "너의 좌절이 소망으로, 너의 슬픔이 기쁨으로 바뀔 테니 울지 말라."는 것이며 곧 살아난 아들을 부둥켜안고 즐거워할 터이니 울지 말라는 것입니다. 이 여인이 예수님의 이러한 의도를 알아채고 당장 울음을 그치고 소망의 주님을 바라본다면 얼마나 좋았을까요?

● **예화**

성경에 보면 집에서 쫓겨난 하갈이 절망하다가 하나님을 바라보면서 문제를 해결 받았습니다. 낙심한 엘리야가 로뎀나무 밑에서 하나님께 "차라리 죽여 달라."고 기도했다가 하나님의 위로를 얻고 다시 사명의 길을 갔습니다. 며칠 전 어느 성도님이 본당에서 나오는데 눈에 눈물이 글썽거리는데 얼굴은 웃고 있었습니다. 문제가 많았던 성도라서 걱정이 되어 "어쩐 일이냐?"고 물었더니, "목사님, 하나님이 제게 자식 문제를 해결해 주셨습니다."고 답했습니다. 하나님의 응답을 체험한 것입니다. 그래서 신이 났던 것입니다. 하나님의 응답이나 위로하심은 아무나 경험할 수 있는 것이 아닙니다. 절망스러운 상황에서도 포기하지 아니하고 하나님을 믿음으로 의지하는 사람만이 경험하는 축복인 것입니다.

감성 터치 여러분, 우리는 때때로 남이 알지 못하는 눈물을 흘릴 때가 많습니다. 아무리 앞길이 잘 나가는 사람도, 아무리 행복해 보이는 사람도 자기만이 아는 고독과 슬픔이 있고, 자기만이 아는 실망과 절망이 있습니다. 기대했던 사람, 기대했던 환경들이 내 뜻대로 되지 않고, 자녀나 배우자 문제로, 직장과 사업 문제로 겉으로는 웃지만, 마음속으론 울고 있는 사람들이 많습니다. 여러분 가운데 이러한 사람이 있습니까? 그렇다면 지금 당장 우리 주님께 다가와 위로하시는 음성을 들으시길 바랍니다. "울지 말라. 내가 너와 함께 하마. 너의 슬픔과 절망을 기쁨과 소망으로 바꾸어 주마." 하시는 이 소망의 음성이 들려지시길 바랍니다.

● **본문설명**

여러분, 주님은 "울지 말라."고 말씀하시고 난 뒤에 더 놀라운 일을 행하셨단 사실을 아시나요? 주님이 가까이 오사 그 관에 손을 대셨어요. 이미 죽은 지 여러 날이 지났고 이미 죽어서 뻣뻣해진 시체, 굳게 닫쳐진 눈, 새파래진 그 입술, 그 어느 것 하나도 살아날 기미가 없는 그 시체를 향해서 우리 주님이 손을 대셨습니다.

순간 관을 이끌던 자들이 멈춥니다. 이윽고 예수님은 수많은 사람이 지켜보는 앞에서 "청년아 내가 네게 말 하노니 일어나라." 죽은 자를 향해 명령하십니다. 참으로 위엄이 있지 않습니까? 바다의 광풍을 향해 "바람아 멈추어라." 명령하셨던 주님, 죽은 나사로를 향해 "나사로야 일어나라." 명령하셨던 주님, 귀신들린 자를 향해 "더러운 귀신아 떠나갈지어다." 명령하셨던 주님의 위엄이 보이지 않습니까? 성난 자연을 향해, 완벽하게 죽은 시신을 향해, 병든 사람을 향해 그 어느 것도 두려움 없이 담대하게 명령하셨던 그 주님의 위엄을 보십시오. 그리고 자연도, 죽은 자도, 병든 사람도, 사단도 그 모두가 주님의 말씀 한마디에 순종했음을 보십시오. 이제 나인성 과부 아들이 순종할 차례입니다. 죽은 시신을 향하여 주님이 위엄 있는 목소리로 "청년아 일어나라!" 하는 명령에 죽은 자가 순종할 차례입니다.

만약 관을 향해 명령하는 예수님을 우리가 믿음 없는 눈으로 보면 주님의 명령이 어리석어 보일 수 있습니다. 이미 죽은 자가 무슨 얘기를 듣는단 말이냐? 죽은 자와 무슨 대화를 할 수 있단 말인가? 우주의 질서를 어떻게 뛰어넘는단 말이냐? 하며 상식적으로 이해 할 수 없다고 할 수 있습니다. 그런데도 오늘 주님께서는 우리의 상식과 지성을 뛰어넘는 발언과 행동을 하십니다. 죽어 빳빳한 시체에 손을 대시며 말씀하십니다. "청년아 일어나라 내가 네게 말하노니 일어나라." 바로 그 순간 주님의 명령을 받은 시신이 주님의 음성을 들었습니다. 그리고 즉각 반응을 일으켜 빳빳한 몸이 부드러워지고 식었던 혈관이 따뜻해지며 멈추었던 피가 다시 흐르기 시작했습니다. 파랗던 입술이 생기가 돌았습니다. 감겼던 눈이 맑고 깨끗하게 떠졌습니다. 마치 단잠을 자고 일어난 사람처럼 기분 좋게 일어났습니다. 죽었던 시체가 예수님 말씀에 순종하며 다시 살아난 것입니다. 죽었던 예수가 삼 일 만에 부활하신 것처럼 우리 주님의 명령에 죽은 시체가 순종하며 살아났습니다. 죽은 자를 살리시는 만왕의 왕의 권세가 나타난 것입니다. 할렐루야!

④ 대단원

15절을 보세요. "죽었던 자가 일어나 앉고 말도 하거늘 예수께서 그를 어미에게 주신대 모든 사람이 두려워하며 하나님께 영광을 돌리더라." 할렐루야! 죽었다가 살아난 아들을 돌려받은 어머니, 얼마나 기뻤을까요? 캄캄한 절망에서 하늘의 소망을 얻었으니 얼마나 기뻤을까요? 이 광경을 목격한 사람들은 "큰 선지자로세!" 하면서 하나님께 영광을 돌렸습니다. 여기에 예수의 능력이 있습니다.

성경에 보면, 예수께 문제를 들고 와서 해결 받지 못한 사람은 단 한 사람도 없었습니다. 이 본문을 기록한 의사 누가는 죽은 청년이 의학적으로 분명 살아났음을 보여주고 있습니다. 예수님의 능력이 죽은 자를 살리는 기적을 일으켰음을 보여주고 있는 것입니다. 이보다 더 생생한 증언이 어디 있습니까?

● **적용**

> **감성 터치** 여러분, 지금껏 살아오면서 내 힘으로 해결할 수 없는 것이 많지요? 내 힘으로 감당하기 어려운 문제들이 많지요? 그래서 힘듭니까? 혼자만 끙끙 앓지 마세요. 우리의 모든 것을 보고 계시고 모든 것을 알고 계시는 전능하신 주님 앞에 들고 나오시길 바랍니다. 주님이 내 문제에 명령하여 해결해 달라고 믿음으로 부르짖으시길 바랍니다. 믿음으로 부르짖는 사람에게 우리 주님이 "청년아! 내가 네게 말하니 일어나라." 명령하실 것입니다. 나의 문제를 축복으로 바꾸시기 위해, "생기가 들어갈지어다." 명령하실 것입니다.

저는 이 말씀을 묵상하며 얼마나 감동이 되었는지 모릅니다. 죽은 자가 살아나는 그 기적은 주님이 죽은 시신에 관을 대면서 시작되었습니다. "주님이 관에 손을 대시니…." 이 말씀이 큰 감동으로 다가왔습니다. 주님이 연약한 곳에 손을 대시면 기적이 일어납니다. 주님이 연약한 우리 교회 위에 손을 대시고 명령하시면 우리 교회가 일어섭니다. 우리 성도들이 새벽마다, 밤마다 부르짖는 삶의 문제들에 손을 대시면 문제들이 해결됩니다. 우리 가정의 문제, 직장의 문제, 부부간의 문제, 건강의 문제, 고민하는 여러 문제에 주님이 손을 대시면 다시 해결됩니다. 주저앉았던 것이 일어납니다. 포기한 것도 다시 일어섭니다. 주님이 손을 대시면 기적이 일어남을 믿으시길 바랍니다.

● 권면

이 시간 주님께서 찾아오셔서 저와 여러분의 삶의 문제, 모든 기도제목에 우리 주님이 손을 대시기를 기대합니다. "주여! 내 문제에, 내 삶에, 내 아픈 몸에 손을 대소서. 명령하소서. 능력의 손이 우리의 몸에, 우리의 문제에, 우리의 삶의 모든 환경에 손을 대시고 명령하사 절망이 소망으로 바뀌게 하소서." 기도하며 나아가시길 바랍니다.

　이 시간 몸이 아픈 사람, 아픈 곳에 손을 대시고 축복받길 원하는 사람은 가슴에 손을 올리세요. 그리고 주여, 내게 손을 대소서. 내 문제에 명령하소서. 막힌 것이 뚫리고 모자란 것이 채워지고 아픈 것이 건강해지고 연약함이 강해지도록 손을 대소서. 우리 다 같이 주께서 내 문제에 손을 대 달라고 상처 난 내 마음을 만져 달라고 부르짖으며 응답받길 원합니다. 다 같이 주여! 한번 부르고 기도합니다. 주여!

설교구성 실례 ③

본문 마가복음 10:46-52
제목 이 사람에게 옳은 한 가지
주제 하나님은 불타는 소원에 응답하신다.
목적 간구하되 불타는 소원으로 간구하도록 자극한다.
개요 ① **발단** : 시각장애인이 치유의 소망을 갖는다.
② **갈등** : 시각장애인이 예수님을 신뢰하며 믿음으로 나아간다.
③ **절정** : 시각장애인은 장애를 뛰어넘어 주님께 간절히 부르짖는다.
④ **대단원** : 시각장애인이 육체의 치유, 영혼의 구원을 받는다.

① 발단

● 삶의 정황

감성터치 며칠 전에 신문의 헤드라인 뉴스를 보고 멋쩍게 웃은 적이 있습니다. 북한이 핵실험을 하자 문 대통령은 해법을 찾으려 골머리를 앓고 있는데 지방의 어느 도시에는 아파트 분양 로또에 당첨되려는 사람들이 구름 떼처럼 몰려들었습니다. 또 그 날 어느 50대 남성은 여고생을 성추행하다가 경찰에 붙잡혔습니다. 같은 하늘에 살고 있지만, 사람들의 관심이 저마다 다릅니다. 요즘 여러분의 관심은 무엇입니까?

● **본문설명**

오늘 본문에 나오는 바디메오에게 유일한 관심이 하나 있었습니다. 바디메오는 디메오의 아들이란 뜻입니다. 그러니까 아무개의 아들이라는 뜻일 뿐 이름도 없습니다. 길가에 앉았던 걸로 봐서 그는 구걸하던 거지였습니다. 이런 그의 관심은 오직 하나, 눈을 뜨는 것이었습니다. 눈을 떠서 지긋지긋한 가난과 설움으로부터 벗어나 사람답게 사는 것이었습니다. 이것이 그의 유일한 관심이며 소원이었습니다.

인생에는 세 번의 기회가 온다 했는데 그의 관심과 소원이 이루어지는 기회가 정말로 찾아왔습니다. 그리고 이 기회를 자기의 것으로 만들었습니다. 눈이 떠지고 삶이 바뀌는 기가 막힌 기적과 축복이 나타난 것입니다. 저와 여러분의 현실에도 가끔은 이런 기적과 축복이 일어나길 바랍니다.

그런데 그의 축복은 어떻게 시작되었느냐 보세요. 그가 예수님이 길을 지나가신다는 소식을 들었을 때 그의 가슴이 뛰기 시작했습니다. 한마디로 눈이 번쩍 뜨인 것입니다. 왜 가슴이 뛰기 시작했느냐 죽은 자를 살리시고 귀신들린 자를 깨끗게 하시고 병든 자를 낫게 하신 예수님의 능력이 자기 문제를 해결하실 것이라는 기대감 때문이었습니다. 이 기대하는 믿음 때문에 눈이 번쩍 뜨였고 즉각적으로 주님께 다가갔던 것입니다. 그러니까 그의 소원이 이루어지는 축복의 시작은 예수님을 향한 기대하는 믿음에서 출발했습니다.

● **긍정 예화**

우리도 하나님 앞에 나올 때 하나님이 내게 뭔가 큰일을 행하실 것이라는 믿음으로 나오는 것이 중요합니다. 성경에 보면 하나님께서 아브라함을 일생동안 크게 축복하셨지요! 하나님은 아브라함을 축복하기 전에 먼저 믿음을 갖게 하셨습니다. "너는 본토와 친척과 아비 집을 떠나 내가 너에게 지시할 땅으로 가라. 그리하면 내가 너에게 큰 복을 주겠다." 하시며 기대하게 하셨어요. 그리고 나서 아브라함을 축복하셨습니다. 또 자식이 없어 고민할 때 그에게 약속의 자녀를 주시겠다며 믿음을 갖게 하셨고 그리고 아브라함에게 이삭을 주시며 축복하셨습니다.

● **적용**

부요하신 하나님은 지금도 사랑하는 자녀들에게 좋은 것을 주시길 원하시는 분입니다. 빌립보서 4:19에서 말씀합니다. "나의 하나님이 그리스도 예수 안에서 영광 가운데 그 풍성한 대로 너희 모든 쓸 것을 채우시리라." 하나님이 우리의 필요를 채우실 것이라는 약속입니다.

● **권면 적용**

우리의 필요를 아시는 하나님이 좋은 것으로 채우실 것임을 믿으며 나아가시길 바랍니다. 예배드릴 때나 기도할 때나 큰일을 계획할 때 하나님이 분명 축복하실 것이라는 기대를 가지시길 바랍니다. 심지어 어려운 상황일 때도 내게 좋은 것을 주실 것이라는 기대하는 믿음을 잃지 않기를 바랍니다. 믿음은 바라는 것들의 실상이라 했습니다. 믿음은 역사를 일으킵니다. 주님을 향해 믿음으로 예배드리고, 믿음으로 기도하십시오. 주님이 큰일을 행하실 것을 믿고 행동하십시오. 하나님이 반드시 응답하십니다.

② 갈등

◉ **본문설명**

본문으로 돌아가 봅시다. 바디메오는 기대가 충만하여 주님께 다가갔습니다. 그런데 인산인해를 이룬 사람들 때문에 주님을 만나기가 쉽지 않았습니다. 그의 기대와 믿음이 여기서 꺾이든지 아니면 더 구체화되든지 둘 중 하나를 선택해야 했습니다. 그런데 놀랍게도 그는 더 구체화시키는 방향으로 나아갔습니다. 주님으로부터 응답받고자 주님을 향해 큰 소리로 "다윗의 자손 예수여 날 불쌍히 여기소서."하며 외쳤습니다. 여기서 그가 주님의 이름을 부르며 크게 외쳤다는 사실에 주목할 필요가 있습니다. 주님의 이름을 큰 소리로 외쳤다는 것은 주님의 능력을 믿는다는 뜻입니다. 자신의 문제와 자신의 영혼을 주님께서 해결하실 것이라고 믿는 것입니다. 주님의 능력을 믿는다는 것은 그가 주님께 마음의 문을 활짝 열었다는 것을 말합니다.

● 적용

우리도 신앙생활하면서 주님께 마음의 문을 활짝 여는 것이 중요합니다. 하지만 많은 성도들이 주님께 마음의 문을 활짝 열지 않습니다. 기도하자 해도, 찬양하자 해도, 봉사하자 해도 반응을 보이지 않는 사람들이 많습니다. 이유가 있습니다. 하나님을 진정으로 믿지 않기 때문입니다. "설마 기도한다고 응답이 되겠어?" "정말 하나님이 살아계실까?" 하나님을 의심하기 때문입니다. 이 의심은 어떤 면에서 불신앙에서 나온 것입니다. 결국 의심과 불신앙 때문에 하나님께 전적으로 마음 문을 열지 못하는 것입니다. 많은 크리스천들이 하나님을 믿는 것 같으나 자신들 속에 담긴 세속적인 지식이나 그로 인하여 생긴 고정관념, 선입견, 과학주의 사고, 합리적인 의심들 때문에 하나님을 전적으로 믿기 어려워합니다. 하나님께 마음 문을 활짝 열지 않는 겁니다. 신앙이 자라지 않는 이유가 여기에 있습니다.

그러나 성경에는 하나님에 의한 수많은 기적 이야기들로 가득 차 있습니다. 그리고 하나님으로부터 응답받아 하나님의 기적을 체험한 행복한 사람들의 이야기들로 가득 차 있습니다. 언제 이런 축복이 가능하냐 하나님을 향해 조금도 거리낌이 없이 마음의 문을 활짝 열 때입니다. 신앙에 걸림돌이 되는 과학적 사고와 합리적인 의심, 그로 인한 편견과 고정관념 등을 내려놓고 오직 하나님의 능력을 믿고 그분께 마음의 문을 활짝 열 때 하나님의 은혜와 능력과 축복을 체험하게 되는 것입니다. 마음을 열 때에 꼭 중요한 것은 자신의 생각을 다 내려놓아야 한다는 사실입니다. 그래야 새것이 들어올 수 있습니다.

● 긍정 예화

감성터치

제가 미국에서 목회할 때 서울대 출신이며 미국에서 박사 학위를 받고 듀퐁 회사의 연구실에서 근무하는 김 박사님을 전도했습니다. 참 똑똑한 분이었습니다. 하지만 과학적인 사고 때문에 좀처럼 마음의 문을 열지 않고 가족 때문에 억지로 교회에 나오던 사람이었습니다. 기도할 때마다 눈을 감지 않고 설교를 들어도 아멘을 하지 않습니다. 하나님이 믿어지지 않기 때문이었습니다. 그렇게 여러 달을 보내던 중에 평소에 몸이 좀 약했던 이 분이 주일 예배에 오지 않았습니다. 화요일에 부인으로부터 연락이 왔습니다. 다 죽어가니 와서 기도해 달라는 것이었습니다. 깜짝 놀라 병원으로 달려가 보니 주말부터 원인을 알 수 없는 고열과 한기에 시달리며 별의별 치료를 다 해 보았으나 소용이 없었습니다. 중환자실에 있는 며칠 동안 잠을 한 숨도 못자서 몸 컨디션이 최악이고 너무 고통스러워 이대로 죽고 싶다했습니다. 눈은 빨갛게 충혈 되어 있었고 얼굴은 어둡게 변했고 몸은 계속 바들바들 떨고 있었습니다. 말도 제대로 못하던 그분에게 "제가 기도하겠다."며 몇 마디 말씀을 전했습니다. "성도님, 주님은 많은 환자들을 말씀으로 병을 고치셨습니다. 지금도 선생님이 주님을 의지하면 병을 치료해주실 겁니다. 기도할 때 아멘으로 받으시겠습니까?" 고개를 끄덕였습니다. 저는 그의 손을 잡고 간절히 기도했습니다. 그리고 집으로 돌아와 걱정이 되어서 그날 밤 집에서 또 기도했습니다. 그런데 그 이튿날 낮에 뜻밖의 전화가 왔어요. 그분 아내였습니다. "목사님~~" 울면서 말합니다. "목사님이 기도하고 가신 후에 남편이 바로 잠들어서 한번도 깨지 않더니 지금 막 깨어났어요." 열도 정상, 몸의 컨디션도 정상, 모든 것이 정상입니다. 정말 감사합니다." 하면서 울먹였습니다. 그러더니 더 놀라운 것은 그 이튿날 퇴원했습니다. 그렇게 빨리 퇴원할 줄은 꿈에도 몰랐습니다. 주일에 만났을 때 남편이 이런 말을 합니다. "목사님, 정말 하나님이 목사님의 기도를 들으신 것일까요? 그렇다면 하나님이 살아계신 것 아닙니까? 한번 믿어보겠습니다." 그러더니 과학적인 사고와 의심들을 내려놓았습니다. 마음의 문을 열고 성경을 믿음으로 받아들이니 신앙이 쑥쑥 자랐습니다. 기도할 때마다 어린아이처럼 얼마나 순수하게 기도하는지 모릅니다. 예배드릴 때마다 눈물을 흘립니다. 말씀에 순종합니다. 그러더니 교회의 기둥이 되었습니다. 훗날 그는 제게 행복한 눈물을 흘리며 그런 고백을 했습니다. "하나님을 믿는 것이 참 행복합니다."

● 적용

과학은 합리주의 사고에 기인합니다. 하지만 신앙은 영의 세계입니다. 과학이 신앙을 입증할 수 없지만 엄연히 신앙의 결과가 존재합니다. 귀신들린 사람에게 십자가를 들이대 보십시오. 꼼짝도 못합니다. 지금도 믿음으로 병든 자가 치료 받고, 믿음으로 귀신들린 자가 고침 받습니다. 믿음으로 기적은 일어나고, 문제는 해결되고, 사람의 영혼은 새로워집니다. 하나님이 살아계시지 않으면 불가능한 일입니다.

● 권면 적용

저와 여러분은 좋은 것을 주시길 원하시는 전능하신 하나님 앞에서 마음의 문을 활짝 열기를 바랍니다. 바디메오처럼 기적의 현장 앞에서, 진리의 말씀 앞에서 마음의 문을 활짝 여십시오. 하나님과 우리 주 예수 그리스도의 능력 앞에서 마음의 문을 활짝 열고 그분이 베푸시는 놀라운 기적과 은총 속으로 들어가는 성도가 되시기를 바랍니다.

③ 절정

● 본문설명

다시 본문으로 돌아가 봅시다. 예수님이 지나가신단 말을 들었을 때 바디메오는 마음의 문을 활짝 열고 "다윗의 자손 예수여 나를 불쌍히 여기소서!" 하고 외쳤지요. 그런데 주변 사람들이 어떻게 반응했나요? 사람들이 "조용히 하라."고 꾸짖었습니다. 시각 장애인의 믿음을 꺾으려 했습니다. 만약 그가 방해세력들 앞에서 주님께 나아가기를 포기하였더라면, 주의 사랑을 덧입을 기회를 포기하였더라면, 그는 안타까운 사람이 될 뻔 했습니다. 그런데 보세요. 그는 장애물을 만났음에도 오히려 더욱 심히 소리 질렀다 했습니다. 저항을 이겨내고 기회를 놓치지 않으려는 믿음입니다. 축복을 내 것으로 만들려는 믿음입니다. 그의 간절함과 절박함, 그의 담백한 믿음을 어느 누구도 꺾질 못했습니다. 마침내 주님이 걸음을 멈추시고 "그를 부르라." 명하셨습니다. 그의 소원이 응답되는 순간입니다. 바디메오가 마음의 문을 활짝 열고 부르짖는 그 간절한 외침에 우리 주님이 귀를 기울이신 것입니다.

● **적용 및 보강**

여러분은 하나님께 부르짖는 기도를 드리십니까? 간절함, 절박함, 끈질김이 들어 있는 기도를 드리십니까? 이 이야기는 하나님께 뜨겁게 부르짖을 때 하나님이 응답하심을 가르쳐 줍니다. 시편 18편과 120편에서 "하나님께 부르짖었더니 하나님이 응답하셨다." 했습니다. 출애굽기 22장에서는 "하나님의 백성이 부르짖을 때 하나님이 응답하겠다."고 약속하셨습니다. 왜 하나님은 부르짖는 기도에 응답하실까요? 그 부르짖음 속에 전심을 다하는 기도가 담겨 있기 때문입니다. 예레미야 29:13에 "너희가 온 마음으로 나를 구하면 나를 찾을 것이요 나를 만나리라."고 하셨습니다. 전심을 다하는 간절하고 절박하고 끈질긴 기도를 우리 하나님이 들으시는 것입니다.

안타깝게도 현대인들은 하나님을 믿으면서도 절박하고 간절한 기도, 전심을 다하는 기도를 드리지 않습니다. 막연한 기도, 쉽게 포기하는 기도, 형식만 남은 기도를 드립니다. 그래서 현대인들이 예수님의 능력을 체험할 기회가 점점 희박해집니다. 시늉만 내는 기도, 뜨거움이 없는 맥 빠진 기도, 무기력한 기도에 하나님의 응답은 멀리 있습니다.

● 긍정 예화

마태복음 15:21 이하에 보면 어느 날 가나안 여자가 주님께 나와서 내 딸이 귀신들렸으니 도와 달라 외칩니다. 외쳤다는 것은 부르짖는다는 것입니다. 그때 주님이 한 말씀도 하지 않으시니 다시 그 여자가 소리를 지릅니다. 그러자 주님은 "나는 잃어버린 양 외에는 다른 데로 보내심을 받지 아니하였노라." 하십니다. 그래도 여자가 도와 달라 소리치자 예수께 대답하길 "자녀의 떡을 취하여 개들에게 던짐이 마땅하지 아니하니라." 하셨습니다. 그때 여자가 다시 말하길, "개들도 제 주인의 상에서 떨어지는 부스러기를 먹나이다." 합니다. 참 끈질기고 간절하고 절박하게 주님께 간구합니다. 그때에 "주님이 여자여 네 믿음이 크도다. 네 소원대로 되리라." 하셨고 그때부터 그의 딸이 나았다 했습니다. 이방여인의 간절하고도 끈질긴 간구에 주님이 응답하신 것입니다.

● 적용

하나님은 말씀하십니다. "너는 입을 넓게 열라. 내가 채우리라." "너는 크게 부르짖으라. 네가 알지 못하는 크고 놀라운 비밀을 알게 하리라." 이것이 주님이 원하시는 기도입니다. 이것이 응답받는 믿음의 기도입니다. 하나님은 우리가 형식적인 기도보다 진지하게 간절하게 절박하게 뜨겁게 기도하길 원하십니다.

부르짖는 기도는 다른 말로 야성이 넘치는 기도입니다. 이 기도에는 바디메오처럼 기대하는 믿음이 들어 있습니다. 하나님의 능력을 절대적으로 신뢰하는 기도가 담겨 있습니다. 간절함과 처절함, 절박함과 끈질김의 기도인 것입니다. 한국의 60년대와 70년대, 80년대의 전국에 있는 교회에서는 열린 마음으로 간절히 기도하는 성도들의 울부짖음이 끊이지 않았습니다. 전국의 기도원은 항상 만원이었습니다. 그때 신앙이 컸고 그때 교회가 부흥했고 그때 하나님의 나라가 확장되었고 그때 나라가 든든히 세워졌습니다. 투박하지만 간절했고 거칠지만 야성이 살아있는 기도였습니다. 그렇게 부르짖는 교회나 기도원마다 강력한 성령의 역사가 임하여 성도들의 삶에 변화가 나타났습니다.

● 권면

오늘 우리는 이 기도의 야성을 회복해야 합니다. 거칠지만 간절한 기도, 세련되지는 않지만 절박한 기도, 지식은 적어도 하나님의 능력을 믿고 나아가는 담백한 기도가 우리의 신앙생활에서 다시 일어나기를 바랍니다.

④ 대단원

● **본문설명**

보세요. 바디매오가 주변 사람들의 방해에도 불구하고 예수님을 큰 소리로 불렀을 때 예수님이 그의 음성을 듣고 그를 예수 앞에 데려오라 하십니다. 이 말을 듣자 바디매오는 겉옷을 내버리고 뛰어 일어나 예수께로 나왔다 했습니다. 얼마나 기뻤을까요? 얼마나 오랫동안 뵙고 싶었던 기회였나요? 일생에 처음이자 최고의 축복을 받을 수 있는 기회가 왔습니다. 그래서 겉옷을 던져 버리고 뛰어 일어나 주께 기쁨으로 나아갔습니다. 이런 시각장애인을 향해 주님이 말씀하십니다. "네게 무엇을 하여 주기를 원하느냐!" 이 한마디 듣고자 시각장애인이 그토록 기다렸고 소원을 불태웠고 방해를 넘어섰고 주님께 뛰어 나왔습니다. "선생님이여 보기를 원하나이다." 수십 년 동안 해결하지 못한 자신의 인생 문제를 해결 받고자 그는 간절함으로 "선생님이여 보기를 원하나이다." 라고 아뢰었습니다. 이 말은 "이제는 저주받은 존재가 아닌 축복의 주인공이 되고 싶습니다. 소외된 존재가 아니라 사랑받는 존재, 인간다운 존재가 되고 싶습니다."하는 것입니다. 그때 그의 불타는 소원을 보시고 주님은 놀라운 선물을 주셨습니다. "가라! 네 믿음이 너를 구원하였다!" 그 명령이 떨어지자 "그가 곧 보게 되어 예수를 길에서 따르더라." 바디메오는 기어이 축복의 주인공이 되었습니다. 태어나서 지금까지의 고통과 설움을 날리는 치유의 은총을 선물 받았습니다. 육체가 치유되고, 어두운 마음이 밝아지고, 영혼이 구원받고, 평안을 얻는 복을 받았습니다.

● 본문분석

여러분, 주님이 지나가신단 말을 들었을 때 "나도 치료받을 것이다."라는 그의 기대하는 믿음은 옳았습니다. 주님을 의심하지 아니하고 마음의 문을 활짝 열고 주님의 능력을 의지하는 그의 믿음은 옳았습니다, 방해세력들을 만났지만 포기하지 아니하고 전심을 다하며 간절함과 끈질김과 절박함이 담긴 그의 부르짖는 믿음은 옳았습니다. 한마디로 주님을 향해 불타는 소원으로 부르짖은 그의 믿음은 옳았습니다. 이 불타는 소원이 담긴 그의 믿음이 주님의 관심을 끌었고 결국 구원, 치유, 축복을 가져왔습니다.

● 적용과 권면

오늘 우리도 바디메오와 같은 믿음으로 예수님께 나아갈 때 구원, 치유, 축복을 덧입는 것입니다. 문제는 우리의 믿음입니다. 아무런 기대감도 없이 주를 바라보거나 주님의 능력을 의심하거나 기도하다가 포기하는 것은 역사를 일으키지 못합니다. 주님이 나를 위하여 큰일을 행할 것을 기대하는 믿음, 주님의 능력을 향해 활짝 열린 믿음, 전심을 다하여 뜨겁게 기도하는 믿음으로 주님께 나아가시길 바랍니다. 한마디로 바디매오와 같이 불타는 소원이 담긴 믿음으로 하나님께 나아가시길 바랍니다. 이 믿음이 우리의 정신과 육체와 매일의 삶에 치유와 회복의 은총으로 나타나길 주님의 이름으로 축원합니다.

내러티브 스타일 설교를 만드는 원칙들

① 설교가 하나의 드라마처럼 진행되게 만들어야 함을 기억하라.
② 서론 즉 발단이 날카롭게 시작되게 하라. 평범하게 시작되면 청중의 관심을 끌기 어렵다. 청중의 삶에 밀접하게 관련된 발단이 되도록 한다.
③ 갈등에서 모순을 극대화시킨다. 그리고 절정에서 해결이 되는 기쁨을 맛보게 한다. 대단원에서 행복한 결과를 보게 한다.
④ 적용이 본문의 흐름에서 벗어나지 않게 주의 한다.
⑤ 내러티브 스타일의 설교 생명은 각 단원마다 힘을 불어 넣는 것이다. 청중이 들으면서 힘이 솟아나도록 만들어야 설교가 끊이지 않는다.
⑥ 본문(text)와 상황(context)을 넘나드는 설명에 대한 자유로움이 자연스럽게 나타나도록 만든다.
⑦ 설교의 최종 목적이 발단이나 갈등부분이 아닌 절정에서 나타나게 만든다.

2 평형을 깨트리고 모순의 이유를 드러내라

개념

이 구성법은 라우리(Eugene Lowry)가 『설교구성』(Homiletical Plot) 이라는 책에서 세상에 내놓은 구성법이다. 부정적인 문제를 제기하며 청중의 평정을 뒤흔들고 그 문제의 원인을 밝혀낸 다음에 청중의 마음을 더욱 무겁게 만든다. 그다음 청중에게 기쁨과 소망이 되는 대안을 제시하는데 그것은 바로 복음을 제시하는 것이다. 여기서의 복음은 보다 폭넓은 의미에서 해결책으로 볼 수 있다. 청중이 해결책을 접하며 답에 대한 확신을 갖게 하는데 더욱 확신을 갖게 하기 위하여 경험을 들려주어 확신에 이르게 한 다음에 결단케 한다. 라우리(Lowry)의 이 구성은 이야기 구성인 발단·갈등·절정·대단원의 흐름을 좀 더 단순화시킨 구성이다. 그래서 저자는 이 구성법 개념을 단순화된(Simplified) 내러티브 스타일이라 했다. 자 이제 이 구성법 개념을 그림으로 설명하면 아래와 같다.

| 설교구성 실례 ① |

본문 누가복음 19:1-10
제목 깨어진 삶, 회복된 인생
주제 인간은 하나님께로 돌아올 때 온전한 삶이 회복된다.
목적 하나님의 형상으로 회복되게 한다.
개요 ① **평형을 깨트려라** : 인간은 나면서부터 깨어진 존재다.
　　　② **모순을 드러내라** : 깨진 삶의 근본 원인은 죄 때문이다(1-3).
　　　③ **해결의 실마리를 제시하라** : 죄로부터 돌이키고 하나님 품 안으로 돌아올 때 하나님은 회복의 은혜를 베푸신다(4-10절).
　　　④ **복음을 경험하게 하라** : 신앙 경험을 통해 확신을 갖게 한다.
　　　⑤ **결과를 기대하게 하라** : 회복의 은혜를 덧입으면 새 삶이 주어진다.

① 평형을 깨트려라

깨어진 삶, 깨어진 하나님의 형상

사람에게 가장 아름답고 순수한때는 아마도 아기 시절일 겁니다. 부모님 품 속에서 사랑을 받으며 천진난만하게 자랄 때, 아기는 아무 상처도 아무 걱정도 없이 맑고 밝게 자랍니다. 바로 이때 인간은 하나님의 형상을 닮은 순수, 평안, 자유의 완벽한 모습입니다.

그런데 아기가 자라면서 세상과 접하면서 고통을 경험하며 마음에 상처를 받기 시작합니다. 그때부터 하나님의 형상의 속성인, 순수, 평안, 자유, 기쁨 등은 일그러집니다.

감성터치 경쟁심이 심한 청소년이 자기보다 잘 생긴 친구를 보면 열등감을 느낍니다. 자기보다 능력 있는 친구를 보면 좌절합니다. 기득권을 누리는 친구들을 보면 반감이 생깁니다. 불공평한 세상에서 순수한 하나님 형상은 상처와 원망, 고통으로 일그러집니다.

어른이 되면 인간의 순수, 진실, 자유, 평안, 등은 더 심하게 훼손됩니다. 보세요. 사랑하다가 사랑이 깨지면 그로 인해 괴로워합니다. 살다가 건강이 무너지면 크게 좌절합니다. 극복하기 어려운 장애물을 만나면 자신감과 용기를 잃습니다. 불안, 두려움, 원망, 반감, 좌절, 괴로움 등이 영혼을 지배하며 어느덧 불행한 사람이 됩니다. 세상은 인간 속에 담긴 하나님의 형상을 완전히 일그러트립니다.

② 모순을 드러내라
하나님 형상이 깨지는 원인 – 죄 때문에

하나님의 형상이 깨지는 보다 근본적인 이유가 있습니다. 인간 스스로의 잘못된 선택 때문입니다. 성경은 이 잘못된 선택이 인간의 어리석음

혹은 죄 때문이라 말씀합니다.

'나는 새도 떨어트린다.'는 대한민국의 검사장 진 아무개 씨가 무소불위의 권력을 휘두르며 승승장구하자 사람들은 그를 부러워했습니다. 하지만 그가 검사장으로서 해서는 안 될 몹쓸 짓을 했고 그것이 검찰에 발각되었습니다. 그는 막강한 권세와 높은 명예를 잃었으며 그동안 쌓아놓은 재물을 모두 잃었습니다. 잘 나가던 인생이 꺾인 인생, 고통스러운 인생이 되었습니다. 그의 잘못된 선택이 고통을 불러왔습니다.

감성 터치 얼마 전에 꿈과 열정이 많았던 후배 목사님이 저를 찾아왔습니다. 이런저런 얘길 하다가 "목사님, 사실은 몇 년 전에 홧김에 목회를 그만 두었는데 그 이후부터 의욕을 잃고 지금까지 아무것도 못합니다... 지금은 그때 참지 못한 것이 후회가 됩니다."했습니다. 목사님의 잘못된 선택이 상처와 고통을 낳았습니다.

인간의 그릇된 선택은 여러 고통을 불러옵니다. 사람과의 관계가 깨지고 꿈과 비전을 상실하고 탄탄한 기반이 무너집니다. 하나님과의 친밀한 관계가 깨지며 하나님의 사랑을 잃어버립니다. 죄와 어리석음, 그릇된 선택으로 인간은 상처와 불행을 얻으며 하나님 형상을 상실합니다.

하나님 형상이 깨지면 외로움이 생기고 동시에 후회가 찾아 듭니다.

"그때에 내가 왜 그랬지? 그때에 화를 참았더라면, 그때에 성실했더라면, 그때에 조금만 더 견디었더라면, 그때에 지혜로운 선택을 하였더라면…." 하는 후회를 합니다. 우리의 지혜롭지 못한 선택, 우리의 어리석음과 죄성이 하나님의 형상을 깨트럽니다.

오늘 본문에 보니 행복을 꿈꾸었던 삭개오도 그의 잘못으로 인하여 꿈이 깨졌습니다. 그는 여리고성의 세리장, 오늘날로 말하면 여리고의 세무서 서장으로서 출세한 사람이었습니다. 하지만 자기 동족에게 매정하게 세금을 걷어서 로마 정부에 축소 신고하였고 그 차액을 빼돌려 부자가 되었습니다. 이 부정 축재를 로마도 알고 이스라엘 백성들도 알고 있습니다. 그래서 이스라엘 사람들은 그의 불의한 행동 때문에 그를 멸시하였고 증오했습니다. 삭개오 자신도 사람들로부터 증오의 대상이란 사실을 모를 리가 없습니다. 사람들이 자신을 피하며 인간 취급을 하지 않는 것을 보면서 삭개오는 돈은 많았으나 외로웠으며 권세는 컸어도 행복하지 않았습니다.

어렸을 때 삭개오는 사람들에게 사랑받으며 칭찬 들으며 자랐을 겁니다. 남을 돕는 훌륭한 인격자가 되고 하나님을 기쁘게 하는 사람이 되겠다고 꿈을 꾸었을 겁니다. 하지만 그의 인생은 꿈과는 달리 낯선 곳에 와 있습니다.

율법은 죄를 짓지 말라 하였으나 죄를 지었고 약자를 배려하라 하였으나 괴롭혔으며 욕심을 버리라 하였으나 욕심을 챙겼습니다. 하나님 말씀을 지키라 하였으나 어기었으며 하나님을 기쁘시게 하라 하였으나 자신을 기쁘게 하였습니다. 착한 일을 행해야 했지만 악한 일을 행했습니다. 결국 그는 외로움과 부끄러움의 중심에 있습니다.

삭개오가 이렇게 살아온 세월이 짧지 않았습니다. 그런데 삭개오는 그동안 욕심만 추구하며 살아온 것을 후회했습니다. 어느 때부턴가 돈은 쌓였지만 자랑스럽지 않았고 부자가 되었으나 기쁨이 없었고 권세가 있었으나 행복하지 않았습니다. 뭔가 잘못되었음을 알았습니다. 어린 시절의 순수한 영혼은 이제 죄와 불순종, 후회와 고통으로 일그러졌음을 알았습니다.

감성터치 로마서 7장에 보면 자신이 큰 죄인임을 깨달은 바울이 이렇게 한탄하지요. "오호라 나는 곤고한 사람이로다. 이 사망의 몸에서 누가 나를 건져내랴!"

삭개오의 심정이 바로 이와 같았습니다. 삭개오는 원치 않는 낯선 곳에 와 있는 자신을 발견했습니다. 후회의 자리, 순수함과 행복을 잃어버린 자리, 하나님의 형상이 깨진 자리에 와 있음을 알았습니다.

③ 해결의 실마리를 찾아라

이럴 때에 삭개오가 반응할 수 있는 길은 세 가지입니다. 첫째, 삶을 돌아보며 지금의 인생은 내가 원하던 것이 아니었어! 잘못 살았어! 하며 가룟 유다처럼 생명을 포기하는 겁니다. 비극적인 일입니다. 둘째, 자신의 잘못을 애써 부인하고 양심의 고발을 외면하고 지속적으로 죄를 지으며 "돈만 벌면 최고지. 나에 대한 평가가 뭐가 그렇게 중요해!" 하면서 계속해서 악한 길로 가는 것입니다. 이것은 하나님으로부터 멀어지고 하나님의 위로와 사랑으로부터 멀어지는 길입니다. 하나님의 심판을 아랑곳하지 않고 아버지의 왕권을 찬탈하려 했던 압살롬의 마비된 양심처럼 악행의 길로 가는 것입니다.

세 번째, 죄로 인하여 하나님의 형상이 깨어진 모습을 인정하며 신앙적인 방법으로 해결하는 것입니다. 악을 멈추고 하나님께 회개하며 잃어버린 양심과 인격, 그리고 깨어진 하나님의 형상을 회복하고자 다윗처럼 눈물로 회개하며 하나님께 나아가는 것입니다. 이 세 가지 길 중에서 가장 바람직한 길은 바로 세 번째입니다. 하나님 앞에서 죄를 고백하며 죄 용서 받으며 하나님의 인도를 받으며 새롭게 되는 것입니다.

다행스럽게도 삭개오는 깨어진 하나님의 형상을 온전히 회복하길 원했습니다. 살아오면서 그동안 죄를 지었고 하나님과 사람에게 실망을 주었으며 자신의 인생을 엉망으로 만들었음을 인정하길 원했습니다. 인정할 뿐만 아니라 용기를 내어 왕이신 주님께 죄를 고백하고 용서받아 새롭게 되고 싶었습니다. 그래서 주님을 찾아 나섰습니다.

바로 그때에 본문 3-4절을 보니 삭개오는 주님이 여리고 마을에 오신단 소식을 듣고 이때다 싶어 예수님이 지나가시는 길목을 기다렸습니다. 주님이 나타나시자 키 작은 삭개오는 몰려든 인파로 주님을 볼 수 없어 뽕나무 즉 돌 무화과나무로 올라갔습니다. 주님에 대한 호기심 때문에 나무에 올라간 것이 아니었습니다. 남들이 보고 싶어 하니 자기도 그저 보고 싶어 올라간 것이 아니었습니다.

삭개오는 자기의 깨어진 하나님 형상이 주님으로부터 회복되길 원했습니다. 마비된 양심, 무너진 인격, 잃어버린 신앙이 회복되길 원했습니다. 어릴 때의 천진난만함, 티 없이 맑은 순수함, 자유와 평안, 행복을 되찾고 싶었습니다. 그래서 뽕나무 위로 올라갔던 것입니다.

감성터치 여러분들이 지금 예배를 드리지만 삭개오처럼 하나님 형상이 깨어진 부분은 없습니까? 지금껏 살아오면서 양심, 인격, 사랑, 행복, 꿈이 깨지고 소망하던 것이 무너지진 않았나요? 그래서 자유와 평안, 행복과 신실한 삶과 하나님 형상을 회복하고 싶지는 않습니까? 혹 있다면 삭개오처럼 오늘 이 시간 주님 앞에 회복되길 원하는 믿음으로 나오시길 바랍니다.

보세요. 삭개오가 깨어진 삶을 회복하고 싶어서 주님을 만나러 돌무화과나무에 올라갔을 때 주님이 맨 먼저 알아본 사람은 삭개오였습니다. 주님은 호기심에서 찾아온 사람에 대하여 관심이 없었습니다. 자기 문제를 해결하고 싶어 뚫어져라 주님을 쳐다보는 삭개오에게 관심을 쏟았습니다. 삭개오의 눈을 보시자 삭개오가 얼마나 간절히 주님을 보고 싶어 하는지, 얼마나 진지하게 자기의 죄를 용서 받고 싶어 하는지, 얼마나 간절히 하나님 형상이 회복되고 싶어 하는지, 얼마나 간절히 주님의 용서와 사랑, 구원의 은총을 덧입길 원하는지를 아셨습니다.

 부풀려진 풍선이 손만 닿아도 뻥 터지는 것처럼 주님은 삭개오가 금방이라도 눈물을 터트리며 "새로운 인생길을 걷겠으니 도와달라."고 결단할 준비가 되었음을 보셨습니다.

주님은 준비된 그를 보시며 말씀하십니다. "삭개오야 속히 내려오너라. 내가 오늘 너의 집에 머물러야 하겠다." 죄인인 삭개오 자신을 쳐다만 봐주셔도 감사할 뿐인데 "속히 내려오라 너의 집에 머물겠다." 하시니 이보다 기쁠 수가 없습니다. 만왕의 왕, 구원의 주, 하나님의 아들 예수께서 죄인을 찾아 부르셨습니다. 죄인과 함께하길 원하셨습니다. 죄인의 무거운 죄 짐을 덜어주시길 원하셨습니다. 고통과 후회로 얼룩진 삶을 청산하고 새로운 인생길을 걷게 하시겠다는 겁니다. 깨어진 하나님의 형상을 온전히 회복시키고 축복된 삶으로 나아가도록 만드시겠다는 뜻입니다. 그래서 삭개오의 집에 머물겠다고 하셨어요. 할렐루야!

삭개오는 흥분된 마음으로 주님을 집으로 모셨습니다. 집에 도착한 삭개오가 주님의 사랑의 눈을 바라보자 마음이 더욱 활짝 열려 고백했습니다. "주님! 내 소유의 절반을 가난한 자들에게 주겠사오며 만일 누구의 것을 속여 빼앗은 일이 있으면 네 배로 갚겠나이다."

주님을 보는 순간 회개가 터졌고 옳은 길을 가고 싶었습니다. 남에게 진 빚을 청산하고 싶었고 괴로움을 주었던 사람들에게 보상하고 싶었습니다. 진정한 회개였습니다. 그때 삭개오의 진심을 보신 주님이 말씀하십니다. "오늘 구원이 이 집에 이르렀으니 이 사람도 아브라함의 자손임이로다. 인자가 온 것은 잃어버린 자를 찾아 구원하려 함이니라." 이 회개를 보시고 주님은 삭개오를 더 이상 죄인으로 보시지 않습니다. 다만 그에게 죄 용서의 은총, 구원의 선물, 비틀어지고 깨어진 하나님 형상을 원래의 모습으로 회복시키는 축복을 베푸셨습니다. 할렐루야!

④ 복음을 경험하게 하라

오래전 하나님은 죄인을 새롭게 하시겠다고 에스겔 11:19에서 말씀하셨습니다. "내가 너희들에게 새로운 영을 집어넣어 주리라. 내가 너희들의 몸에서 돌같이 굳은 마음을 없애고, 살같이 부드러운 마음을 주리로

다." 할렐루야! 하나님은 우리가 나이가 들면서 세상 죄에 빠져서 마음이 죄에 무감각해질 때 화석화되어가는 마음을 만지셔서 어린아이 살처럼 부드럽게 하시겠다, 새롭게 하시겠다고 말씀하셨습니다. 하나님은 우리를 원래의 하나님 형상대로 회복시켜주시길 원하십니다.

회복이란 단어가 참 중요한데요. 여러분, 항아리가 깨지면 그 깨진 조각을 다시 붙이는 데에 접착제가 있어야 합니다. 옛날부터 사람들은 접착제를 사용해왔는데 접착제가 얼마나 강한지 한번 붙으면 절대로 떨어지는 일이 없습니다. 붙은 것을 다시 떼려다가 오히려 다른 곳이 깨집니다.

여러분, 아십니까? 하나님이 우리를 회복시키시면 처음보다 더 단단하게 만드십니다. 우리를 회복시키시면 이전보다 더 강하고 더 튼튼한 인격과 신앙, 더 튼튼한 하나님의 형상으로 회복되게 하십니다. 하나님이 우리를 만지시면 아무리 크게 깨어진 인생도 완벽하게 회복됩니다. 여기에 하나님의 회복 은총이 있습니다.

감성터치 250여 년 전에 태어난 영국의 고전 문학가인 작사자 윌리엄 카우퍼(W. Cowper)는 여섯 살 때 어머니가 세상을 떠나자 그 충격으로 평생을 우울증에 시달렸어요. 그런데도 그는 열심히 공부하여 변호사가 되었습니다. 영국 의사당 앞에다 사무실을 내면서 주어진 일에 최선을 다하는 변호사로서 성공하였습니다. 명성을 얻고 돈을 얻었어요. 하지만 일에 대한 부담감과 언제 낙오될 지 모른다는 불안감 때문에 항상 마음에 평안이 없었습니다. 특히나 자신이 지은 죄 때문에 괴로운 나날을 보냈습니다. 늘 영혼이 메마르는 갈급함이 더해갔고 이렇게 살면 죽을 것 같다는 생각이 자주 찾아왔습니다. 남들이 부러워하는 위치에 있었지만 그의 마음은 퇴로가 막힌 터널 같았습니다.

얼마나 괴로워했던지 그는 죽기를 결심했어요. 어느 날 아편을 사 들고 템스 강에 투신자살하고자 마차를 탔어요. 그런데 안개가 너무 짙어 앞을 분간할 수가 없었는데 한참 동안 마차를 타고 달리다 보니 자기 집 대문 앞이었습니다. 그다음엔 아침에 동맥을 끊으려고 칼을 찾았지만 칼날이 부러져서 실패했습니다. 그다음엔 목을 매었는데 의식불명이 된 순간에 목맨 끈이 끊어져 살아났습니다. 이렇게 불안과 두려움의 연속으로 죽고자 했지만 죽지 못했던 그는 정신병원에 가게 되었습니다. 그곳에서 우울한 시간을 보내고 있을 때 그의 나이 33살이었습니다. 그러던 어느 날 로마서 3:25을 읽다가 은혜를 받았고 구원의 확신을 갖게 됩니다. 그 말씀의 내용은 인간의 죄의 짐을 가볍게 하려고 하나님이 아들 예수를 화목제물로 삼으셨다는 내용이었습니다. 이 말씀이 가슴에 부딪쳐 왔고 그 말씀을 믿으니 성령의 감동을 받으며 마음이 평안해졌습니다. 아팠던 육체도 건강해졌습니다. 퇴원하여 교회에서 예배드리는데 마음이 뜨거워졌습니다. 감사와 사랑 행복이 밀려왔습니다.

그렇게 예배드리며 주님을 의지하는 동안 그의 찢어진 마음, 불안, 두려움, 죄의식은 사라지고 행복, 평안, 자유, 기쁨이 찾아왔습니다. 실로 얼마 만에 맛보는 축복인지요. 얼마나 기쁘고 행복한지, 그때부터 그는 하나님 말씀에 온전히 순종하고 하나님을 기쁘시게 하는 데에 초점을 맞추며 살았습니다. 새롭게 되니 기쁨이 커지고 감사와 평안 자유와 행복이 커져가더라. 할렐루야!

여러분, 인간이 하나님의 형상대로 회복되지 않음은 회개하지 않음이요, 하나님께 자신을 불쌍히 여겨달라고 간구하지 않음이요, 하나님이 기뻐하시는 믿음의 길로 들어서지 않기 때문입니다. 하나님은 지금도 우리가 하나님 품 안으로 온전히 돌아오길 원하십니다. 그때에 하나님의 형상으로 온전히 회복시켜 주시는 것입니다.

① 결과를 기대하게 하라

다시 말씀드립니다. 하나님을 찾으면 아무리 타락한 인생도, 아무리 깨어진 인생도, 하나님의 형상으로 회복됩니다. 아무리 하나님을 멀리 떠난 사람이라도, 아무리 하나님 형상을 처참하게 깨트린 사람이라도, 구원의 주님, 사랑의 주님께 나아와 "잘못했습니다." 진심으로 회개하면 하나님은 모든 과거를 용서하시고 깨진 형상을 원래의 순수한 모습으로 회복시켜 주십니다. 하나님이 회복의 은혜를 부어 주시며 기쁨과 사랑 행복이 가득한 인생으로 만드십니다. 그리고 다시는 깨지지 않도록, 넘어지지 않도록, 후회하지 않도록, 강렬한 사랑으로 믿음의 길로 이끄십니다. 바로 그 인도하심에 온전히 순종하며 하나님이 기뻐하시는 인생으로 살아갈 때 하나님은 젖과 꿀이 흐르는 축복을 체험하게 하십니다. 여기에 하나님의 회복의 은총이 있습니다. 이 아침, 이 놀라운 하나님의 회복의 은혜가 주님을 갈망하는 저와 여러분에게 가득차고 넘치시길 주님의 이름으로 축원합니다.

설교구성 실례 ②

본문 요한복음 4:10-19
제목 인간은 목마른 존재다
주제 예수는 인간의 목마름을 해결하는 자원이다.
목적 예수와 친밀해짐으로 목마름을 해결하게 한다.
개요 ① **평형을 깨트려라** : 인간은 목마른 존재이다.
　　② **모순을 드러내라** : 삶이 어긋나면 갈증은 커진다.
　　③ **해결의 실마리를 찾아라** : 생수의 근원이신 주님을 영접하고 그분과 친밀한 교제를 나눌 때 목마름은 해결된다.
　　④ **복음을 경험하게 하라** : 해결책을 확신하게 만드는 예들을 들어 준다.
　　⑤ **결과를 기대하게 하라** : 새 삶을 살도록 한다.

① 평형을 깨트려라
인간은 목이 마르다

[감성터치] 최근에 어떤 사람이 인터넷에 두 장의 사진을 올려놓았습니다. 가뭄으로 인해서 농지 바닥이 쩍쩍 갈라진 사진과 또 말라서 죽은 옥수수 밭 사진을 올려놓았습니다. 그리고 사진 밑에 "아! 나는 목이 마르다."라고 썼습니다. 어느 가수 지망생 소녀가 텔레비

전에서 "저도 아무개처럼 성공한 가수가 될래요." 하더니 "저는 아주 목이 말라요." 했습니다. 인간은 목마른 존재입니다. 성공에 목이 마르고 사랑에 목이 마르고 행복에 목이 마릅니다. 승리와 결실에 목이 마르고 영원한 생명에 목이 마릅니다.

여러분, 혹 목이 마르신가요?

인간이 얼마나 목마른지 『내 인생을 바꾸는 힘』의 저자 인근배 씨는 "인간은 목마름을 채우기 위해서 우물가로 달려가는 존재"라고 했습니다. 목마른 사슴처럼 우리 인간은 목마른 존재로 살아갑니다. 이 목마름을 방치하면 어떻게 될까요? 말라버린 샘처럼 됩니다. 샘에 물이 없으면 죽은 샘물이 되듯이 인간이 목이 마르면 갈증으로 죽게 됩니다.

목이 마르다는 것이 무엇인가요? 영혼 깊은 곳에서 솟아나는 기쁨, 만족, 행복이 차단되는 것입니다. 목이 마르면 사람은 사소한 일에도 화를 잘 내고 불평, 불만을 달고 삽니다. 자기 자신, 주변, 세상을 향해 원망하며 삽니다. 목마름이 커지면 슬픔과 분노의 감정을 자주 폭발시키고 그 목마름으로 자신을 찌릅니다. 그것만이 아닙니다. 불필요한 근심, 걱정에 자주 얽매이게 되고 괜히 우울해지고 삶의 의욕을 잃습니다. 매일 드나들던 일터가 싫어지고 하던 일을 중단하고 싶어 합니다. 영혼이 메마르면 총체적으로 문제가 생깁니다.

그러고 보면 정말 중요한 것은 돈 벌고 출세하며 성공하는 것보다 영혼을 메마르지 않게 하는 것입니다. 오늘 이곳에 모인 저와 여러분은 하나님의 축복으로 영혼이 메마르지 않기를 바랍니다.

② 모순을 분석하라
목마름의 원인

여러분, 언제 영혼이 메마르게 되나요? 언제 기쁨과 만족이 중단되나요? 삶이 어긋날 때입니다.

감성터치 멋진 양복을 입었는데 양복의 단추를 어긋나게 하고 거리를 활보해 보세요. 마음이 불안하고 부끄러움을 타게 됩니다. 인생이 어긋나면 기쁨과 만족이 중단되고 부끄러움만 커집니다.

오늘 본문에 나오는 사마리아 여인은 삶이 어긋났습니다. 한번 사랑이 어긋나자 두 번, 세 번, 무려 다섯 번이나 어긋났습니다. 어긋나는 동안 기쁨, 만족, 행복이 사라졌습니다. 그 대신 마음에 상처와 고통이 생기고 그로 인해 부끄러움이 커져서 사람을 피해서 살았습니다. 인간은 어긋난 삶을 사는 한 목마름은 지속됩니다.

감성터치 친구 목사님에게 이런 부부 얘길 들었습니다. 유부남 유부녀가 동네에서 눈이 맞아 두 사람이 가정을 버리고 큰 도시에 가서 숨어 살았습니다. 그런데 가족 친지들과 연락을 끊고 사니 그들이 보고 싶어 견딜 수가 없습니다. 게다가 마음속에서 '우리는 비난 받는 사람들'이라는 생각이 떠나질 않았습니다. 가끔 낯선 교회에서 낯선 사람들 틈바구니에 끼여서 예배를 드리지만 마음이 불안했습니다. 가족들이 보고 싶어 눈물을 흘리곤 했습니다.

신앙생활을 열심히 하며 친구들과 어울렸던 기억들, 하나님 영광을 위하여 힘 있게 쓰임 받으며 당당했던 순간들, 하나님이 나를 사랑하사 나를 사용하신다는 믿음으로 봉사하던 행복했던 시절들이 그리웠습니다. 하지만 이젠 얼굴에 웃음이 사라졌습니다. 그저 슬퍼서 눈물만 납니다. 무엇을 해도 즐겁지 않습니다. 결국, 둘은 헤어지고 말았습니다.

여러분, 어긋난 삶이 제자리로 돌아오기 전까지 영혼의 목마름은 해소되지 않습니다. 잘못된 길인 줄 알면서도 고집을 피운다든지, 불안과 두려움이 지속되는데도 수정하지 않는다든지, 욕심 때문에 위험한 일을 계속 한다든지, 주님을 실망시키는 불순종을 지속하면 부끄러움과 목마름은 계속됩니다. 방향을 수정하기 전까지 기쁨과 만족, 그리고 행복은 중단됩니다.

영혼이 목마른 이유는 이것만이 아닙니다. 목마름의 해갈을 외부에서 찾을 때도 목마름은 계속됩니다. 오늘 본문에 나오는 사마리아 여인을 보세요. 그녀는 남자를 통해서 목마름을 해결하려고 했습니다. 하지만 사람을 통해서는 기쁨과 만족을 얻지 못하고 오히려 고통만 커졌습니다. 자기에게 무엇이 문제인가 자신을 찬찬히 살펴보고 원인을 찾았더라면 좋았을 텐데 이 여인은 그러하지 못했습니다. 오직 사람을 통해서 만족을 얻으려했습니다. 지금도 얼마나 많은 사람들이 목마름을 해결하려고 외부로 눈을 돌리는지 모릅니다.

감성터치 미국의 세계적인 만화가 랄프 바톤은 세계의 명승지 12곳에 있는 자기 별장에서 수많은 젊은 여성들을 바꿔가며 살았습니다. 하지만 그가 성공의 절정에 이른 60세 되던 해에 자기 생일에 친구들이 모인 자리에서 "아, 피곤하다! 만족이 없도다." 했습니다. 돈도, 명성도, 쾌락도 성공도 그의 영혼에게 기쁨과 만족을 주지 못했습니다.

사람이 목마를 때 바닷물을 마시면 더 목마르듯이 정답이 아닌 오답은 오히려 영혼을 메마르게 합니다. 그럼에도 사람들은 목마름을 해결하고자 성공, 사랑, 꿈을 찾습니다. 그런데 그것들로는 메마름을 결코 채우지 못합니다. 사람은 남이 가진 것을 내가 갖지 못할 때 끊임없이 목말라 합니다. 환경을 바꾸거나 무엇을 소유해도 목마름은 계속됩니다.

③ 해결의 실마리를 찾아라
목마름을 위한 해결책

우리 주님은 이런 목마른 영혼을 위하여 무엇을 하시나요? 본문에 나오는 사마리아 여인은 매우 목이 말랐습니다. 주님은 이 여성이 목마른 것을 알아채고 목마름을 해결해 주고 싶어 10절 이하에서 이렇게 말씀하셨습니다. "네가 만일 하나님의 선물과 또 네게 물 좀 달라 하는 이가 누구인 줄 알았더라면 네가 그에게 구하였을 것이요 그가 생수를 네게 주었으리라." 주님은 그녀의 영적 해갈을 위한 생수가 되신다고 말씀하셨습니다. 그리고 생수이신 자신을 믿음으로 영접하라고 초청하셨습니다. 주님이 말씀하셨습니다. "이 우물물을 마시는 자마다 다시 목마르려니와 내가 주는 물을 마시는 자는 영원히 목마르지 아니하리니 내가 주는 물은 그 속에서 영생하도록 솟아나는 샘물이 되리라." 생수이신 주님을 믿음으로 받아들이면 다시는 목마르지 않을 것이라며 이 여인을 초청한 것입니다. 이 초청에 여인은 놀라운 반응을 보입니다. "그런 물을 내게 주사 목마르지도 않고 또 여기 물 길러 오지도 않게 하소서." "그런 물을 내게 주소서!" 주님을 스펀지처럼 단숨에 빨아들였습니다. 그런데 바로 그 순간 두 가지 새로운 현상이 이 여인에게 나타났습니다.

    주님을 받아들인 순간 첫째, 이 여인을 오랫동안 부끄럽게 했던 죄의식이 사라졌습니다. 그녀는 죄의식으로 인하여 자신을 얼마나 부끄럽게 여겼던지 사람들을 피해 살았습니다. 목마름이 계속되었던 것입니다. 그런데 주님을 영접함과 동시에 죄의식과 부끄러움이 사라졌습니다. 그 대신 당당함이 생겨 동네에 들어가 사람들에게 예수를 전하는 사람이 되었습니다.

사람이 죄 용서의 은총을 덧입으면 죄의식과 부끄러움이 즉각 사라집니다. 그리고 평안함과 떳떳함이 생깁니다. 그래서 성경은 죄사함을 받은 자는 복이 있다했습니다. 죄인이라도 용서받으면 죄의식에 얽매이지 않는 떳떳한 영혼이 됩니다. 여기에 하나님의 은총이 있습니다.

두 번째, 이 여인에게 죄의식이 사라지자 그동안 사라졌던 기쁨과 만족이 다시 회복되었습니다. 단지 주님을 영접했을 뿐인데 영혼 속에 기쁨, 감사, 만족이 생겼어요. 목마름이 채워진 것입니다. 그래서 얼마나 행복한지 사람들에게 기쁜 소식을 전하는 사람이 되었습니다.

시냇가에 심겨진 나무와 같이, 물댄 동산같이 갈증이 채워진 행복한 사람이 되었습니다. 주님은 이 여인의 목마름을 해결하신 생수였습니다.

감성터치 목마른 여러분, 주님이 주시는 생수를 마시지 않으시겠어요? 몸에 수분이 없으면 탈이 납니다. 피부나 장기를 비롯하여 모든 기능에 문제가 생깁니다. 그럴 때 몸에 생수가 풍부히 들어오면 몸 전체에 수분이 공급되어서 몸의 모든 기능이 정상이 되어 몸의 컨디션도 좋아집니다. 마찬가지로 생수이신 주님이 우리에게 들어오시면 영혼 구석구석에 주님의 사랑이 파고듭니다. 우리의 생각, 마음, 눈에 주님의 사랑이 채워집니다. 그 사랑이 두려움과 부끄러움과 수치심과 죄의식을 몰아냅니다. 동시에 우리의 마음을 기쁨과 만족으로 채웁니다. 그때부터 마음이 한없이 부드럽고 평화롭고 자유하는 영혼이 됩니다. 그때부터 생기가 돌아 웃음이 생기고 행복이 자리를 잡습니다. 그때 스스로 외칩니다. "아 나는 행복한 사람이로다." 할렐루야! 목마름이 채워지면 홀로 있어도 외롭지 않습니다.

물댄 동산같이 기쁨과 만족으로 가득 채워지기 때문입니다.

④ 복음을 경험하게 하라

생수이신 주님으로부터 어떻게 하면 목마름을 해결할 수 있습니까? 자신을 솔직히 주님 앞에 내어 놓아야 합니다. 우리 주님은 이 여인의 목마름을 해결해 주시려고 갑작스럽게 질문하셨습니다. 16절에서 "너의 남편을 데려오라." 이것은 이 여인이 가장 숨기고 싶은 진실이었습니다. 그러나 주님께 고백했습니다. "내게 다섯 남자가 있었으나 아무도 내 남편이 아닙니다." 고백하고 싶지 않은 사실을 토해냈어요. 여기에서부터 이 여인의 목마름은 해갈되기 시작했습니다.

다윗이 어쩌다가 큰 죄를 지었어요. 부끄러워 그 죄를 숨기고자 했습니다. 하지만 그의 양심은 그를 고발합니다. "너는 죄인이다." 이 양심의 고백이 자기 영혼을 찌르자 밥맛도 없고 잠도 제대로 못 자고 웃음이 사라졌습니다. 아무 일 없는 것처럼 행세했지만 속으론 괴로워 견딜 수가 없었습니다. 그때에 하나님의 사자 나단이 직언하며 "다윗, 당신은 죄인!"이라고 꾸짖었습니다. 그때에 다윗은 위선과 가식을 버렸습니다. 그리고 그 자리에서 엎드려 자복하며 통곡합니다. "하나님 내가 하나님과 사람 앞에 죄를 지었나이다. 날 용서하소서."하며 긴 세월을 눈물로 회개하며 하나님 앞에 엎드렸습니다. 훗날 그는 하나님의 놀라운 용서를 체험하고 그의 무거운 짐이 새털처럼 가벼워졌습니다. 얼마나 행복해졌는지 그는 하나님께 감사의 시를 썼습니다. "여호와는 나의 목자시니 내게 부족함이 없으리로다. 그가 나를 푸른 초장에 쉴만한 물가로 인도하시는도다." 할렐루야!

영적인 목마름이 해결되려면 누구든지 자기의 지은 죄를 고백해야 합니다. "주님, 내가 죄를 지었고 하나님의 영광을 가렸나이다. 용서하소서." 고백하며 돌이켜야하는 것입니다. 그럴 때 그 죄를 용서하시고 상처를 치유하시며 말라버린 영혼에 생수를 부어 주십니다.

감성터치 최근에 신앙생활을 하면서 영혼이 목마른 사람이 있나요? 가끔씩 지은 죄로 인하여 하나님과 나 사이에 꺼림찍한 부분이 있습니까? 아직도 주님 앞에 지은 죄를 용서해 달라고 회개하지 않은 것이 있습니까?

오늘 이 자리에서 믿음으로 회개하며 용서해 달라고 간구하시길 바랍니다. 회개함으로 목마름을 해결하시는 주님의 은혜 속으로 들어가시길 바랍니다.

회개 후에는 어떻게 하느냐 한번 회개하여 용서받는다고 영원히 목마름이 해결되는 것은 아닙니다. 세속에 파묻혀 사는 한 목마름은 또 찾아옵니다. 문제는 우리가 끊임없이 목마르지 않게 하는 것이 중요합니다. 그 길은 생수이신 주님과 끊임없이 친밀하게 교제를 나누는 것입니다. 주님을 무시하거나 그분의 말씀을 외면하거나 그분과 교제를 중단하면 갈증이 생깁니다. 그러므로 그분과의 깊은 사귐을 계속 하는 것이 중요합니다.

사마리아 여인은 주님을 선지자로 받아들이고 죄용서 받아 하나님께 예배를 드리고 싶었고 한 걸음 더 나아가 동네에 들어가 주님의 가르침을 전하기 시작했습니다. 주님의 가르침을 따랐던 것입니다. 바로 그 순간 목마름이 사라지고 기쁨과 만족 행복을 누리기 시작했습니다. 생수를 지속적으로 마실 때 목마름이 해결되듯이 주님과 지속적으로 교제할 때에 목마름이 해결됩니다.

감성터치

포항의 유명 연구소에 입사한 박사 한 분은 연구발표 날짜가 다가오면 입술이 바싹바싹 말랐다고 합니다. 성과를 내기 위하여 밤늦게까지 연구하는 것이 일상이 되었습니다. 아내는 우울증에 걸렸고 자녀들은 어떻게 자라는지도 몰랐습니다. 성과가 나지 않을 때 불안과 근심이 커졌습니다. 높은 연봉을 받아도 행복하지 않았습니다. 그러다가 아내가 암에 걸려 세상을 떠났습니다. 가정과 자녀들도 엉망이 되었습니다. 회사생활과 가정생활을 돌아보니 자신의 인생은 황무지 인생이었습니다. 피곤했습니다. 탈진했습니다. 그때 친구의 권유로 성경을 공부하며 하나님을 믿기 시작했습니다. 예수님을 블랙홀처럼 빨아들였습니다. 주님 말씀을 스폰지처럼 빨아들였습니다. 마치 목마른 여름, 시원한 생수를 마시는 기분이었습니다. 주님의 사랑을 알고 그분 안에 거하자 기쁨과 만족이 밀려왔습니다. 생애 처음으로 맛보는 행복이었습니다. 지금 이제 그는 매일 성경을 읽고 큐티를 합니다. 날마다 기도를 합니다. 잠자리에 들 때도 주님과 기도로 교제합니다. 단기선교 여행도 다녀옵니다. 전도합니다. 그의 사랑의 일 순위는 예수님입니다. 주님 말씀을 맨 먼저 순종하고 주님을 제일로 사랑하는 사람이 되었습니다. 감사의 눈물이 흐릅니다. 파면 팔수록 솟아나는 샘물처럼 주님과의 깊은 교제 속에서 기쁨과 만족, 행복은 끝없이 채워졌습니다. 요즘 그는 행복에 겨워 말합니다. "새로운 인생을 사는 것 같아요."

⑤ 결과를 기대하게 하라

신앙이 깊어질수록 영적 갈증은 해소됩니다. 주님과 관계가 친밀해질

수록 영혼의 갈증은 생기지 않습니다. 하지만 구원받은 것에 만족하고 일주일 동안 주님을 잊은 채, 한번도 주님의 가르침을 따르지도 않은 채 살다가 주일에 오면 갈증은 해소되지 않습니다. 말씀을 듣고도 순종하지 않고, 알면서도 불순종하면 목마름은 해소되지 않습니다. 주님보다 세상을 더 사랑하거나 주님의 인도하심에 무관심해도 영혼의 목마름은 채워지지 않습니다.

우리는 주님과 친밀해야 합니다. 자주 기도하기를 "주님, 저는 주님의 소유입니다. 포도나무 가지가 포도나무에 붙어있지 못하면 살아갈 수 없듯이 주님 없이는 살 수 없습니다. 주님은 나의 생명의 근원이며 축복의 근원이십니다. 주님의 사랑 안에 머물겠습니다. 뭐든지 순종하겠습니다." 이렇게 기도하면 믿음으로 실천할 때 주님과의 관계가 친밀해지고 바로 그때 하나님이 부어주시는 해갈의 은총을 덧입게 됩니다.

중세시대의 가장 뛰어난 수도사하면 토마스 아퀴나스입니다. 그는 부유한 가정에서 모든 것을 누리며 살았습니다. 유명 수도원에서 학문을 쌓으면서도 그는 목이 말랐습니다. 그러나 그가 하나님의 사랑 속에 깊이 들어갔을 때 그의 영혼의 메마름은 사라지고 샘물처럼 끊임없는 기쁨, 행복이 솟아났습니다. 그런 와중에 그가 유명한 대수도원 원장이 아니라 일개 가난한 탁발 수도승이 되려하자 그의 어머니는 그를 성에 감금하였습니다. 그래도 말을 듣지 않자 그를 타락시키려고 한번은 예쁜 여자를 그의 방에 들여보냈습니다. 토마스는 깜짝 놀라며 "사탄아 물러가라!" 소리를 쳤습니다. 그리고 벽난로의 숯을 가지고 벽에 십자가를 긋고 일생을 주님을 위하여 살겠다고 작심했습니다. 결국 부모는 할 수 없이 그를 풀어주었고 그는 수도원에 들어가 강의하며 신학을 집대성하며 점점 유명해졌습니다. 그는 일생 동안 결혼도 하지 않고 경건하게 살면서 하나님을 깊이 사랑했습니다. 하나님 말씀에 온전히 순종하며 살았습니다. 얼마나 겸손한지 천사라 불렸고 그의 삶에는 기쁨, 감사, 평화, 행복이 흘러넘쳤습니다.

감성터치 사람들로부터 존경과 사랑을 한 몸에 받았습니다. 한번은 그가 눈물로 금식하며 기도하는데 하나님이 나타나셔서 "아들아 네가 금식하며 진지하게 기도하니 뭔가 필요한가보구나. 사랑하는 너에게 뭔가를 주고 싶다. 너에게 무엇을 주기를 원하느냐?"라고 물으셨습니다. 그때 토마스가 대답하길 "하나님, 내가 하나님 안에 있고 하나님이 내 안에 계시는데 무엇이 필요하나이까? 하나님 한분만으로 만족하나이다."

여러분, 우리가 토마스처럼 주님을 사랑하고 순종할 때 우리가 주님 안에 있고 주님이 우리 안에 있습니다. 그 믿음 안에서 우리는 세상이 채울 수 없는 기쁨과 만족, 그로 인한 행복이 가득합니다. 목마름을 채우려고 세상을 기웃거리는 사람이 아니라 오직 하나님 품 안에서 하나님의 사랑으로 충분히 만족하며 목마름을 채워가는 저와 여러분 되시기를 주님의 이름으로 축원합니다.

내러티브 스타일의 구성을 만들기 위한 원칙들

① 본문에 대한 해석이 올바른가를 짚어보라.
② 본문을 5단계로 잘 나누었는가를 생각해 보라.
③ 각 단계마다 적절한 적용이 들어갔는지를 생각하라.
④ 설교가 점진적으로 클라이맥스를 향하고 있는지를 점검하라.
⑤ 설교가 해결책과 소망으로 가득 차 있는가를 생각하라.
⑥ 주의할 것은 각 단계마다. '적용' 시간을 가질 때 5단계에서 적용할 내용을 1단계나 2단계에서 미리 적용하지 않도록 주의해야 한다. 한마디로 결론에서 적용할 것을 앞부분에서 미리 적용함으로서 설교에 김이 새지 않게 한다.

에필로그

지금껏 원 포인트 설교를 위한 다양한 구성들을 살펴보았습니다. 찰스 캠벨(Charles Campbell)이 그의 저서 『예수설교』(Preaching Jesus)에서 말한 것처럼 설교의 형식보다 더 중요한 것은 설교의 내용입니다. 그는 본문에서 말하는 메시지와 설교의 형식이 일치될 때에 설교가 설교로서 힘을 발휘한다고 하였습니다. 아무리 신설교학에서 주장하는 새로운 설교 형식들을 잘 활용한다 해도, 메시지 내용이 약하거나 메시지 내용이 복음의 본질에서 벗어나거나 메시지 내용의 수준이 낮으면 좋은 설교가 될 수 없습니다. 하지만 설교 형식 즉 설교구성이 다소 약하더라도 내용이 훌륭하면 좋은 설교가 됩니다. 그러나 가장 좋은 설교는 본문의 내용을 정확하게 다루며 복음의 본질을 전달하되 전달 방법에 있어서 다양하고 신선한 구성을 사용하는 것입니다. 그러면 그 설교는 더 나은 설교(better Preaching)가 되는 것입니다. 원 포인트 설교는 복잡한 시대에 단순화된 메시지를 필요로 하는 현대 청중에게 꼭 필요한 설교구성입니다. 지금껏 밝힌 원 포인트 설교를 위한 구성들은 사실 여기서 밝힌 것 보다 더 많습니다. 하지만 지면의 제한때문에 다 다루지 못했습니다. 더 많은 원 포인트 설교 구성을 원하면 저자의 저서 『청중심리를 파고드는 설교』(구: 청중욕구순서를 따른 16가지 설교구성법)를 참조하시기 바랍니다. 끝으로 필자는 독자가 이 책에서 강조하는 여러 구성들을 적극 활용하여 필자보다 더 뛰어난 구성으로 풍부하고 수준 높은 내용의 원 포인트 설교를 할 수 있기를 갈망합니다.